JN320644

やわらかアカデミズム・〈わかる〉シリーズ

よくわかる
社会福祉の歴史

清水教惠・朴 光駿 編著

ミネルヴァ書房

はじめに

■よくわかる社会福祉の歴史

　社会福祉について学んだり知ろうとするとき，歴史的な視点や理解は大変大切な意味をもっています。それは，社会福祉が歴史的に形成されてきたものであり，社会的に形成されているものだと考えられるからです。本書でも説明しているように，本来私たちが社会福祉と考えているものは，慈善救済事業，社会事業，社会福祉事業といった歴史的展開を経て今日の社会福祉になってきたものです。また，近年の日本では毎年のように新しい社会福祉施策・サービスが創出されていますが，そこには，私たちの社会的生活において社会福祉ニードの増加・多様化が著しく，それに対して従来の施策やサービスでは十分に対応できなくなってきているという，社会的な事情が存在しています。

　このように，社会福祉は歴史性や社会性を強くもった分野ですから，たとえば私たちが現在の日本の社会福祉について理解しようとするとき，その現状を知ることと同時に，それらの歴史的経緯や社会的背景を合わせて知ることが必要で，それによって社会福祉の理解がより客観的で深いものになるものと思われます。

　本書は第１部日本編と第２部西洋編，そして第３部東アジア編とで構成されています。さらに第１部と第２部では「社会福祉の発展過程」，「社会福祉をめぐる動向」，「社会福祉に影響を及ぼした人物・思想・実践」に分けて説明しています。読者の皆さんには，社会福祉の発展過程の概略を学びながら，さらに基本的に重要な，あるいはそれぞれが関心のある制度・施策や人物・思想・実践などを理解していただければ，誠にうれしく思います。また第３部では，近年関心が高まってきた東アジアの主な国々の社会福祉の発展をふまえてその共通性や各国の特徴を理解し，今後の日本の社会福祉のあり方の検討などにも関連づけていくことができるのではないでしょうか。

　今，社会福祉教育の現場では専門職・専門資格のレベルアップが求められ，それに関する科目が重視されるようになりました。その影響で社会福祉史に関する科目の位置づけは弱まりました。そうしたなかで，とくに１年生に社会福祉史を講義する際などに，従来のテキストでは難解すぎたり内容量が多すぎるように感じてきました。そこで今回，初学者にできるだけ取り組みやすい社会福祉史のテキストとして，本書をまとめることにしました。

　最後に，ご執筆下さった多くの先生方と，終始粘り強く支えて下さったミネルヴァ書房編集部の音田潔氏に心より感謝申し上げます。

2011年５月　　編　者

もくじ

■よくわかる社会福祉の歴史

はじめに

第1部　日本編

I　社会福祉の発展過程

1　古代社会の救済 …………………… 2
2　封建社会の救済 …………………… 4
3　近代社会の慈善救済事業 ………… 6
4　日露戦争後の感化救済事業 ……… 10
5　社会事業の成立 …………………… 14
6　昭和恐慌と貧困問題対策 ………… 18
7　社会事業から厚生事業へ ………… 20
8　戦後の改革と社会福祉の誕生 …… 22
9　高度経済成長と社会福祉の展開 … 26
10　低成長と社会福祉政策の転換 …… 28
11　少子高齢社会と社会福祉の改革 … 32
12　社会福祉政策の動向 ……………… 34

II　社会福祉をめぐる動向

1　恤救規則と救貧法制定の試み …… 38
2　慈善事業施設の誕生 ……………… 40
3　慈善事業の組織化 ………………… 42
4　社会事業行政組織の形成 ………… 44
5　方面委員制度の創設 ……………… 46
6　セツルメント運動の生成 ………… 48
7　救護法の制定 ……………………… 50
8　社会福祉の実践と教育 …………… 52
9　旧・新生活保護法の制定 ………… 54
10　児童福祉法・身体障害者福祉法の制定 …………………………… 56
11　社会福祉事業法の制定 …………… 58
12　精神薄弱者福祉法・老人福祉法・母子福祉法の制定 ……………… 60
13　地域福祉と社会福祉協議会 ……… 62
14　社会福祉研究の発展 ……………… 64
15　国際障害者年と障害者福祉 ……… 66
16　社会福祉専門職の創設 …………… 68
17　社会福祉改革 ……………………… 70
18　社会福祉計画の策定 ……………… 72
19　介護保険制度の創設 ……………… 74
20　社会福祉基礎構造改革 …………… 76

III 社会福祉に影響を及ぼした人物・思想・実践

1 石井十次
——1865-1914年 …………78

2 石井亮一
——1867-1937年 …………80

3 野口幽香
——1866-1950年 …………82

4 留岡幸助
——1864-1934年 …………84

5 片山　潜
——1859-1933年 …………86

6 岩田民次郎
——1869-1954年 …………88

7 井上友一
——1871-1919年 …………90

8 渡辺海旭
——1872-1933年 …………92

9 田子一民
——1881-1963年 …………94

10 生江孝之
——1867-1957年 …………96

11 小河滋次郎
——1863-1925年 …………98

12 長谷川良信
——1890-1966年 …………100

13 賀川豊彦
——1888-1960年 …………102

14 糸賀一雄
——1914-1968年 …………104

15 朝日　茂
——1913-1964年 …………106

第2部　西洋編

IV 社会福祉の発展過程

1 封建社会の救済とその崩壊 …… 110
2 国家介入の2つの形態
——労働者勅令と救貧法 … 112
3 イギリス救貧法の成立と展開 … 114
4 産業革命の影響 …………… 116
5 工場法の成立 …………… 118
6 新救貧法の成立 …………… 120
7 民間社会福祉の生成 ………… 122
8 社会保険の誕生 …………… 124
9 戦争と社会福祉の発展 ………… 126
10 福祉国家の成立 …………… 128
11 グローバリゼーションと福祉国家
…………… 130
12 アメリカの社会福祉 ………… 132
13 スウェーデンの社会福祉 ……… 134
14 福祉国家の危機と再編 ………… 136

V 社会福祉をめぐる動向

1 救貧法の運用と地域主義 ……… 138
2 救貧法の制度的矛盾
——スピーナムランド制度の場合 … 140
3 劣等処遇の原則 …………… 142

4 貧困調査とその影響 …………… 144

5 ケースワークの起源
　　　──COS運動 ……………… 146

6 地域福祉の起源
　　　──セツルメント運動 ………… 148

7 失業の発生と救貧法委員会 …… 150

8 ビスマルクの社会保険 ………… 152

9 アメリカにおける社会保障法の成立 ……………………………… 154

10 イギリスにおける社会保障の成立 ……………………………… 156

11 福祉国家体制のソーシャルワーク ………………………………… 158

12 ソーシャルワークの発展1
　　　──シーボーム改革と地方自治体
　　　　ソーシャルワークの誕生 ……… 160

13 ソーシャルワークの発展2
　　　──バークレイ報告書とその後の
　　　　ソーシャルワークの展開 ……… 162

14 社会福祉サービスの発展と福祉専門職
　　　──ソーシャルワーク認定資格（Dip. SW）の確立に至るまで ……… 164

15 福祉多元主義の台頭 …………… 166

16 社会福祉サービスの民営化 …… 168

17 社会福祉主体としてのNGO・NPO ……………………………… 170

Ⅵ 社会福祉に影響を及ぼした人物・思想・実践

1 自由主義の思想・運動家 ……… 172

2 都市スラムと社会福祉
　　　──イースト・エンドの場合 …… 174

3 オクタビア・ヒルと社会事業実践 … 176

4 イギリス理想主義と社会福祉への影響 ………………………… 178

5 ベヴァリッジ・ケインズ理論と社会保障思想 …………………… 180

6 新自由主義の思想・思想家 …… 182

7 イギリスにおけるコミュニティ・ケアと脱施設化 ……………… 184

第3部　東アジア編

Ⅶ 東アジアの社会福祉

1 異質性・共通性に富む東アジアの社会福祉 …………………… 188

2 東アジアの価値・文化と社会福祉 190

3 東アジアの経済発展と社会福祉 192

4 東アジアの社会福祉の共通課題 194

Ⅷ 中　国

1 社会福祉の発展過程 …………… 196

2 社会情勢の変化と社会福祉 …… 198

3 社会福祉施設の発展 …………… 200

4 民間社会福祉の発展 …………… 202

IX 台湾

1 社会福祉の発展過程 ……………204

2 社会情勢の変化と社会福祉 ……206

3 福祉多元主義の進展 ……………208

4 民間社会福祉の発展 ……………210

X 韓国

1 社会福祉の発展過程 ……………212

2 社会情勢の変化と社会福祉 ……214

3 国家福祉の拡大 …………………216

4 民間社会福祉の発展 ……………218

さくいん

第1部　日本編

I 社会福祉の発展過程

1 古代社会の救済

1 古代社会の救済制度

○律令社会の救済問題

古代，天皇・朝廷を中心とする中央集権的国家体制である律令国家が建設されると，その体制維持のために農民には租◁1・調◁2・庸◁3・雑徭◁4や兵役などの負担が課せられました。それが生産性の低い当時の社会において，ゆとりのない人々の生活困窮の原因になりました。また，天災地変，凶作，疫病，飢饉なども，人々に生活の困窮化をもたらしました。

すなわち，律令国家建設に伴う貢租負担や自然災害や事故などによって人々の生活基盤が大きくゆるがされて，数多くの困窮者が形成されたのです。また，浮浪者・逃亡者，傷病者・死亡者，盗賊などが増加し，社会不安や社会問題が生じました。

○律令社会の救済制度

このようにして形成された困窮者への公的救済制度の中心的なものとして，戸令にもとづく救済制度がありました。戸令は古代律令国家における戸籍法で，治安警察や貢租徴税の確保を目的としたものでしたが，人々の隣保相扶についても規定していました。それは，鰥（61歳以上で妻のない者），寡（50歳以上で夫のない者），孤（16歳以下で父のない者），独（61歳以上で子のない者）及び貧窮な老（60歳以上の者），疾の者（疾病者）で，自分の力で生きていくことのできない者は近親者がそれを養い，近親者がいない場合には，その坊里（地域）で救済するというものです。ですから，公的救済制度とはいっても国家が困窮者を救済するというのではなく，救済を親族や地域に命じて相互扶助をさせるという内容のものだったのです。

賑給は天皇による国家の慈恵救済制度で◁5，天皇家の慶事や疾病・飢饉・天災などに際して，親族や地域の相互扶助にたよることのできない窮民を救済した制度です。たとえば，679（天武8）年から791（延暦10）年までの間に，211回の賑給がなされたと言われています。

また，災害や凶作が発生した場合に困窮者の救済にあたる備荒制度として，義倉や常平倉が設置されました。義倉は，穀物を官庫に貯えて凶作の際の飢民救済に対応させたもので，常平倉は貢調運搬の時に運搬者の救済のために穀物を貯えた制度でした（同時に，穀物価格の安定を保つ目的もあったと言われてい

◁1 田地に課される税で，国衙（国府＝地方官の役所）の財源とされた。
◁2 諸国の産物を朝廷に納める税で，中央政府の主要財源。調・庸の運搬は公民の過重な負担となり，餓死者も生じた。
◁3 労役（労働力奉仕）の代わりに物で納める税。
◁4 国司が農民を年間60日を限度に使役できる労役の税。道路の修築などのほか，国司の私用などにも充てられ，農民の重い負担となった。

◁5 日本では，儒教思想を基盤にして，封建時代の救済行為や制度として発達した。一般的には上から下への倫理的行為として行われ，行為の主体者には恩恵の意志があり，対象者にはそれを感謝して受け取るものと考えられていた。

す)。そのほかにも，行旅病者・行旅困窮者を村里で治療・看護させたり，行旅者の宿泊施設である布施屋が設けられました。

2 古代社会の慈善救済

○聖徳太子の慈善救済

聖徳太子は推古天皇の摂政という政治的立場にありましたが，仏教的な慈善救済事業に尽力した人として，日本仏教慈善史や日本の社会福祉における始祖的存在とも理解されています。太子の代表的な慈善救済事業は，仏教の慈悲思想にもとづいた593（推古元）年建立の四天王寺四箇院での事業活動と言われています。すなわち，四天王寺では施薬院での薬草の栽培と施与，療病院での病人への施療保護，悲田院での貧窮者や孤児の収容保護というように，困窮者への救済や療養が行われました。ちなみに，敬田院は仏教の修行や教化のための建物でした。

○行基の慈善活動

奈良法相宗の僧行基は，貧しい民衆のための伝道と慈善救済活動を行いました。慈善救済活動に関しては，調・庸などの運搬者や行旅病者などのための布施屋の設置や，架橋・築堤，造池や溝・堀の開築といった土木事業も盛んに行っています。『行基年譜』によれば，架橋6カ所，直道（道路）1カ所，池15カ所，溝6カ所，樋（竹や木で作った水道）3カ所，船息（船着き場）2カ所，堀5カ所，布施屋9カ所と記されており，その事業の数や規模は膨大なものです。布施屋は摂津，和泉，河内，山城に設置されたとされています。

言うまでもなく，行基がこうした事業活動に取り組んだのは，それらが人々の生産や生活に必要とされ役立つものであったためです。しかも行基の場合，民衆への伝道（寺院を離れた布教活動）が禁じられているなかで，布教伝道とともに民衆の強い支援によって事業活動を展開したところに，その特徴がありました。

このほかにもこの時代には，天台宗の開祖である最澄が布施屋を設置したり，真言宗を開いた空海が万濃池を修築して灌漑用水を確保したり，教育機関として綜芸種智院を設立しました。828（天長5）年に空海が著した『綜芸種智院式』にその教育の基本が示されていますが，当時の学問（儒教・道教・仏教など）を総合的に研究することや，一般庶民に開かれた教育機関であることなど，近代学校教育の原点にも通じる内容がうかがえるものになっています。また孝謙天皇（女帝）に任えた女官和気広虫（法均尼）は，願い出て藤原仲麻呂の乱に連座した者を減刑にしたり，乱後の飢民の捨て子83人を養育しました。　　　（清水教惠）

参考文献

吉田久一・高島進『社会事業の歴史』誠信書房，1968年。

吉田久一『日本社会事業の歴史　全訂版』勁草書房，1994年。

日本仏教社会福祉学会編『仏教社会福祉辞典』法蔵館，2006年。

古川孝順・金子光一編『社会福祉発達史キーワード』有斐閣，2009年。

I　社会福祉の発展過程

2　封建社会の救済

1　中世封建社会の慈善救済

○封建領主の慈恵的救済

　中世封建社会においては，農民に荘園領主への年貢・公事・夫役のほか各種の税負担が課せられ，そのうえ自然災害や飢饉・疾病，悪党の被害や戦乱などが農民を苦しめました。そうしたなかで，村落共同体から離脱・追放された困窮者は，浮浪化し社会的差別を受け，やむなく社会の最低辺居住者とならざるを得ませんでした。

　こうした事態に対して，鎌倉時代には源頼朝などが公的救済を行いました。なかでも北条泰時は，1199（正治元）年に伊豆の飢民に出挙米を貸与してその返済を免除したほか，何回も飢民救済に努めています。戦国時代に入ると，戦国大名のなかには富国強兵政策や民政安定対策として，治水事業，被災者の救済や備荒，困窮者救済，税の減免などに取り組む者もありました。たとえば武田信玄は釜無川に堤を築いたり笛吹川の治水につとめ，上杉謙信は凶作時の救済や備荒などの困窮者の救済を行ったと言われています。

○宗教家の慈善救済活動

　代表的な鎌倉新仏教の開祖である法然や親鸞などは，救済対象への平等観を説いて慈善救済思想に大きな影響を与えましたが，実際的な慈善救済活動を行ったのは，いわゆる旧仏教系の僧侶でした。叡尊は非人・乞食や癩（ハンセン）病者や囚獄人などの救済を，忍性も悲田院・薬湯寮の設置や棄児・非人・病者の救済を行っています。また，真言・浄土僧の重源は湯屋の設置や架橋，死刑囚の減刑に努めました。

　キリスト教徒による慈善救済活動も，信仰・布教活動とともに活発に行われました。「ミゼリコルディアの組」「サンタマリアの御組」「セスタ講」といった強い信仰的・連帯的意識で結ばれた慈善の組織によって，老人，孤児や寡婦，難民や殉教者遺族の救済が行われていました。また，ポルトガル商人のアルメイダ（Luis de Almeda）は豊後府内（大分）に育児院を創設して困窮児を教育し，1556（弘治2）年には西洋医学にもとづく総合病院を開設しました。

2　幕藩社会の慈善救済

○幕藩体制の救済問題

▷1　中世封建社会で勢力を拡大していた新興武士たちを中心とした，荘園領主に抵抗するようになった勢力のこと。彼らは武力に訴えて年貢の納入を拒否したり，他者の荘園を侵したりして悪党と呼ばれた。
▷2　出挙は，律令体制下で広く行われた農民生活維持（困窮者救済）のための利息付きで稲を貸与する制度。やがて国家の租税となり，利息の稲は諸国の重要な財源になったとされる。出挙米は，飢民救済のために貸し付けられた米のこと。
▷3　キリスト教信徒によって構成され，教会の指導で運営された互助救済や慈善救済の組織。長崎・府内（豊後）・山口・平戸・京都・堺などに設けられ，施設として救治院（ホスピタル）も設置された。
▷4　古代律令社会における五保の制の発展したもの。村落の最小地域単位として何戸かの百姓を五人組として組織し，相互監視と連帯責任によって納税や治安維持にあたらせた。農村共同社会や封建社会制度の維持安定化のためのもので，病人・孤児などの救済や，不慮の災害時の救済も行われた。
▷5　飢饉や大火などの災害時に，江戸・大坂などでは仮屋を設けて困窮者を収容したり粥を施したりした。これが救小屋（御救小屋）と呼ばれるものであったが，17世紀末の浮浪者の増大によって一時的な救済施設では不十分となり，恒常的施

織田信長や豊臣秀吉による全国統一を経て徳川家康が開いた江戸幕府は、3代将軍家光のころまでに、強力な領主権をもつ将軍と大名（幕府と藩）が土地と人民を統治する幕藩体制を確立させました。そこでは強い封建的身分制度のもとで、社会を構成する中心的要素である農民（百姓）に年貢や労役などが課せられ、それが零細な農民の大きな負担となりました。そこで農民の間では、生きるためにやむを得ず、堕胎・間引きや捨て子などが行われました。

農業をはじめ諸産業の発達、交通網の整備、貨幣の流通促進などによって経済的に発展すると、農民の間に階層分化が進み、生活に困窮した農民のなかには村から離れて都市に流入し、日雇・雑役人や浮浪者などになる者も生じました。また、下層士族、零細な職人・商人や奉公人にも生活困窮層が形成されます。そのうえ、自然災害が餓死者や困窮者をさらに増加させたのです。そのため、幕藩体制の矛盾が大きくなる江戸時代の後半や大飢饉時には、百姓一揆・農民騒動や下層町民の打ち壊し・騒動が多発しました。

○幕藩社会の救済制度

江戸時代においては、一般的な救済制度として五人組制度、被災者への税の減免や備荒貯蓄などによる災害救助制度、行旅病人・死亡人の保護制度、捨て子の救済や幼児遺棄の禁止などの貧児保護制度がありました。また、幕府は飢饉・災害時の藩・町村への金品の貸し付けや、生活困窮者への金・米の施与や粥の支給、救小屋や非人小屋の設置を行っています。

さらに、徳川吉宗は町医小川笙船の建議にもとづいて、1722（享保7）年に救療施設小石川養生所を設立しました。浮浪者・犯罪者対策として1682（天和2）年に石川島授産場を、また1790（寛政2）年には松平定信が石川島に人足寄場を設立しています。そして、翌1791年には七分積金制度が創設されました。これは寛政改革のなかで、松平定信によって設けられた困窮者救済と低利金融の制度です。町入用金を節約して得た費用の7割を籾や銭で積み立て、飢饉や災害時などの困窮者救済や低利融資に充てたものでした。

諸藩においてもいわゆる名君と呼ばれた藩主が藩制改革を行い、荒廃した農村の復興に努め、生活困窮者の救済にさまざまな形で取り組みました。その代表的なものとして保科正之（会津）や池田光政（岡山）の社倉の設立、前田綱紀（加賀）の非人小屋の設置、上杉治憲（米沢）の備荒倉の設置などがあります。

このほか、地域住民自身の共済的制度や組織として、1756（宝暦6）年に慈悲無尽講が、1828（文政11）年には秋田感恩講が創設されています。慈悲無尽講は経済的な講（金融）組織で豊後の三浦梅園が創設し、秋田感恩講は困窮者救済・貧児保護や飢饉救済を目的にした慈善団体として、那波祐生を中心にして設立されたものです。

（清水教惠）

▷6 寛政の改革のなかで、江戸に流入した無宿人対策として創設された。無宿人や軽犯罪者を収容し、藁細工・炭団造りや大工・左官などの仕事を覚えさせ、その賃金の一部を貯蓄して更生資金とした。また、心学の教育を施すなどして収容者の社会復帰をはかった。

▷7 中国で古くから発達していた備荒貯蓄制度に常平倉・義倉・社倉からなる三倉の制度がある。これらは、災害や凶作などに備えて穀物を蓄えておく制度で、社倉は江戸時代に導入・実施され、諸藩に普及した。地域の郷村が管理運営の主体となり、全村民が身分相応に穀物を出しあって、それを自治的（相互扶助的）に運用したとされる。

▷8 秋田藩御用商人の那波三郎右衛門祐生が発案者となり、藩の協力も得ながら自らも私財180両を出資し、同志72人の出資金によって知行地を購入して感恩講を設立した。講の組織は年番を4～5名おいてすべてその合議で運営され、困窮者には白米・薪炭・衣料などが給与されたほか、病人には医師を往診させた。創設から95年間に、のべ453万人以上を救済したという（山野光雄『社会保障の先駆者たち』時事通信社、1974年、32-40頁）。

参考文献

菊池正治ほか編著『日本社会福祉の歴史 付・史料』ミネルヴァ書房、2003年。

吉田久一『新・日本社会事業の歴史』勁草書房、2004年。

古川孝順・金子光一編『社会福祉発達史キーワード』有斐閣、2009年。

I 社会福祉の発展過程

3 近代社会の慈善救済事業

1 近代国家の貧困問題と救貧制度

○近代国家の形成と貧困問題

　明治政府が幕藩体制廃止のために行った藩制の撤廃と秩禄処分によって，200万人の武士とその家族が生活の基盤を失ったと言われています。封建的身分制度は解体したものの大量の士族が残存し，彼らへの対応は大きな政治課題となります。政府は経済支援や士族授産▷1などを実施しますが，多くの士族は没落していくことになりました。1881（明治14）年9月の大阪府の士族調査では，「自営の目途のない者」や「無資産で定業がなく困迫の者」が全体の4割近くを占めていたと言われています。また，士族を相手に事業や生計を成り立たせていた多数の職人・商人の仕事が奪われ，その生活が脅かされたのです。

　政府の新しい政策実施に伴う貧困問題も形成されます。たとえば，1873（明治6）年の地租改正▷2は近代化や資本主義化推進の財政基盤になりますが，農民の小作化や貧困化を進める要因にもなりました。さらに，富国強兵・殖産興業の政策が進められるなかで工場や職工の数が増加しますが，鉱山の労働者や職工などの労働条件は，非常に悪いものでした。

○近代国家の救貧制度

　そのため，生活困窮問題をかかえた士族・農民による反乱や一揆が相次ぎ，労働者の騒動・暴動も増えていきます。そうしたなかで，地域社会（共同体）において生活維持ができなくなったり，困窮化して都市に流入した貧民・窮民がこの時期の代表的な救済対象になります。

　これに対して，政府は幕藩時代からの救済原則に立ちながらも，近代国家形成のため新しい救貧制度の創設を迫られることになりました。そのため，1868（慶応4）年の「五榜の掲示」▷3の第1札のなかに「鰥寡孤独廃疾のものを憫むべき事」を掲げ，明治政府の救済対象とそれへの対応の基本原則を示しました。その内容は幕藩時代から継承されたものであり，こうした政策の提示は，新政府の人心安定対策でもありました。また，1871（明治4）年の窮民一時救助規則をはじめとする救貧法・救貧制度を打ち出しますが，それらも対象や内容がきわめて限定的なものでした。▷4

　一方，1871年の廃藩置県に伴い従来からの各地域での救済慣例の継続をめぐって混乱が生じ，地方から政府への貧民処遇の問い合わせが出されるように

▷1　秩禄処分によって職（収入）を失った士族を仕事に就かせ，その生活を救済支援するための対策。北海道開拓のための移住の奨励，大規模な国営開墾事業の奨励や事業資金の貸し付けなどを行ったが，事業の多くは失敗に終った。

▷2　明治政府が行った土地制度と税制度の改革をいう。これにより，従来は土地の収穫量を基準にして課税，物納させたものを，土地所有者を確定して，地価の3％を金納させるやり方に改めた。近代的な税制に向かい，政府の財政基盤が整う一方で，改正反対の一揆を引き起こすことになった。

▷3　1868（慶応4）年3月15日に政府が立てた5枚の制札（禁止事項などを書いた立札）のこと。

▷4　明治初期の貧困問題に対して，政府は1868（明治元）年の堕胎禁止令，1871（明治4）年の窮民一時救助規則や棄児養育米給与方，1873（明治6）年の三子出産ノ貧困者へ養育料給与方，1880（明治13）年の備荒儲蓄法などで対応しようとした。窮民一時救助規則は，罹災窮民の一時的救済のために太政官達県治条例として出され，備荒儲蓄法では，窮迫者に対して米穀を支給し，家屋料，農具代，種籾を貸与した。

表Ⅰ-1　恤救規則による救済の推移

(単位：人・0/00)

年次	救済人員	救済率	救済金割合	年次	救済人員	救済率	救済金割合
1881	6,981	0.19	0.74	1907	13,106	0.28	0.36
82	6,047	0.16	0.69	08	9,335	0.19	0.30
83	6,018	0.16	0.54	09	3,753	0.08	0.12
84	6,913	0.18	0.45	10	2,877	0.06	0.07
85	11,174	0.29	0.90	11	2,718	0.05	0.08
86	14,659	0.38	0.82	12	2,402	0.05	0.08
87	15,203	0.39	0.86	13	7,629	0.15	0.02
88	14,721	0.38	0.77	14	7,982	0.15	0.02
89	14,240	0.36	0.81	15	7,247	0.14	0.02
90	17,487	0.44	1.76	16	7,229	0.14	0.02
91	18,291	0.45	1.39	17	7,355	0.14	0.02
92	18,545	0.46	1.66	18	7,556	0.14	0.02
93	18,146	0.44	1.44	19	7,880	0.14	0.03
94	18,089	0.44	1.88	20	7,565	0.11	0.03
95	16,715	0.40	1.66	21	―	―	―
96	15,826	0.38	0.86	22	7,908	0.14	0.03
97	16,040	0.38	0.77	23	7,574	0.13	0.03
98	18,415	0.43	1.09	24	8,111	0.14	0.03
99	16,103	0.37	0.63	25	8,577	0.14	0.03
1900	15,211	0.35	0.63	26	9,627	0.16	0.03
01	14,575	0.33	0.67	27	10,460	0.17	0.03
02	14,096	0.31	0.61	28	12,332	0.20	0.03
03	15,097	0.33	0.85	29	14,321	0.23	0.04
04	15,285	0.33	0.73	30	17,403	0.27	0.05
05	14,183	0.30	0.46	31	18,118	0.28	0.04
06	13,885	0.30	0.45				

注：「救済人員」は年度末現員，「救済率」は総人口に対する千分比，「救済金割合」は国費分の政府一般会計歳出額に対する千分比である。
資料：『日本帝国統計年鑑』（各年）
出所：池田敬正『日本における社会福祉のあゆみ』法律文化社，1994年，198頁。

なりました。政府は旧藩時代からの慣例は認めなかったため，反乱・一揆などで社会情勢が不安定となり，人心安定のためにも統一的な救貧制度の創設が必要となって，1874（明治7）年12月に恤救規則を制定しました。

○慈善救済事業の開始

しかし，恤救規則の対象は最大時でも2万人たらずで，地域差も大きなものでした（表Ⅰ-1）。そこで，実際には家族制度や相互扶助にたよるしかなかった貧民・困窮者に対して，公的対応の不備を補充するかたちで，施設の創設を中心にした都市の救貧対策や民間の慈善事業が開始されます。

都市では貧民や困窮者の増加に対して，治安維持と授産更生を主な目的として1868（明治元）年に大阪府の救恤場，1869（明治2）年に東京の三田救育所，1870（明治3）年に京都の窮民授産所，1872（明治5）年に東京府養育院が設置されます。東京府養育院は公的な浮浪者や窮民の収容救助のための施設で，後の東京都養育院の前身です。東京府知事が江戸町会所の財産を引き継いだ営繕

会議所（後の商工会議所）に府下の浮浪者対策を諮問したのに対して，会議所が答申した「救貧三策」にもとづいて作られました。廃疾や幼老など労働不能な貧民の収容保護，治療，授産を行いました。1869年創設の日田養育館は，日田県令松方正義が町方・在方の協力を得て設立したものです。

また，この時期を代表する民間慈善施設の主なものとして，カトリックのサンモール会（幼きイエズス修道会）[5]が日本に派遣した神父や修道女の手により，いくつもの養育院や育児院が開設されています。その他，1878（明治11）年の京都盲唖院や1884（明治17）年の池上感化院や1885（明治18）年の私立予備感化院など，いろいろな分野で慈善事業活動が開始されました。

2　産業発展と慈善救済事業の展開

◯産業発展と社会問題・救済問題の増加

国の政策として近代産業の育成が図られ，日清・日露戦争を通して産業革命が展開しました。たとえば，日清戦争（1894-1895年）をはさんで工場数や職工数は大幅に増加していきます。日清戦争のころの1894（明治27）年末から1896年末までの職工数は，約39万6,000人から約45万4,000人へと6万人近く増加しました。また，戦争前と比較して，戦後は工場数・職工数が大幅に増加するとともに，従業員100人以上のより大きな規模の工場の職工の割合が増加しています。[6]

しかし，横山源之助が『日本之下層社会』（1899年）でも指摘しているように，職工の労働時間は長く，食事や宿舎の条件も劣悪なものでした。横山はそのなかで，日清戦争以降機械工業の勃興によって労働問題が生じ，物価の暴騰で貧民問題が生じて，日本でも次第に欧米と同様に近代的な社会問題が形成されてきていると指摘しました。また，当時の貧民，職人，職工，小作人の労働と生活の実情を詳しく紹介，解説しています。たとえば，前橋の製糸職工については，労働時間が忙しい時には朝から夜の12時に及ぶことも稀ではなく，寝室も豚小屋と同じくらいひどいものだと言っています。

日清戦争以降，近代的社会問題が形成され，労働組合が結成され，労資協調論に立ってはいたものの労働運動は黎明期を迎えます。そして，労働者への需要が大きくなった都市の拡大成長に伴って，都市下層社会が本格的に形成されていきました。貧民窟などと呼ばれた下層社会に住む人々の働く環境や生活状態は，職工などよりさらに厳しいものだったのです。そうした人々の，社会的救済を必要とする問題も増加しました。

◯救貧法改正の動向

国民，特に労働者や生活困窮者への社会的対策は遅れました。この時期の最も代表的な救貧法は，制限的色彩の強い恤救規則でした。そのため，社会問題・貧困問題や救済対象の増加を背景にして，何回かその改正が企画されます。その主なものとして，1890（明治23）年の第1回帝国議会に政府が提出した窮民救

▷5　1667年に北フランスのルアンでニコラ・バレー神父によって創設され，後にパリに本部が置かれた。当時の日本でのカトリック教会の再布教のために派遣された神父や修道女により，貧児・孤児の養育や医療救護の活動が開始された。たとえば，1872（明治5）年の横浜仁慈堂には，修道女ラクロット（マリー・ジェスチン・ラクロ，修道女名メール・セン・マチルド）が深く関わったとされている（田代菊雄『日本カトリック社会事業史研究』法律文化社，52-62頁）。

▷6　隅谷三喜男『日本賃労働の史的研究』御茶の水書房，4-5頁。

I-3 近代社会の慈善救済事業

資料 I-1 児童を説諭する石井十次

出所：遠藤興一編『いしずえを築く』（写真・絵画集成 日本の福祉 第1巻）日本図書センター，1999年，46頁。

資料 I-2 岡山孤児院での子どもたちの食事風景

出所：宍戸健夫・丹野喜久子編『自立への道』（写真・絵画集成 日本の福祉 第2巻）日本図書センター，1999年，3頁。

助法案があります。これは恤救規則よりも大幅に体系化された内容でしたが，市町村財政の負担増，惰民養成や権利意識への危惧・批判などによって，委員会で否決されました。

また，1897（明治30）年には大竹貫一ほかの議員が恤救法案と救貧税法案を提案しますが，審議未了のままに終ってしまいます。前近代的で自由放任主義的傾向の強い当時の公的救済思想（政府や議会関係者の貧困認識）のもとでは，新しい救貧法の制定は実現できなかったのです。

◯慈善救済事業の展開

このようにして，近代化や資本主義化が進む一方で，社会的負担ともなる公的救済制度の創設や救済事業の実施は，どうしても立ち後れてしまいました。そこで，そうした事態に対処するかたちで，すでに明治初期から開始されていた民間の慈善事業活動が，宗教家や篤志家によって盛んに行われるようになっていきました。

たとえば岡山孤児院（1887年）（資料 I-1～2），新潟私立静修学校付設託児所（1890年），滝乃川学園（1891年），聖ヒルダ養老院（1895年），キングスレー館（1897年），家庭学校（1899年），二葉幼稚園（1900年），大阪養老院（1902年）の創設などです。これらはすなわち，貧児・孤児の養護事業（育児事業），保育事業（託児事業），障害児の養育・教育事業，感化事業，養老事業，婦人保護事業，セツルメント事業に関する活動でした。医療保護事業や更生保護事業の施設も設立されました。

このほか，井上友一，小河滋次郎，留岡幸助，窪田静太郎などによる貧民研究会（1900年）や，博愛社，汎愛扶植会，愛育社など大阪の代表的な慈善事業施設の関係者による慈善団体懇話会（1901年）といった組織団体も作られています。

（清水教惠）

▷7 II-1 参照。

▷8 II-2 参照。
▷9 II-3 参照。

参考文献
日本社会事業大学救貧制度研究会編『日本の救貧制度』勁草書房，1969年。
山野光雄『社会保障の先駆者たち』時事通信社，1974年。
菊池正治ほか編著『日本社会福祉の歴史 付・史料』ミネルヴァ書房，2003年。

9

第1部　日本編

I　社会福祉の発展過程

4　日露戦争後の感化救済事業

1　日露戦争後の政策と慈善救済事業

○日露戦争後の国家政策

　日露戦争後，日本は世界の列強の一員としての体制を維持発展させるために，さらに経済力・軍事力の強化を図ります。そのため，国民を再統合することが，戦後の最大の国家政策になったのです。しかし，経済発展に伴う物価高騰，戦争遂行のための動員や税負担に加えて，戦後の不況と増税が国民生活の破綻を招き，人々の間に政府への不満と批判が高まりました。そこで，こうした問題に対して，当時の行財政改革を国家的に推進するために取り組まれたのが，地方改良運動でした。これは地方自治体の自己解決能力の強化によって国家目的を達成しようとするもので，そのために，1909（明治42）年から地方改良事業講習会が開始されています。

　すなわち，地方改良運動は疲弊した農村や地方自治体の行財政の自己解決能力の養成を目的とし，国家の要請を忠実に実行する地方吏員（公務員）の育成と，これを支える良民（国民）作りを意図したものでした。地方改良事業講習会は，地方官吏，町村長，吏員などを対象として開催され，町村是の作成，納税組合設立による租税の滞納解消，農事改良の推進，青年団活動の奨励，報徳思想の普及などが行われました。

　日露戦争のころから重工業が発展して労働者数がさらに大幅に増加したのに，労働環境や労働条件をめぐる社会的対応はほとんどなされていません。そのため，戦後は大企業での労働争議が増加します。また，軍工廠での争議や鉱山における暴動，小作争議も多発しました。これに対して政府は，1911（明治44）年の大逆事件への対応に見られるように社会主義運動や社会運動への弾圧を図り，一方では，ようやく工場労働者のための工場法（1911年）を制定するに至ったのです。工場法は，保護水準の低さや例外規定の存在など問題の多いものでしたが，日本で最初の労働者保護法でした。

○慈善救済事業への国家介入の強化

　国の政策は慈善救済事業にも大きな影響をもたらし，管理統制の強化というかたちで具体化されます。たとえば，政府は1908（明治41）年の内務省地方局長通牒で，恤救規則の基本原則である隣保相扶の情誼による救済を強調し，国家救助の節減と救済の国家責任の共同体への転嫁を図ろうとし

▷1　日露戦争後の行政への国民の強い不満や批判，労働争議や小作争議の増加，労働運動や社会主義思想の広がりのなかで，労働運動・社会主義運動対策として大逆事件に関する暗黒裁判が行われた。1910（明治43）年の長野県での爆弾製造の発覚を明治天皇暗殺計画にもとづくものとして，多数の社会主義者・無政府主義者を裁判にかけ，幸徳秋水などを処刑した。これにより社会主義運動は徹底的に弾圧され，「冬の時代」となった。

▷2　政府は厳しい労働運動・社会主義対策をとる一方で，労働者保護への対策もとるようになった。日清

表 I - 2　内務省感化救済事業奨励助成金の推移

年度	件数	金額（円）
明治41年	77	22,000
〃 42	117	40,000
〃 43	123	39,350
〃 44	156	56,722
〃 45	178	59,800
大正2年	177	35,300
〃 3	187	26,280
〃 4	203	29,240
〃 5	210	27,900
〃 6	231	27,570
〃 7	243	18,530

資料：『日本社会事業年鑑　大正9年版』8-9頁より作成。
出所：菊池正治ほか編著『日本社会福祉の歴史　付・史料』ミネルヴァ書房，2003年，64頁。

資料 I-3　1900年頃の貧しい子どもを対象とした幼稚園（東京・二葉幼稚園）

出所：資料 I-2と同じ，93頁。

ました。そのため恤救規則の受給者数は，1907（明治40）年の1万3,106人から1909（明治42）年には3,753人へと激減しています。一方では，それに代えて慈善救済事業への補助奨励（補助奨励金の交付）を行ったのです（表 I-2）。

また，天皇制国家体制の再編のために慈善救済事業と天皇制（イデオロギー）との関係が強化され，本来，国が担うべき救済事業を天皇や皇室の慈恵（恩恵）として行うように方向づけていきます。

このようにして，国家の強い管理・指導のもとに物資的救済の抑制と精神的救済の強調をベースにして進められたこの時期の慈善救済事業のことを，感化救済事業と言います。

2 感化救済事業

○主な救済法の動向

明治末から大正期前半にかけて，浮浪児や少年犯罪の問題の増加を背景にして，感化事業や感化救済事業への関心が高まりました。本来，感化事業は，非行（不良）児童への保護・教育的な配慮や対応と治安的・更生的な対応の両側面をもち，道徳主義的なものでした。1900（明治33）年に制定された感化法では，従来刑法による処罰の対象とされてきた不良児童に対して，感化院を設置してその対処を図ることにしました。しかし感化院設置が府県の任意とされたため，その数はわずかなものにすぎませんでした。1908（明治41）年の改正で設置が義務化され，増設されることになります。

このほか，この時期には日露戦争で数多くの傷病兵が生じたことや軍事力増強に対応して，1906（明治39）年に軍事援護対策として廃兵院法が制定され，それが1917（大正6）年には軍事救護法に発展します。これ以前の下士兵卒家族

戦争後の労働者の増加に対応してその保護対策の必要性が高まってきていたが，経営者の強い反対により労働者保護法は未成立に終わっていた。それが工場法として，1911（明治44）年3月にようやく公布された。常時15人以上の職工を使用する工場に適用され，12歳未満の児童の使用禁止，15歳未満の児童と女性の深夜業禁止，15歳未満の児童と女性の12時間以上の就業禁止などが規定された。

第1部　日本編

表I-3　感化救済事業講習会の推移

	回　数	講習期間	開催地	受講生数	講師数
1	第1回感化救済事業講習会	明治41年9月1日～10月7日	東京市	340名	35名
2	第2回　〃	〃　42年10月11日～11月11日	〃	128名	19名
3	第3回　〃	〃　43年11月15日～11月30日	〃	114名	15名
4	第4回　〃	〃　44年10月20日～11月2日	〃	92名	18名
5	第5回　〃	大正元年11月11日～11月30日	〃	145名	22名
6	第6回　〃	〃　2年10月16日～11月1日	〃	163名	17名
7	第7回　〃	〃　3年10月5日～10月15日	〃	136名	14名
8	第1回感化救済事業地方講習会	〃　4年7月12日～7月21日	大阪市	196名	14名
9	第2回　〃	〃　4年9月1日～9月10日	仙台市	104名	9名
10	第3回　〃	〃　5年3月2日～3月11日	福岡市	111名	10名
11	第4回　〃	〃　5年7月3日～7月12日	名古屋市	344名	10名
12	第5回　〃	〃　5年8月15日～8月24日	札幌区	214名	8名
13	第6回　〃	〃　6年2月19日～2月28日	広島市	215名	11名
14	第7回　〃	〃　6年6月11日～6月20日	金沢市	211名	10名
15	第8回　〃	〃　7年3月7日～3月16日	東京市	127名	10名
16	第9回　〃	〃　7年7月17日～7月26日	京都市	278名	10名
17	第10回　〃	〃　7年8月1日～8月10日	新潟市	174名	8名
18	第11回　〃	〃　8年2月17日～2月26日	熊本市	194名	7名
19	第12回　〃	〃　8年6月2日～6月11日	岡山市	371名	9名
20	第13回　〃	〃　8年8月5日～8月14日	津　市	301名	8名
21	第14回　〃	〃　8年8月20日～8月29日	秋田市	144名	11名
22	第1回社会事業講習会	〃　9年1月19日～1月28日	宇都宮市	346名	10名
23	第2回　〃	〃　9年7月28日～8月6日	静岡市	204名	10名
24	第3回　〃	〃　9年8月21日～8月27日	長崎県	213名	10名
25	第4回　〃	〃　9年9月1日～9月7日	高知市	157名	6名
26	第5回　〃	〃　10年7月25日～8月3日	岐阜市	405名	10名
27	第6回　〃	〃　10年7月28日～8月3日	和歌山市	468名	10名
28	第7回　〃	〃　10年8月8日～8月17日	札幌区	261名	8名
29	第8回　〃	〃　11年10月6日～10月14日	東京市	140名	10名

出所：菊池正治・阪野貢『日本近代社会事業教育史の研究』相川書房，1980年，53頁。

救助令（1904年）では，戦争に招集された下士兵卒の家族で生活できないものの救助を定め，廃兵院法では戦争で負傷し障害者となって生活できないもの（扶養してくれる家族のいないもの）を保護するとしていました。それに対して軍事救護法では，その対象を傷病兵及び下士兵卒とその家族・遺族に広げ，生業扶助，医療，現品給与，現金給与によって救護すると規定しました。また，1912（明治45）年に福本誠らによって養老法案が議員提案されますが，床次竹二郎などの政府委員の反対で未成立に終わりました。

○感化救済事業講習会

1908（明治41）年には，社会改良の中心的担い手として期待される救済事業関係者の養成のために，感化救済事業講習会が開催されました（表I-3）。そして，先に見た地方改良運動や感化救済事業講習会を推進した中心的な人物が，この時期の典型的な内務官僚であった井上友一でした。

感化法改正（1908年）や「施薬救療の勅語」（1911年）により感化院や施薬救療

▶3　当時の政府，支配層関係者は，救済保護事業を社会運動，社会主義運動の防衛策の一つと認識し，それを天皇・皇室の恩恵と位置づけ，重要な国民支配の手段とした。この勅語にもとづき，無告の窮民への施薬救療のためとして天皇から内努金150万円が下賜され，これに寄付金を加えて財源として恩賜財団済生会が設立された。

資料Ⅰ-4　第1回全国慈善大会来会者（1903〔明治36〕年）

出所：全国社会福祉協議会九十年通史編纂委員会編『全国社会福祉協議会九十年通史——慈善から福祉へ』全国社会福祉協議会，2003年，10頁（グラビアページ）。

施設が増加したほか，1909（明治42）年の岡山孤児院付属愛染橋保育所など，育児・保育施設を中心に児童救済施設が増設されます（資料Ⅰ-3）。また，同年の京都府教育会の白川学園，1916（大正5）年の岩崎佐一の桃花塾など知的障害児施設も創設されました。白川学園は，すでに知的障害児教育への実践経験をもっていた脇田良吉等を委員として取り組ませた教育方法の調査研究結果にもとづいて設立され，1912年からはその経営が脇田に移管されていきます。

このほか大都市の失業者・困窮者への防貧対策として1911（明治44）年に大阪職業紹介所が設置され，救世軍月島労働寄宿舎や渡辺海旭の浄土宗労働共済会といったセツルメント施設も設立されています。

このように，救済事業関係者や慈善救済事業施設が増加していくなかで，慈善事業の組織化への取り組みが行われるようになりました（資料Ⅰ-4）。また，1910（明治43）年の第1回全国感化院長協議会の開催などで政府主導による慈善救済事業の組織化が図られますが，上からの組織化だけでは限界があるため，半官半民の全国組織として1908年に中央慈善協会が発足することになります。仏教やキリスト教関係（者）の組織化も行われました。たとえば，1901（明治34）年設立の大日本仏教慈善会財団は，浄土真宗本願寺派の教団慈善事業の先駆的組織です。機関誌を発行して募金を行い，それをもとに育児院や看護婦養成所を経営したり，多くの施設・団体に補助金を出して支援しました。大正期以降には，人事相談所，診療所，隣保館，社会事業研究所などの開設・経営を行っています。

（清水教恵）

▷4　脇田豊『百年のあゆみ——百萬遍から鷹峯』白川学園，2009年，31頁。

▷5　Ⅱ-3 参照。

▷6　日本仏教社会福祉学会編『仏教社会福祉辞典』法蔵館，2006年，214頁。

参考文献

菊池正治ほか編著『日本社会福祉の歴史　付・史料』ミネルヴァ書房，2003年。
吉田久一『新・日本社会事業の歴史』勁草書房，2004年。

第1部　日本編

I　社会福祉の発展過程

5　社会事業の成立

1　社会事業成立の背景

○戦後恐慌と国民生活の困窮

　日清・日露戦争を通して産業発展が進み，さらに第1次世界大戦（1914-1918年）で戦争景気に恵まれたものの，戦後には大きな経済恐慌（戦後恐慌）に陥ります。すなわち，第1次世界大戦によって軍事物資や消費財の輸出が増加し，軍備拡張も産業発展を促して日本経済には空前の繁栄がもたらされたのです。

　その間に工場生産高の向上や工場労働者の急増が生じ，経済発展に伴う激しい物価上昇に賃金の上昇が追いつかず，生活に苦しむ人々が大量に生み出されました。▷1　さらに，戦後の先進諸国における輸出入の極度の不安定化などによって主要資本主義国は恐慌に陥り，日本でも多数の失業者を生じています。そのため，ストライキ・労働争議も1919（大正8）年には1912（大正元）年の10倍以上に激増していきました。

○米騒動と関東大震災

　こうした状況のうえに，1918（大正7）年に発生した米騒動や1923（大正12）年の関東大震災による社会経済的混乱や生活困窮者の問題が，この時期に新しい社会問題対策，救済保護対策を不可欠のものとし，社会事業成立の契機となったと考えられています。

　米騒動は，戦前の4倍にも達したとされる米価の高騰や物価上昇による生活困難・生活困窮を背景とした，ほぼ全国にわたる民衆騒動で約70万人以上の人々が参加しました。関東大震災では死者・行方不明者が10万人以上に及んだほか，震災の被害を受けた金融機関が機能不全に陥り，その影響で倒産や失業が続出し，社会的混乱と人々の生活困窮問題を増加させたのです。

2　社会事業成立の要因1

○公的対策の変化──救貧対策から経済保護対策へ

　失業者・低所得者や生活困窮者の増加に対して，公的救済対策においても，従来の厳しく限定された対象への救済から，より広い国民や貧困層のための防貧的な経済的保護へと変化します。

　1918（大正7）年には救済事業調査会が設置され，1921（大正10）年設置の社会事業調査会の答申から職業紹介法，住宅組合法，中央卸売市場法などが制定さ

▷1　第1次世界大戦をはさんで賃金上昇以上に激しく物価が上昇したため，人々の生活を苦しめた。そうしたなか，1916（大正5）年9月からは大阪朝日新聞に河上肇が「貧乏物語」を連載して，貧乏人の現状，貧乏の原因，貧乏への対応策を論じて大きな社会的反響を呼んだ。

▷2　救済事業調査会では生活状態改良事業，窮民救済事業，児童保護事業，救済的衛生事業などの調査検討が行われた。それは救済事業だけではなく，農業政策や社会政策にわたる幅広いもので，救済事業調査会と言いながら，低所得者・失業者や労働者対策に重点がおかれたものであった。同様に，社会事業調査会の答申でも，恤救規則に代わる救貧法・救貧対策の創設につながるものはなかった。救済事業調査会については，II-4参照。

れました。

つまり，救済事業や社会事業と言いながら，この時期の最初の取り組みは失業者・低所得者といった国民・労働者への対策に重点が置かれ，公設市場や簡易食堂などの設置あるいは職業紹介事業や公共土木事業などの，経済保護対策や失業救済対策が代表的なものだったのです。そのため，恤救規則に代わる救済保護制度の創設は，次の段階で実施されることになります。

◯社会連帯思想

社会事業成立に基盤的な影響を与えたものとして，大正デモクラシーにもとづく社会連帯的な救済思想がありました。たとえば，内務大臣であった床次竹二郎は，社会事業は「社会の進歩を促し，同胞の福祉を進め」るものだとし，社会の「一部の欠陥は，他の一部が連帯すべき筈」のものだと述べています。また，創設期の社会事業行政を指導した田子一民も，社会事業は「私達の社会という観念（社会連帯の観念）」をもとに成立すると説明しています。つまり，「最早昔日の篤志家の経営に成る慈善事業や救貧法に依る救済事業にのみ之を委すべきではなく，今や社会共同の責任として，弱者を擁護し向上せしむるの観念に到達せねばならぬ」（生江孝之『社会事業綱要』）という認識が，指導層の間に生じてきたのです。

このような，救済問題形成の社会的な事情を認識して，問題解決のために社会的に対応していこうとする新しい救済思想が，社会事業を形成していく重要な基盤（思想的要因）になったと考えられます。

3 社会事業成立の要因2

◯行政組織の形成と民間事業の組織化

救済保護に関する公私の組織化が，行政主導のもとで進められました。まず，中央・地方の関連行政組織が創設され，事業の体系化が進められます。1917（大正6）年に軍事救護法が制定されたのに伴い，内務省に救護課が設置されます。それがやがて社会課や社会局に発展すると，その所管事項も拡大していきます。

内務省地方局の救護課における所管事項は①賑恤救済に関する事項，②軍事救護に関する事項，③貧院盲唖院瘋癲院育児院及び感化院その他慈恵の用に供する施設に関する事項，とされていました。それに対して，社会局のそれは①労働に関する一般事項，②工場法施行に関する事項，③鉱業法中鉱夫に関する事項，④社会保険に関する事項，⑤失業の救済及防止に関する事項，⑥国際労働事務に関する事項，⑦賑恤救済に関する事項，⑧児童保護に関する事項，⑨軍事救護に関する事項，⑩其の他社会事業に関する事項，⑪労働統計に関する事項，となりました。同様にして，地方でも道府県や都市の社会事業行政組織が作られるようになりました。

公的な経済保護施設の設置とともに民間の慈善救済施設も増加し，関連事業

▷3 内務省嘱託として明治末から大正期の救済事業や社会事業に深く関わり，その後も日本女子大学などで社会事業の研究・教育に携わった生江孝之は，その代表的著作『社会事業綱要』(1923年)で，社会連帯観について次のように説明している。「其の定義の如何に拘らず，既に社会的原因に基いて多数民が生活脅威を受けつゝありとせば，その責任は誰に帰すべきであらうか。即ち何人が責任を負ふて，之が解決に努力すべきであらうか。言ふまでもなく，夫は社会自身でなければならぬ。社会は其の存在に対して連帯責任を有して居る。即ち其の一部に障害を生じたる場合に，社会として之が回復治療に努力すべきは当然の理である。」

▷4 Ⅱ-4 参照。

表 I-4 社会事業の推移（1911～1935年）

感化救済事業一覧	1911年	社会事業一覧	1925年	社会事業統計要覧	1935年
育児及保育	(150)	社会事業に関する機関	(221)	社会事業に関する機関	(2,504)
（育児）	136				
（保育）	14	連絡統一	45	連絡統一	58
養老	17	調査研究	46	調査研究	34
救療	72	養成	5	養成機関	3
窮民救済	42	助成	71	助成機関	20
授産及職業紹介	30	委員制度	54	方面委員制度	80
宿舎救護	13			方面委員後援	2,309
婦人救済	2				
軍人遺家族救護	10	児童保護	(886)	児童保護	(1,948)
感化教育	53	妊産婦保護	172	産婆	493
特殊教育	(114)	乳幼児保護	341	産院	52
盲唖教育	62	児童相談	64	乳児保護	29
子守教育	7	病弱児保護	12	昼間保育	887
貧児教育	32	就学保護	87	児童	131
その他特殊教育	13	育児	122	児童相談	152
その他	45	感化	69	肢体不自由児教養	2
		知的障害児保護	5	虚弱児保護	9
計	548	身体障害児保護	14	病児保護	18
				虐待児童保護	6
		経済保護	(1,088)	貧児教育	40
感化救済事業一覧	1917年	住宅供給	213	子守学校	15
感化	54	宿泊保護	142	労働児童教育	10
育児	133	公設市場	317	救護教育	58
幼児保育	54	簡易食堂	78	退院生保護	32
養老	24	公益浴場	198	幼少年一時保護	1
施薬救療	75	公益質屋	61	知的障害児教育	9
窮民救助	61	小資融通	18	吃音矯正	4
授産	24	授産	61		
職業紹介	25			経済保護	(2,376)
宿泊救護	29	失業保護	(207)	小住宅経営	642
婦人救済	5	職業紹介	189	共同宿泊所	155
特殊教育	(162)	失業共済	2	公設市場	278
盲唖教育	72	失業救済	7	簡易食堂	70
貧児教育	62	職業補導	9	公益浴場	170
子守教育	16			公益質屋	1,061
その他	12	救護事業	(239)	失業救済及防止	(661)
その他の救済事業	83	老廃保護	52	授産	72
		窮民救助	141	職業紹介	587
計	729	罹災救助	6	職業輔導	2
		軍事保護	40		
				救護	(595)
社会事業要覧	1920年	医療保護	(373)	院外救護	172
一般的機関	(46)	無料診療	229	院内救護	140
連絡統一	19	実費診療	91	身体障害者保護	33
調査研究教育	6	精神病院	18	軍人遺家族後援	250
委員制度	11	結核療養所	23		
援助機関	10	癩療養所	12	医療保護	(747)
窮民救助	(79)			病院	169
院内救助	25	社会教化	(364)	診療所	410
院外救助	54	融和	57	委託診療	62
軍事救護	17	隣保	55	精神病院	52
医療保護	99	矯風	67	結核療養所	36
経済保護	434	労働者教育	29	癩療養所	18
社会教化	57	教化	156		
児童保護	(451)			その他	(592)
妊産婦保護	8	その他	(220)	隣保事業	169
乳幼児保護	85	人事相談	96	人事相談	153
就学児童保護	89	慰安	17	婦人保護	26
養育事業	117	葬助	7	母子収容保護	15
感化事業	56	身体障害者保護	13	父子収容保護	2
障害児保護	81	婦人労働者保護	53	病者慰安	12
その他	15	衛生思想普及	5	衛生思想普及	89
		雑	29	助葬	5
計	1,183			その他	121
		計	3,598	計	9,423

* （　）内の数字は各項目の小計。事業種別名は一部修正した。1920年は簡略化して表記。
* 1911年末現在＝① 同一団体で二種以上の事業を経営するものは事業数を各別に掲記。団体は実数488。
  ② 二種以上の事業を経営するものの経費及び職員で区分し難きものは主たる事業の部に記入。
  ③ 事業中外国人の経営するもの34，外国人の設立で日本人の経営するもの3，主として資金を外国人の寄付に仰ぐもの6。育児施設には一部保育を併設するものを含む。授産及び職業紹介施設には一部宿泊救護を含む。
* 1917年末現在＝外国人の経営するもの35，外国人の設立で日本人の経営するもの3，主として資金を外国人の寄付に仰ぐもの5。

出所：①『感化救済事業一覧』（明治44年末調），内務省，1912年。②『感化救済事業一覧』（大正6年末現在），内務省。③『社会事業要覧』（大正9年末調），内務省社会局，1923年。④『社会事業一覧』（大正14年現在），内務省社会局社会部，1927年。⑤『第15回社会事業統計要覧（昭和10年度）』，厚生省社会局，1938年。

施設数は1911（明治44）年548，1917（大正6）年729，1920年1,183，1925年3,598と急増しました（表Ⅰ-4）。また，その内容も，従来に比較して新しい分野での活動にも広がっています。そして，こうした施設・団体の増加に伴って，関係者や施設の連絡調整の組織団体が作られ活動するようになります。中央慈善協会は1921（大正10）年に中央社会事業協会に改称し，1903（明治36）年にスタートした全国慈善大会も1920（大正9）年の第5回大会から全国社会事業大会となるなど，社会事業の用語も広がっていきました。

◯方面委員制度とセツルメント事業

経済保護対策がとられ，中央・地方の社会事業組織が広がっていっても，すぐに生活困窮者に対する救済保護対策の本格的取り組みが行われたわけではありませんでした。救貧制度に関しては，批判が強まってきたとはいえ恤救規則体制が続いていたのです。

そこで，そのために生じた生活困窮者や救済対象への対応の不備を補ったのが方面委員制度でした。その先駆となったのが，1917（大正6）年に岡山県知事の笠井信一によって考案・設置された岡山県済世顧問制度です。そして翌年には東京府慈善協会の救済委員制度や，大阪府方面委員制度が登場します。この方面委員制度は，地域の篤志家である方面委員が貧困者の調査や生活困窮者への指導・援助などを行うもので，その後全国的に広がり，今日の民生委員児童委員制度へとつながっていきます。▷5

また，この時期にはセツルメント事業が盛んになり，「セツルメント時代」とも言われました。1909（明治42）年に賀川豊彦が神戸新川の貧民窟での伝道と救済活動を開始したもののほか，代表的なものとして石井記念愛染園（1917年），マハヤナ学園（1919年），大阪市立市民館（1921年），東京帝国大学セツルメント（1924年）などがあげられます。▷6

◯社会事業教育・研究への取り組み

1925（大正14）年に道府県に社会事業主事と主事補が置かれるようになり，石井記念愛染園（1918年）や国立武蔵野学院（1919年）に職員養成所が付設されて，従事者養成への関心も生じてきました。また，1918（大正7）年の宗教大学（後の大正大学）の社会事業研究室，1919年の東洋大学感化救済科，そして1921（大正10）年の日本女子大学校社会事業学部の開設というように，大学での社会事業教育が行われるようになります。

長谷川良信，田子一民，生江孝之，小河滋次郎などによる社会事業研究も行われ，長谷川の『社会事業とは何ぞや』（1919年），田子の『社会事業』（1922年），生江の『社会事業綱要』（1923年），小河の『社会事業と方面委員制度』（1924年）といった各々の代表的著作が出版されました。　　　　　　　　　　（清水教恵）

▷5　Ⅱ-5 参照。

▷6　Ⅱ-6 参照。

（参考文献）
清水教恵「社会事業の組織化と済世顧問制度」（龍谷学会編『龍谷大学論集』第441号）龍谷学会，1992年。
清水教恵「小河滋次郎の活動と社会事業論」（桑原洋子教授古稀記念論集編集委員編『社会福祉の思想と制度・方法』）永田文昌堂，2002年。
菊池正治ほか編著『日本社会福祉の歴史　付・史料』ミネルヴァ書房，2003年。

I 社会福祉の発展過程

6 昭和恐慌と貧困問題対策

1 昭和恐慌下の経済社会と生活困窮

　昭和の初期においては慢性的な不況が続き，国民生活に深刻な困難をもたらしました。1927（昭和2）年の金融恐慌に続いて1929（昭和4）年には世界恐慌に見舞われ，金融機関や企業の倒産が相次ぎます。産業合理化政策がとられたことも重なり，失業者・生活困難者が激増しました。そのため，労働争議件数や争議参加者数も第2次世界大戦前としては非常に多くなっています（表I-5）。

　農村においても，生糸のアメリカ輸出の落ち込みや農産物価格の低下で所得が大幅に減少したうえ，失業者の帰農で農家の経済事情や生活状況はきわめて厳しいものでした。1934・35（昭和9・10）年には小作争議件数・参加人員もピークに達し，1932（昭和7）年に政府が算出した全国農山漁村の生活困窮者数は418万人を数えました。都市スラムも拡大し，東京市の細民も1921（大正10）年の2,869人から，1930（昭和5）年には8万3,000人へと激増していきます。

2 社会事業の動向

○救護法の制定

　1926（大正15）年7月に第2次社会事業調査会に対して「社会事業体系に関する件」が諮問され，1927（昭和2）年から1929（昭和4）年の間に調査会は7つの答申を行います▶1。そのなかの「一般救護に関する体系」をもとに，1929年に救護法が制定されました。ようやく恤救規則に代わる救済立法が制定されたのですが，当時の財政事情などでなかなか実施されず，社会事業関係者が救護法実施促進運動を展開して，1932年1月から施行されたという経緯があります。

○方面委員令の制定

　救護法の第4条では「救護事務に関し市町村長を補助」する名誉職の委員を置くことができると規定され，各府県では方面委員または同様のものがその委員とみなされました。そのため，基本的に民間の社会奉仕家のまま（方面委員が十分な法的根拠を与えられないまま）救護事務の補助機関として位置づけられ，救護に関する申請や受給後の処遇を担当することになったのです。それは当然現場に混乱を生み，方面委員の全国大会でも方面委員の法制化を求める決議がなされています。そのため1936（昭和11）年11月に方面委員令が公布され，全国的にその名称と任務が統一されました。

▶1　1926（大正15）年に，浜口内務大臣が第2次社会事業調査会に「社会事業体系に関する件」を諮問する。これに対して，調査会は1927（昭和2）年6月に「一般救護に関する体系」「経済保護施設に関する体系」「失業保護施設に関する体系」，1927年12月に「児童保護事業に関する体系」，1929年6月には「社会事業機関並経費に関する体系」「医療保護施設に関する体系」「社会教化事業に関する体系」を決議した。そのうち「一般救護に関する体系」では，恤救規則の問題点を指摘するとともに新しい救貧制度の確立を求め，対象の拡大や救済責任の明確化などを内容とした答申を行った。

表Ⅰ-5 労働争議と小作争議の件数（1926-1937年）

年次	労働者数（就業者）（千人）	労働組合			労働争議（争議行為を伴うもの）		小作人		小作争議件数	小作争議参加人員	小作調停受理件数
		組合数	組合員数	組織率(%)	件数	参加人員	組合数	組合員数			
26	4,642	488	284,739	6.1	495	67,234	3,926	346,693	2,751	151,061	2,610
27	4,704	505	309,493	6.5	383	46,672	4,582	365,332	2,052	91,336	3,653
28	4,825	501	308,900	6.3	397	46,252	4,343	330,406	1,866	75,136	2,912
29	4,873	630	330,985	6.8	576	77,444	4,156	315,771	2,434	81,998	3,657
30	4,713	712	354,312	7.5	906	81,329	4,208	301,436	2,478	58,565	2,838
31	4,670	818	368,975	7.9	998	64,536	4,414	306,301	3,419	81,135	3,361
32	4,860	932	377,625	7.8	893	54,783	4,650	296,839	3,414	61,499	3,212
33	5,127	942	384,613	7.5	610	49,423	4,810	302,736	4,000	48,073	4,888
34	5,764	965	387,964	6.7	626	49,536	4,390	276,246	5,828	121,031	5,013
35	5,907	993	408,662	6.9	590	37,734	4,011	242,422	6,824	111,164	6,777
36	6,090	973	420,589	6.9	547	30,900	3,915	229,209	6,804	77,187	7,472
37	6,422	837	395,290	6.2	628	123,730	3,879	226,919	6,170	63,246	5,717

出所：安藤良雄編『近代日本経済史要覧　第2版』東京大学出版会，1979年，129頁，一部省略。

○児童保護法の制定

　恐慌による経済社会の混乱や生活不安・生活困難が広がるなかで，児童への虐待や欠食児童の増加，児童の不良化といった児童問題が深刻化し，児童保護に関する法律が制定されます。1933（昭和8）年4月に児童虐待防止法，同年5月に少年教護法が公布され，母子心中の増発に対して1937（昭和12）年3月には母子保護法が公布されています。

　児童虐待防止法では対象を14歳未満の被虐待児とし，児童を保護すべき責任のある者が児童虐待をしたり，著しくその監護を怠ったり，刑罰法令にふれたりした場合に，訓戒，条件つき監護命令，委託の方法によってその防止を図ろうとしました。少年教護法は感化法を全面的に改正したもので，14歳未満の不良行為をしたりそのおそれのある者を教護するために，少年教護院を道府県に設置することを規定しています。また，その科学的処遇のために少年教護院に少年鑑別機関を設けるとともに，児童・少年の不良化防止（保護観察）のために少年教護委員を置くとしています。さらに母子保護法は，13歳以下の子（孫）を養育する母（祖母）が貧困のために生活不能・養育不能の場合に，市町村長の責任でそれらの扶助を行うというものでした。

　救護法以外に見るべき保護法のない時代に，これらの児童保護法の制定は評価されますが，たとえば児童虐待防止法による保護児童数がきわめて少なかったり，母子保護法に見られる対象の限定や欠格条項の存在といった問題点をもつものでもあったのです。

　恐慌下での民間社会事業施設の経営困難を背景に，関係者から助成制度の確立を求める声が高まり，1931（昭和6）年の全日本私設社会事業連盟の結成など，社会事業の組織化が進められます。また，1928（昭和3）年の明治学院高等学部の社会科開設や1931年の同志社大学文学部神学科での社会事業専攻の創設など，社会事業教育も一定の広がりを見せました。

（清水教恵）

▷2　被虐待児811名，虐待のおそれのある児童1万2,737名（『日本社会事業年鑑　昭和8年版』）や，1934（昭和9）年の岩手県における欠食児童数2万4,800名，東北全体では3万4,000名にのぼったとの報告（『証言・私の昭和史』旺文社文庫）等がある。

▷3　たとえば同法第10条では，「扶助を受くる母左に掲ぐる事由の一に該当するときは市町村長は扶助を為さざることを得」と規定している。

参考文献

清水教恵「昭和恐慌期における児童保護法の制定」（龍谷学会編『龍谷大学論集』第436号）龍谷学会，1990年。
百瀬孝『日本福祉制度史』ミネルヴァ書房，1997年。
菊池正治ほか編著『日本社会福祉の歴史　付・史料』ミネルヴァ書房，2003年。

I　社会福祉の発展過程

7　社会事業から厚生事業へ

1　戦時体制下の国民生活と厚生省の創設

○戦時体制下の国民生活

　1937（昭和12）年の日中戦争，そして1941（昭和16）年には太平洋戦争と文字通り戦時体制に移行していきます。それに合わせて徴兵制や徴用制，隣組制度，配給制度がしかれ，人々の生活は大きく変貌しました。男子が戦争（兵役）に動員されただけでなく，女子生徒も工場動員されたりしたため農業生産が大きく減少し，生計費の上昇で生活水準が低下し，貧困が国民各層に拡大します。そして国民の体位は低下し，疾病が広がり，必要な栄養さえ摂取できない状態が発生したのです。また，満20歳の男子全員が強制的に受ける徴兵検査の合格者の割合も，1925（大正14）年の72.1％から1935（昭和10）年には52.2％へと低下していました。

　そうした事態が，戦時体制を推進する政府や軍部にとって深く憂慮すべきものであったのは言うまでもありません。そのため，国防国家建設を目的とした，国民生活の安定と国民の健康増進や体位の向上の仕事を取り扱う行政機関（新しい省庁）の創設が，大きな課題となりました。

○厚生省の創設

　内務省の社会局や衛生局を中心にして，社会行政や衛生行政を統一的に行う機関を設置しようという考えは以前からあったと言われますが，ここに来てそれが現実的な政治課題となったわけです。その背景には，徴兵検査などによって明らかになった国民の体位の低下と，結核患者の増大という問題がありました。[1]新しい省の創設やその名称をめぐっては陸軍省と内務省の主導権争いがあったものの，最終的には枢密院[2]によって書経から「民の生活を豊かにする」という意味の「厚生」という語が採用されて，1938（昭和13）年1月に厚生省が誕生しました。

　同時に，この前後から従来の社会事業に代わって厚生事業という名称が用いられるようになります。そして，対象者への救済や保護という目的や概念から，国民生活の安定と人的資源の養成や確保という概念へと対象範囲（理解）の一般化・抽象化が進められて，本来の社会事業対象への社会的支援は弱められていったのです。[3]

▷1　厚生省設立が政治課題となる背景にあった代表的な問題の一つは，結核患者の増大であった。昭和初期に一度低下していた結核死亡率が1933（昭和8）年ごろから増加し，1935（昭和10）年には死亡者数13万2,000人，患者数120万人以上と推定された。しかも青壮年層の死亡率が高く，徴兵をはじめとして軍部・軍隊にとっても大きな課題であった。

▷2　明治憲法のもとでの天皇の最高諮問機関。直接天皇の諮問に応え，重要な国務や皇室に関する大事を審議した。

▷3　厚生事業の展開とともに社会事業が変容していく動向は，厚生省の組織構成の変化からも知ることができる。厚生省創設時には，そこに体力局，衛生局，予防局，社会局，労働局が置かれたが，1941（昭和16）年に社会局が生活局と人口局になり，1943（昭和18）年には生活局も廃止される。社会事業行政を管轄していた社会局が，健民政策や労働（勤労）政策を担当するものに改編されていった。

❷ 社会事業法の制定

　国の厚生行政や地方行政において軍事援護関連の費用が増加し，軍人とその遺家族に関係しない社会事業に関するものは減少していきます。そのため，たとえば1937（昭和12）年3月には軍事救護法を改正して軍事扶助法としますが，そこでの扶助基準は，救護法や母子保護法より優遇されたものになっていました。たとえば，救護法や母子保護法では，その対象の条件を「生活すること能はざるとき」としていますが，軍事扶助法では，軍事救護法の「生活すること能はさる者」を「生活すること困難なる者」に改めています。

　こうして社会事業が縮小されるなか，経営困難をきたしていた民間社会事業関係者からは，国の財政的支援，すなわち国庫助成の法制化を求める声が強まります。1938（昭和13）年4月に公布された社会事業法では私設社会事業の範囲を定め，経営者に届け出義務を課すことや予算の範囲内で補助金を交付すること，社会事業経営への税制措置などを規定しました。

　これにより初めて社会事業活動への補助金交付が制度化されますが，同時に民間社会事業への国の監督・統制も強化されていくことになります。また，1936（昭和11）年11月の方面委員令公布（委員の法制化）により，方面委員の活動範囲が広がっていきます。

❸ 社会事業思想の多様化と変質

　大正期に開始された社会事業教育は，戦時色が強まるなかで変質していきます。1934（昭和9）年に東洋大学の社会事業学科は廃止となり，1933（昭和8）年の日本女子大学社会事業学部の家政学部第3類への改組のほか，各大学の社会事業系学科・専攻が社会性の弱い厚生学・厚生事業系のものに改組されました。

　また，そうした大学などで教育に携わった研究者などの社会事業思想も，従来の社会連帯的立場のもの，唯物弁証法的立場や国家主義・天皇主義的立場に立つものなどに多様化していきました。この時期の代表的な社会事業研究者・理論家として，社会事業理論の体系化に努めた海野幸徳，唯物弁証法的立場からの社会事業理論を主張した磯村英一，牧賢一，川上貫一（磯村・牧はやがて戦時厚生事業論に転換を図ります），天皇主義や皇国思想と関連させて厚生事業を論じた山口正，社会政策論の立場から戦時下社会事業を理論づけようとした大河内一男などがあげられます。

　しかし，戦時体制下で厚生事業が強硬に推進されていくなかで，全体的には社会事業理論や社会事業思想は崩壊への道を歩むことになりました。

（清水教惠）

参考文献

　厚生省五十年史編集委員会編『厚生省五十年史（記述篇）』厚生問題研究会，1988年。
　池田敬正『日本における社会福祉のあゆみ』法律文化社，1994年。
　菊池正治ほか編著『日本社会福祉の歴史　付・史料』ミネルヴァ書房，2003年。

I 社会福祉の発展過程

8 戦後の改革と社会福祉の誕生

1 戦後の国民生活と緊急保護対策

　敗戦後の日本には戦災者，失業者，引揚者や孤児・浮浪児などがあふれていました（資料 I-5）。戦争で家族に死傷者が生じ，空襲によって家を焼失したうえに，激しいインフレと食料事情の悪化により国民生活は誠に悲惨な状況に置かれていたのです。そのため，国民の食料問題と貧困者・生活困窮者への支援対策が最大の課題となっていました。

　連合国軍最高司令官総司令部（以下，GHQ）▷1 は民生局や公衆衛生局を設置して福祉行政を指導していくことになり，1945（昭和20）年10月には厚生省社会局も復活します。そして，同年12月には「生活困窮者緊急生活援護要綱」が閣議決定されました。これは戦災者925万人，引揚者306万人，失業・半失業者450万人を数え，推計800万人とも言われる要援護者（「要援護見込人員調」昭和20年12月厚生省調査）を抱えるなかで，GHQの指導もあって，国民生活安定のための法律の制定実施までの緊急対策実施のために決定されたものです。

　その内容は一般生活困窮者と，失業者，戦災者，海外引揚者，在外者留守家族，傷痍軍人とその家族及び軍人の遺族で著しく生活に困窮する者に対して，宿泊・給食・救護施設の拡充，衣料・寝具などの生活必需品の給与，食料品の補給，生業の指導斡旋などによって，その生活を援護するというものでした。また，「戦災孤児等保護対策要綱」（1945年）をはじめとする戦災孤児・浮浪児への緊急保護対策も実施されています。

2 福祉三法体制の成立

　1946（昭和21）年2月にはGHQから「社会救済（SCAPIN775）」と題する覚え書きが提出され，戦後日本の社会的な救済保護の基本原則が示されました。すなわち，GHQは日本の非軍事化と民主化を基本理念とした諸改革を推進しましたが，社会的な救済保護の分野においても「社会救済」にもとづいて，従来の社会事業や厚生事業の改革が行われたのです。

　Public Assistance という原題のこの「社会救済」のなかで，GHQは①無差別平等の救済と社会的救済のための単一の政府機関の設立，②社会的救済の行財政に関する政府の責任態勢の確立と公私分離，③社会的救済の総額に制限を設けてはならない，との基本原則を示しました。これらは無差別平等の原則，国

▷1　連合国軍最高司令官総司令部（General Headquarters：GHQ）のこと。第2次世界大戦後の1945年から1952年までの間，連合国の日本占領のためにおかれた中央管理機構で，無条件降伏をして国家主権を喪失した日本の国政は，この命令・承認のもとに実施された。戦後の日本の社会福祉政策の基盤は，ほとんどがその指令を通して形成された。

資料 I-5　海外からの引き揚げ者（博多港）

出所：資料 I-1 と同じ，134 頁。

家責任の原則（公私分離の原則），必要充足（救済費非制限）の原則と言われ，その後の日本の社会福祉の重要な指導原理となりました。政府はそれに沿って公的扶助の法案を作成し，同年9月に旧生活保護法が公布されます。それにより，生活困窮者一般を保護対象とする一般救助主義が採用され，対象者の居住地か現在地の市町村長が保護に当たり，民生委員がそれを補助するということになりました。

戦後の児童保護対策は戦災孤児・浮浪児への緊急保護対策から出発しましたが，1948年になってもなお全国に12万4,000人の孤児が存在し，さらに家出児童・施設逃亡児童の問題や，青少年犯罪・乳幼児死亡の増加が大きな課題になっていました。そのような児童保護問題の根本的解決に合わせて，すべての児童の健全育成や福祉の保障を目的として，1947（昭和22）年12月に児童福祉法が公布されています。

軍人の遺族や戦争で障害を負った兵士とその家族への対策も，戦後の大きな行政課題でした。しかし，当時の身体障害者の大部分が傷痍軍人（兵士として戦争で障害者になった人）で占められていたのに加え，GHQの非軍事化政策や無差別平等の原則との関連もあってその対策は遅れ，1949（昭和24）年12月にようやく身体障害者福祉法が公布されました。本法では，当初は身体障害者の更生を援助してその福祉を図ることが目的とされ，対象者の障害の範囲も限定的なものでした。

こうして，生活保護法・児童福祉法・身体障害者福祉法という戦後の社会福祉を支える中心的な三法が制定されたのです。

3　戦後社会福祉の基盤の形成

> **資料 I-6　「社会保障制度に関する勧告」の抜粋**
>
> 　社会保障制度審議会は，この憲法の理念と，この社会的事実の要請に答えるためには，一日も早く統一ある社会保障制度を確立しなくてはならぬと考える。いわゆる社会保障制度とは，疾病，負傷，分娩，廃疾，死亡，老齢，失業，多子その他困窮の原因に対し，保険的方法又は直接公の負担において経済保障の途を講じ，生活困窮に陥った者に対しては，国家扶助によって最低限度の生活を保障するとともに，公衆衛生及び社会福祉の向上を図り，もってすべての国民が文化的社会の成員たるに値する生活を営むことができるようにすることをいうのである。
> 　このような生活保障の責任は国家にある。国家はこれに対する総合的企画をたて，これを政府及び公共団体を通じて民主的能率的に実施しなければならない。この制度は，もちろん，すべての国民を対象とし，公平と機会均等とを原則としなくてはならぬ。またこれは健康と文化的な生活水準を維持する程度のものたらしめなければならない。そうして一方国家がこういう責任をとる以上は，他方国民もまたこれに応じ，社会連帯の精神に立って，それぞれの能力に応じてこの制度の維持と運用に必要な社会的義務を果たさなければならない。
> 　しかしこういう社会保障制度はそれだけでは，その目的を達し得ない。一方においては国民経済の繁栄，国民生活の向上がなければならない。他方においては最低賃金制，雇傭の安定等に関する政策の発達がなければならない。

出所：菊池正治ほか編著『日本社会福祉の歴史　付・史料』ミネルヴァ書房，2003年，287頁を一部抜粋。

▷2　旧生活保護法は，労働能力の有無を問わず生活困窮者一般を保護対象とする「一般救護主義」に立つものであった。しかしそこには，怠惰な者や素行不良な者を対象から除外する欠格条項が存在したり，実際上の保護が民生委員によって行われたり，保護の受給を国民の権利として認めるものとなっていないといった課題があった。憲法第25条では，その第1項で「すべて国民は，健康で文化的な最低限度の生活を営む権利を有する」として国民の生存権を認めた。さらに第2項では「国は，すべての生活部面について，社会福祉，社会保障及び公衆衛生の向上及び増進に努めなければならない」として，国に国民の生存権を保障する義務があることを規定した。新生活保護法では，この憲法第25条の理念にもとづいて対象への保護を行うことになった。

▷3　体系整備のための6項目，社会福祉行政の6原則（6項目）などとも言う。Ⅱ-11 参照。

◯社会福祉事業法の制定

　旧生活保護法には，国民の権利として生活保護を明確に位置づけていないなどの問題点がありました。そこで憲法第25条の生存権規定をふまえて，1950（昭和25）年5月にはそれらを改正した新生活保護法が公布されました。

　1949（昭和24）年11月にGHQと厚生省が会合して，福祉計画の主要目標の検討や厚生行政の完成をめざすために「体系整備のための6原則」を確認します。また1950年10月には社会保障制度審議会が「社会保障制度に関する勧告」を提出しました。これは，1949年に発足した社会保障制度審議会が内閣総理大臣に提出したもので，「50年勧告」とも言われます。憲法第25条の理念にもとづいて，社会保障制度の体系的整備の方向性を示したものです。すなわち，社会保障制度を社会保険制度を中心にして国家扶助，公衆衛生，社会福祉によって「すべての国民が文化的社会の成員たるに値する生活を営むことができるようにすることをいう」とし，そのような社会保障制度による国民の生活保障の責任が国家にあることを指摘するとともに，国民がこの制度の維持と運用に必要な社会的義務を果たすように求めています（資料I-6）。そして，これらに示された原理原則が，その後の社会保障・社会福祉制度の創設に反映されていきました。

　1951（昭和26）年3月には社会福祉事業の共通的基本事項を定め，その総合的推進を図ることを目的として，社会福祉事業法が公布されます。そしてこの社会福祉事業法が，戦後日本の社会福祉施策・サービスを進めていくための基本的基盤（仕組み）を裏づけたと考えることができます。

◯社会福祉事業の組織化

　また社会福祉事業法では，共同募金や社会福祉協議会についても規定しています。敗戦後の民間社会福祉事業（施設）は，非常な資金不足・経営難に苦しんでいました。共同募金はそれを支援救済するために行われた全国的な募金活動を制度化したもので，1947（昭和22）年の11月から12月に，全国一斉に国民たす

| I-8 | 戦後の改革と社会福祉の誕生

資料 I-7　戦後復活した共同募金運動

出所：資料 I-1と同じ，154頁。

けあい共同募金運動が実施されました（資料 I-7）。

　戦後さまざまな社会福祉関連施設の復活があり，団体が結成されて活動を開始します。そして1947年の第1回全国児童福祉大会や第1回全国社会事業大会のように，社会福祉施設関係者の全国集会も開催されるようになっていきました。そうしたなかで，1951（昭和26）年1月には日本社会事業協会，全日本民生委員連盟，同胞援護会が合併して中央社会福祉協議会が設立され，社会福祉事業の組織化が進められます。同協議会は，1955（昭和30）年に全国社会福祉協議会となります。

○社会福祉の実践と教育・研究

　戦後の社会福祉の制度化や組織化に先立って，混乱期の困難な社会状況のもとで，社会事業活動・施設の復活や創設といった動きがありました。その代表的なものの一つが，1946（昭和21）年11月に戦災孤児・生活困窮児・知的障害児のための救護施設として創設された糸賀一雄の近江学園です。糸賀らは，近江学園創設の前後にも，いくつもの障害児者のための施設を国の制度に先駆けて設立しました。そして，その実践活動や実践思想は，後の障害者福祉や社会福祉に大きな影響を及ぼします。

　社会福祉制度の創設によって，専門職や従事者の養成が必要になりました。そこで，社会福祉事業従事者の現任訓練や大学などでの専門職養成教育が行われるようになり，1954（昭和29）年5月には日本社会福祉学会が設立されています。また，1950（昭和25）年代初頭に社会福祉事業の本質をめぐって論争が行われ，その後の社会福祉研究の契機になりました。

（清水教惠）

▷4　II-8　III-14 参照。

参考文献
　日本社会事業大学救貧制度研究会編『日本の救貧制度』勁草書房，1969年。
　横山和彦・多田英範編著『日本社会保障の歴史』学文社，1991年。
　百瀬孝『日本福祉制度史』ミネルヴァ書房，1997年。
　菊池正治ほか編著『日本社会福祉の歴史　付・史料』ミネルヴァ書房，2003年。

第1部　日本編

Ⅰ　社会福祉の発展過程

9　高度経済成長と社会福祉の展開

1　経済成長と福祉六法体制

○社会保障運動

　独立講和期を経て日本経済は回復しますが，不況で大量の失業者が生じたり低所得不安定層の労働者が著しく増加するなど，社会や国民生活の安定には至っていませんでした。そのようななかで，朝鮮戦争後の不況・インフレ対策や東西冷戦体制下での防衛費増強のために，1954（昭和29）年度予算案において，社会保障費の大幅な削減（計画）が示されます。これに対して，社会福祉，保健医療，地方公共団体関係者による全国的な削減反対運動が展開されました。この運動は，国民の社会保障・社会福祉への関心を高めるとともに，皆保険・皆年金体制へとつながっていきます。

○社会福祉問題の増加と福祉六法体制

　1950年代後半から1970年代のはじめにかけて，技術革新と重化学工業化をもとにして日本は産業構造の転換を図り，飛躍的な経済的発展を達成しました。その間に経済，社会，生活の構造が大きく変化し，それに伴う新しい社会問題や生活問題が多発しました。家族や地域の相互扶助機能の低下や崩壊が人々の社会福祉への関心を高めるとともに，低所得層，障害者，高齢者，母子世帯の人達などの間に，福祉三法では対応しきれない多様な社会福祉ニーズが形成されたのです。

　そのため住民運動や社会福祉運動が盛んになり，政府も社会保障・社会福祉を重視した計画（社会開発計画）を出すようになりました。こうしたなかで，1960年代の前半に精神薄弱者福祉法（1960年3月），老人福祉法（1963年7月），母子福祉法（1964年7月）が相次いで制定され，福祉六法体制が成立します。

　第2次世界大戦後の知的障害者（当時の表現では精神薄弱者）対策は，生活困窮者の一部としてその生活保護を行うことと，児童福祉法による知的障害児対策が主なものでした。それに対して，精神薄弱者福祉法では対象者への更生の援助と必要な保護による福祉の増進を目的として，精神薄弱者援護施設，精神薄弱者更生相談所，精神薄弱者福祉司の設置を規定しました。高齢者への福祉対策も，従来は年金制度と生活保護制度による生活困窮老人への対策が主なものでした。老人福祉法では老人福祉増進への国・地方公共団体の義務や責任を明確化するとともに，老人福祉施設への入所や老人家庭奉仕員派遣事業などを盛

▷1　社会保障や社会福祉への関心の高まりとともに，疾病と貧困の深刻化が明らかになり，経済成長に伴う健康破壊や医療費負担の増加が財政を圧迫するようになった。こうしたなかで，たとえば1950年代に行われた調査結果では厚生省（当時）推計を大幅に上回る300万人近くの結核患者の存在が明らかになり，生活保護費のなかでも医療扶助費が増加した。また，それに対して，どの医療保険にも加入していない者が1956（昭和31）年で3,000万人以上も存在し，その大部分が貧困低所得層であった。こうした事態に対処するため，1958（昭和33）年に国民健康保険法が制定された。また，高齢者の増加と老後の生活不安や膨大な年金未加入者の存在が社会問題化して，1959（昭和34）年に国民年金法が制定された。

り込んでいます。また，母子福祉法は児童の健全育成とその母の生活保障を理念として，その理念の具現化への国・地方公共団体の配慮を義務づけ，母子福祉資金の貸し付けや母子相談員・母子福祉施設の設置などを規定しました。

　福祉六法体制の成立によって社会福祉の拡大や多様化や専門化が図られますが，いわゆる革新自治体での福祉施策の開拓的創設もあって，さらに社会福祉施策が増えていきます。たとえば身体障害者雇用促進法（1960年）や母子保健法（1965年）にもとづく施策や，老人や乳幼児の医療費無料化施策や児童扶養手当制度（1961年），特別児童扶養手当制度（1966年）などです。

2 社会福祉の組織化と福祉教育・研究の動向

○社会福祉の組織化

　高度経済成長による社会問題や生活問題の多様化，広域化，深刻化は，国民各層に波及しました。エネルギー革命に伴う炭坑労働者の失業・生活難や，公害被害者の生活問題の深刻化などはその一例です。また，社会全般の生活水準が上昇するなかで，特に不利な稼働状況に置かれがちな社会福祉対象者には，経済成長に伴う社会問題の影響が強く反映して生活困難が増加していきました。そのため問題解決に向けての取り組みや運動も広がりますが，同時にそこに，福祉対象者の運動主体化の傾向も進みます。1957（昭和32）年8月に開始された朝日訴訟運動もその代表的なものです。また，1960年代には障害児や高齢者を抱える親の会や家族の会が次々に結成されたほか，1960（昭和35）年11月に日本ソーシャルワーカー協会が設立されています。

　1962（昭和37）年4月，全国社会福祉協議会は「社会福祉協議会基本要項」を策定し，住民主体の原則にもとづいた民間の自主的組織の方向をめざすことになりました。本来，社会福祉協議会はGHQの提案にもとづいて設立され，厚生省が中心になったいわば「上から組織された」という特徴や課題をもっていました。基本要項の策定はそうした課題に対応しようとしたもので，住民主体の原則は，その後の社会福祉協議会の活動や地域福祉の展開に大きな影響を及ぼしていくことになります。

○社会福祉教育・研究の動向

　社会福祉に関する法制度が拡充し，関連する社会福祉施設や専門資格・専門職が増加すると，それに合わせて社会福祉の教育機関，教育・研究者，学生も増えていきます。そうしたなかで，社会福祉研究についても岡村重夫，孝橋正一などのほか木田徹郎，嶋田啓一郎，さらには特に高度経済成長下での社会問題や生活問題の増加・多様化を背景にして，一番ケ瀬康子，真田是，高島進などの研究者による取り組みが進められました。時代の状況に対応するかたちで社会福祉の重要性が大きくなり，社会福祉の教育・研究が拡大し盛んになっていきました。

（清水教惠）

▷2　高度経済成長期を通して，さまざまな生活問題・福祉問題が国民の間に拡大した。人々は住民運動や労働運動などで社会福祉施策の拡充を要求し，国の計画や政策においても社会開発や社会福祉への関心が示されるようになった。しかし，国の政策の修正は容易ではなかった。そうしたなかで，まず国民（住民）の福祉要求への敏感な対応を示したのが，1967（昭和42）年に誕生した美濃部東京都政を代表とする，いわゆる革新自治体であった。たとえば東京都では1969（昭和44）年に老人医療費無料化制度，児童手当制度を実施するが，これらは後に国の制度になっていった。

▷3　「社会福祉協議会基本要項」では，社会福祉協議会（以下，社協）の性格を「一定の地域社会において住民が主体となり，社会福祉・保健衛生その他住民の生活水準の改善向上に関連ある公私関係者の参加協力を得て地域の実情に応じ，住民の福祉を増進することを目的とする民間の自主的組織である」として，住民主体の原則を打ち出した。それによって，地域福祉や社協の主体が地域住民であることを示すとともに，その後の社協の体質改善にもつながり，地域福祉の基本理念となった。

(参考文献)

　一番ケ瀬康子・高島進編『社会福祉の歴史』（講座社会福祉第2巻）有斐閣，1981年。

　右田紀久惠・高田真治編『社会福祉の新しい道』（地域福祉講座①）中央法規出版，1989年。

　菊池正治ほか編著『日本社会福祉の歴史　付・史料』ミネルヴァ書房，2003年。

第1部　日本編

I　社会福祉の発展過程

10　低成長と社会福祉政策の転換

1　社会福祉の見直しと地域福祉政策

○社会福祉の見直しと日本型福祉社会構想

　1970（昭和45）年の社会福祉施設緊急整備5か年計画によって，緊急保護の必要な高齢者や重度障害者の施設，保育所や児童館の整備を行うことになり，1970年代前半においては，国家予算中の社会保障費の対前年度伸び率も一貫して増加傾向にありました。1973年は福祉元年とも言われ，社会福祉のさらなる拡充が期待されていたのです。

　ところが，1971（昭和46）年のニクソンショック，1972（昭和47）年の日本列島改造計画などのインフレ政策，1973（昭和48）年のオイルショック[※1]によって大きな経済的混乱や国民生活のパニックが発生し，経済停滞や財政の硬直化が生じました。そのため，特に政財界を中心にして社会保障や社会福祉の拡充への批判が高まり，社会福祉政策の見直しを求める答申や報告書が出されるようになりました。

　主要先進国の間で共通してスタグフレーション（不況下でのインフレ）が進むなかで，日本では，第2次世界大戦後継続して社会的・政治的な目標とされてきた福祉国家がマイナスシンボルに変わり，それに代わる政治目標として日本型福祉社会の構想が提唱されます。1979（昭和54）年8月に閣議決定された新経済社会7か年計画では，今後の日本の経済社会の方向は社会保障などの公共部門の拡充した福祉国家を志向するのではなく，個人の自助努力と家族・地域社会などの連帯を重視した日本型福祉社会をめざすべきだと主張されました。すなわち，この日本型福祉社会構想のポイントは，①欧米型福祉国家の否定，②自助努力の重視，③家庭による相互扶助の重視，④地域社会における相互扶助の重視，⑤企業福祉の重視，⑥民間の活力及び市場システムの重視，⑦社会保障施策は自助努力や家庭福祉等が機能しない場合の補完，という考え方に置かれていました。このような考えにもとづく対応によって，西欧諸国のような公共部門の肥大化を避け，効率のよい政府が適正な公的福祉を重点的に保障するような社会をめざすべきだとしたのです。この基本構想は，1980年代以降の日本の社会福祉政策の基調になっていきました。

○地域福祉・在宅福祉への転換

　高度経済成長がもたらした地域社会や地域生活の崩壊に対する地域政策とし

▷1　1973年秋，イスラエルとアラブ諸国との中東戦争に際して，アラブ石油産出諸国が行った原油輸出価格の引き上げによって生じた国際的な経済混乱。日本ではこの影響を受けて，洗剤やトイレ紙などの日用品の不足・価格暴騰によりパニックが発生した。経済状態に関しても，低成長と長期的な不況に転換していくことになった。

てコミュニティ構想が打ち出され，社会福祉においても，1960年代後半から在宅福祉を中心とした地域福祉政策が提起されるようになりました。1970年代には日本も高齢化社会になり，家族機能の低下とも相まって，高齢者・障害者の介護問題が増加しました。同時に，従来の施設入所に重点を置いた社会福祉施策・サービスへの反省もあって，コミュニティ・ケアや地域福祉・在宅福祉を中心にした新しい社会福祉の方向（政策）をめざすようになりました。

そうしたなかで，全国社会福祉協議会は1975（昭和50）年に地域福祉の機能強化に関する委員会を設置するなどして，このような事態への積極的な対応を図りました。1979（昭和54）年2月に刊行した『在宅福祉サービスの戦略』は，在宅福祉の方向づけの有力な指針となっていきます。『在宅福祉サービスの戦略』では，在宅福祉の概念の規定や政策提言を行うとともに，在宅福祉サービスを行政・民間あげて推進すべきものとし，社会福祉協議会（特に市町村社会福祉協議会）をその役割を担う中核的組織と位置づけました。在宅福祉重視の方向性はその後の社会福祉政策に採り入れられ，社会福祉協議会の事業体化が進んでいくことになります。

❷ 社会福祉の行財政改革

経済停滞や国際的経済摩擦によって先進諸国では行財政改革が進められますが，その際日本の社会福祉に関しては，国庫補助の削減と措置権限の地方への委譲というかたちで行財政改革が推進されました。すなわち，1985（昭和60）年5月と1989（平成元）年4月の国の補助金等の整理及び合理化並びに臨時特例等に関する法律（国庫補助一括削減法）などによって，生活保護費では8／10から7.5／10へ，その他の社会福祉サービス費では8／10から5／10へと国庫補助率が引き下げられます。

また，1986年12月の地方公共団体の執行機関が国の機関として行う事務の整理及び合理化に関する法律（いわゆる機関委任事務整理合理化一括法）にもとづいて，生活保護事務以外の社会福祉サービスに関する事務は，機関委任事務から団体委任事務に変更されました。こうして，第2次世界大戦後継続されてきた国家責任のもとでの社会福祉行政の実施運用の主体が，国から地方（今の場合は都道府県）に移されていったのです。

日本型福祉社会構想にもとづく社会福祉行財政の改革とともに，社会福祉の供給主体の多元化・多様化が進んだことも，1980年代の社会福祉の特徴の一つでした。社会福祉サービスの供給主体は，従来は社会福祉事業法にもとづいて，原則的に国，地方公共団体，社会福祉法人とされてきました。しかし，それでは増加・多様化する社会福祉ニーズに適切に対応しにくいこともあって，福祉公社，社会福祉協議会，社会福祉事業団，生活協同組合，農業協同組合や福祉当事者組織などにも供給主体が広がり，多元化されてきています。

▷2 委任事務とは，国の事務（業務）を地方に委任して実施させる事務のことを言う。その際，それを地方公共団体の長に委任する場合は機関委任事務，地方公共団体に委任する場合は団体委任事務と言った。団体委任事務よりも機関委任事務の方が国の監督権が強く，第2次世界大戦後，多くの中心的な社会福祉事業は機関委任事務として実施されてきていた。それが，こうした状況のもとで団体委任事務に移されていった。

▷3 社会福祉サービス供給主体の多様化の方策の一つとして，基本財産の出資や職員の派遣を行うなど，市町村がその設立・運営に積極的に関与して民間と共同して「第三セクター」として作られた福祉サービス提供団体。行政から委託されたもののほか，従来の行政の枠では対応しにくいニーズに対しても柔軟に福祉サービスを供給した。1981（昭和56）年に設立された武蔵野市福祉公社が最初のもので，その後，都市部を中心に広がった。

表Ⅰ-6 社会福祉士の試験結果

区分	受験者数(人)	合格者数(人)	合格率(%)	試験日
第1回	1,033	180	17.4	平成元年3月26日
第2回	1,617	378	23.4	平成2年3月11日
第3回	2,565	528	20.6	平成3年2月24日
第4回	3,309	874	26.4	平成4年3月1日
第5回	3,886	924	23.8	平成5年3月7日
第6回	4,698	1,049	22.3	平成6年2月27日
第7回	5,887	1,560	26.5	平成7年1月22日
第8回	7,633	2,291	30.0	平成8年1月21日
第9回	9,649	2,832	29.4	平成9年1月26日
第10回	12,535	3,460	27.6	平成10年1月25日
第11回	16,206	4,774	29.5	平成11年1月24日
第12回	19,812	5,749	29.0	平成12年1月23日
第13回	22,962	6,074	26.5	平成13年1月28日
第14回	28,329	8,343	29.5	平成14年1月27日
第15回	33,452	10,501	31.4	平成15年1月26日
第16回	37,657	10,733	28.5	平成16年1月25日
第17回	41,044	12,241	29.8	平成17年1月23日
第18回	43,701	12,222	28.0	平成18年1月29日
第19回	45,022	12,345	27.4	平成19年1月28日
第20回	45,324	13,865	30.6	平成20年1月27日
第21回	46,099	13,436	29.1	平成21年1月25日
第22回	43,631	11,989	27.5	平成22年1月31日

資料：厚生労働省社会・援護局調べ。
注：第7回については阪神・淡路大震災のために実施した再試験の結果を含む。
出所：厚生統計協会編『国民の福祉の動向 2010／2011年版』厚生統計協会，2010年，205頁。

3 障害者福祉の進展と福祉専門資格の制度化

○障害者福祉の進展

1975（昭和50）年12月，国際連合は「障害者の権利宣言」を採択して，障害者が同年齢の市民と同等の基本的権利をもつものであることを国際的に明らかにしました。そしてその実現を図るために，1976年12月の第31回国連総会において，1981年を国際障害者年とすることを決議したのです。こうして「完全参加と平等」をテーマにして，世界的に啓蒙活動が展開されました。また，国連で1983年から1992年の間が「国連・障害者の10年」と決定され，政府も1982（昭和57）年には国際障害者年推進本部の設置や障害者対策長期計画の策定を行っています。

1979（昭和54）年4月からは養護学校教育義務制度が開始され，1981年5月の障害に関する用語整理のための医師法等の一部を改正する法律の公布などもありました。そして，ノーマライゼーションの理念にもとづいた障害者の自立や社会復帰に向けての取り組みも始められるようになっていきました。

○社会福祉専門資格の制度化

また，これまでにも，社会福祉専門職の国家資格としての制度化が求められてきましたが，それに対して，1987（昭和62）年5月に社会福祉士及び介護福祉

▷4 1981（昭和56）年に公布されたこの法律では，医師法，歯科医師法などで使用されていた「つんぼ」「おし」「盲」の用語を「耳が聞えない者」「ろう」「口がきけない者」「目が見えない者」に改めた。同様にして，1982年公布の障害に関する用語の整理に関する法律でも，「廃疾」を「障害」「不具廃疾」を「重度障害」「不具奇形」を「身体に障害又は形態上の異常がある」「白痴」を「重度精神薄弱」に変えるなどの改正が行われた。

表Ⅰ-7　介護福祉士の試験結果

区分	受験者数(人)	合格者数(人)	合格率(%)	試験日	
第1回	11,973	2,782	23.2	筆記	平成元年1月29日
				実技	平成元年3月5日
第2回	9,868	3,664	37.1	筆記	平成元年12月3日
				実技	平成2年2月18日
第3回	9,516	4,498	47.3	筆記	平成3年2月24日
				実技	平成3年5月19日
第4回	9,987	5,379	53.9	筆記	平成4年3月1日
				実技	平成4年5月17日
第5回	11,628	6,402	55.1	筆記	平成5年3月7日
				実技	平成5年5月16日
第6回	13,402	7,041	52.5	筆記	平成6年2月27日
				実技	平成6年4月24日
第7回	14,982	7,845	52.4	筆記	平成7年1月22日
				実技	平成7年3月12日
第8回	18,544	9,450	51.0	筆記	平成8年1月21日
				実技	平成8年3月10日
第9回	23,977	12,163	50.7	筆記	平成9年1月26日
				実技	平成9年3月9日
第10回	31,567	15,819	50.1	筆記	平成10年1月25日
				実技	平成10年3月8日
第11回	41,325	20,758	50.2	筆記	平成11年1月24日
				実技	平成11年3月7日
第12回	55,853	26,973	48.3	筆記	平成12年1月23日
				実技	平成12年3月5日
第13回	58,517	26,862	45.9	筆記	平成13年1月28日
				実技	平成13年3月4日
第14回	59,943	24,845	41.4	筆記	平成14年1月27日
				実技	平成14年3月3日
第15回	67,363	32,319	48.0	筆記	平成15年1月26日
				実技	平成15年3月2日
第16回	81,008	39,938	49.3	筆記	平成16年1月25日
				実技	平成16年3月7日
第17回	90,602	38,576	42.6	筆記	平成17年1月23日
				実技	平成17年3月6日
第18回	130,034	60,910	46.8	筆記	平成18年1月29日
				実技	平成18年3月5日
第19回	145,946	73,606	50.4	筆記	平成19年1月28日
				実技	平成19年3月4日
第20回	142,765	73,302	51.3	筆記	平成20年1月27日
				実技	平成20年3月2日
第21回	130,830	67,993	52.0	筆記	平成21年1月25日
				実技	平成21年3月1日
第22回	153,811	77,251	50.2	筆記	平成22年1月31日
				実技	平成22年3月7日

資料：厚生労働省社会・援護局調べ。
注：表Ⅰ-6と同じ。
出所：表Ⅰ-6と同じ。

士法が公布されます。これにより，ようやく日本で最初の社会福祉専門資格が国家資格として制度化されました（表Ⅰ-6～7）。　　　　　　　　　（清水教恵）

参考文献

孝橋正一編著『現代「社会福祉」政策論』ミネルヴァ書房，1982年。

菊池正治ほか編著『日本社会福祉の歴史　付・史料』ミネルヴァ書房，2003年。

厚生統計協会編『国民の福祉の動向　2010／2011年版』厚生統計協会，2010年。

Ⅰ 社会福祉の発展過程

11 少子高齢社会と社会福祉の改革

1 少子化の現状

1899（明治32）年に人口動態統計がとられはじめて100年以上経過しています。それ以来，出生数は常に死亡数を上回って推移し，人口は常に増加の一途をたどっていました。しかし，2005（平成17）年の統計で初めて死亡数が出生数を上回り，106万2,530人と過去最低を記録しました。また，この年の合計特殊出生率は1.26で，これも過去最低を記録しました（図Ⅰ-1）。

▷1 日本の出生，死亡，死産，婚姻，離婚の実数を把握したもの。人口の把握，厚生行政など国の施策に活用するために，定期的にまとめられている。国勢調査と並んで，国の主要統計の一つとなっている。

▷2 1人の女性が一生に生む子どもの数を示す数字。人口増加に必要と言われる数字は2.08以上とされている。

図Ⅰ-1 出生数及び合計特殊出生率の年次推移

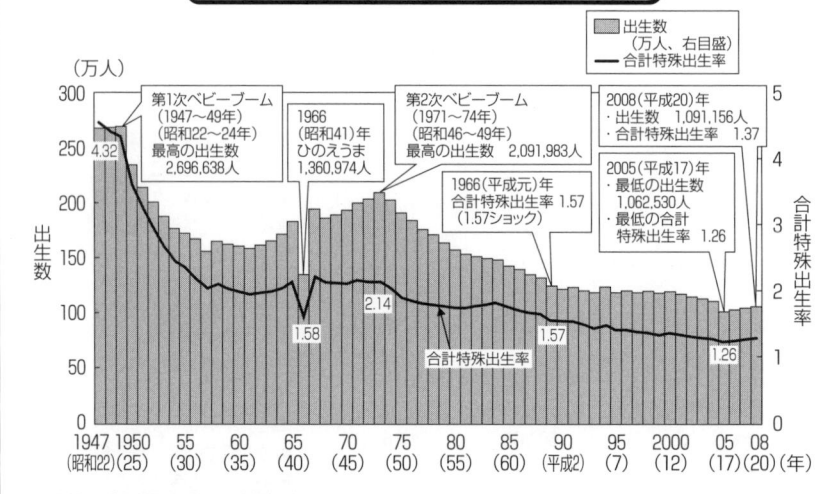

資料：厚生労働省「人口動態統計」
注：1947～1972年は沖縄県を含まない。
出所：内閣府編『子ども・子育て白書 平成22年版』佐伯印刷，2010年，34頁。

少子化の直接的原因は，晩婚化の定着，夫婦の出生児数の減少が考えられます。平均初婚年齢が夫29.8歳，妻が28歳で，第1子出生時の母親の平均年齢が29.1歳（ともに2005年時）となっています。これは30年前と比較すると3.4歳も遅くなっており，出生数の減少に大きく関わっています。

子ども数の減少は年々進んでいて，1997（平成9）年に年少人口（15歳未満）が高齢者人口（65歳以上）を初めて下回り，2005年の年少人口数は1,752万人で，総人口の13.7％にまで落ち込みました。

2 高齢化の現状

少子化の一方で，高齢化は年々進行しています。2005（平成17）年の65歳以上

の高齢者人口は過去最高の2,560万人となり，総人口に占める割合（高齢化率）◁3 も20.04％と，初めて20％を超えました。高齢者人口のうち，前期高齢者（65-74歳）◁4 人口は1,403万人，後期高齢者（75歳以上）人口は1,157万人となっています。団塊の世代が後期高齢者層になる2020年まで急速に増加し，その後はおおむね安◁5 定的に推移すると予測されていますが，総人口が減少することから，高齢化率は上昇を続け，2015年には26.0％，2050年には35.7％に達すると見込まれています。

3　社会福祉のかかわり

　少子化対策としては，1994（平成6）年にエンゼルプランを策定して保育サービスの充実を図ったのが最初です。1999年にはエンゼルプランを見直し，保育サービス関係ばかりでなく，雇用，母子保健，相談，教育等の事業も加わった新エンゼルプランが策定されました。2003（平成15）年には，地方自治体や事業主が次世代育成支援のための行動計画を策定・実施すること等を定めた次世代育成支援対策推進法，少子化社会対策基本法が成立しました。この少子化社会対策基本法にもとづいて，少子化に対処するための施策の指針として，少子化社会対策大綱が策定されました。この大綱では28の具体的な行動を掲げ，内閣をあげて取り組むことが定められました。2004（平成16）年には，子ども・子育て応援プランが策定されました。これまでのプラン（エンゼルプラン，新エンゼルプラン）と比べて，若い世代の自立や働き方の見直し等も含めた幅広い分野で具体的な目標値が示されています。2005（平成17）年には，少子化社会対策推進会議が設置され，子ども・子育て応援プランの残された課題を中心に議論が行われました。2006（平成18）年には少子化対策に関する政府・与党協議会が設置され，「新しい少子化対策について」が決定されています。そして，2010年1月◁6　　　　　　　　　　　　　◁7 に閣議決定された子ども・子育てビジョンでは，個人に過重な負担を課す子育てではなく社会全体で子育てを支える仕組みを設け，政策4本柱と12の主要施策が設けられました。◁8

　高齢化対策として，1995（平成7）年に制定された高齢者対策基本法にもとづいて，1996（平成8）年，2001（平成13）年に「高齢社会対策の大綱」が閣議決定されました。2001年の高齢社会対策の大綱では，団塊の世代が高齢期を迎え本格的な高齢社会になることから，①旧来の画一的な高齢者像の見直し，②予防・準備の重視，③地域社会の機能の活性化，④男女共同参画の視点，⑤医療・福祉・情報通信等に係る科学技術の活用を基本姿勢としています。その上で，取り組むべき課題を，①多様なライフスタイルを可能にする高齢期の自立支援，②年齢だけで高齢者を別扱いする制度や慣行等の見直し，③世代間の連帯強化と位置づけています。これを，就業・所得，健康・福祉，学習・社会参加，生活環境といった分野別に指針を定めて，施策の展開を図っています。◁9

（横山順一）

▷3　一般に，高齢化率が7％に達した社会を「高齢化社会」，14％に達した社会を「高齢社会」，21％に達した社会を「超高齢社会」と呼んでいる。

▷4　後期高齢者の特徴は，老化現象がかなりの率で病的な状態に結びつき，疾患を発症しやすくなる点である。

▷5　第2次世界大戦直後の1947（昭和22）年から1949（昭和24）年にかけての第1次ベビーブームで生まれた世代を指す。作家の堺屋太一が小説『団塊の世代』（1976年）で，世代を表す言葉として用いたのが最初。

▷6　妊娠，出産から高校・大学生になるまでの子どもの成長に応じながら，総合的に子育て支援策を講じ，同時に若い世代や女性の働き方の見直しをしていくための支援のあり方を示している。

▷7　内閣府編『少子化社会白書　平成18年版』ぎょうせい，2006年，22-29頁。

▷8　子ども・子育てビジョンは，①社会全体で子育てを支える，②希望がかなえられるという基本的な考え方にたち，生命（いのち）と育ちを大切にする，困っている声に応える，生活（くらし）を支える姿勢をとっている。

▷9　内閣府編『高齢社会白書　平成18年版』ぎょうせい，2006年，77-80頁。

参考文献

金子勇『少子化する高齢社会』NHKブックス，2006年。

成清美治，吉弘淳一編著『新版児童福祉』学文社，2008年。

Ⅰ 社会福祉の発展過程

12 社会福祉政策の動向

1 社会福祉改革の展開

○社会福祉改革の方向性

　少子高齢化に伴う社会福祉ニーズの増加や多様化が顕著になるなかで，さらに社会福祉の見直しと改革が必要になっていきました。1989（平成元）年3月には，社会福祉の中長期的視点に立った見直しのために設けられた社会福祉関係3審議会合同企画分科会が，その後の日本の社会福祉のあり方や改革の方向性に関して，厚生大臣（当時）に対して「今後の社会福祉のあり方について」という意見具申をしています。この社会福祉関係3審議会とは，当時の中央社会福祉審議会，中央児童福祉審議会，身体障害者福祉審議会のことです。

　意見具申では，①市町村の役割の重視，②在宅福祉の充実，③民間福祉サービスの健全育成，④福祉と保健・医療の連携強化・総合化，⑤福祉の担い手の養成・確保，⑥サービスの総合化・効率化を推進するための福祉情報体制の整備などを基本的課題として，新たな社会福祉の展開を図ることが重要だと提言しました。

○社会福祉計画の策定と制度改革

　これがもとになって，同年12月には国はいわゆるゴールドプラン（「高齢者保健福祉推進10か年戦略」）を策定します。また1990（平成2）年には，高齢者や障害者などの福祉推進のため，市町村で在宅福祉・施設福祉サービスが一元的・計画的に実施できるようにするために，関連する八法を改正します。そして同時に，特別養護老人ホームなどへの入所措置事務などを市町村に移したり，都道府県や市町村に高齢者保健福祉計画の策定を義務づけました。

　1994（平成6）年12月に，当時の文部・厚生・労働・建設の4大臣合意によっていわゆるエンゼルプラン（「今後の子育て支援のための施策の基本的方向について」）が策定され，子育て支援を企業や地域社会などを含む社会全体で取り組むべき課題として位置づけました。そして，1993（平成5）年12月の障害者基本法などを経て，1995（平成7）年12月にはいわゆる障害者プラン（「ノーマライゼーション7か年戦略」）が策定されます。そこでは，障害者の地域での安全な暮らしの確保，社会的自立，心のバリアの除去，国際協力・国際交流などの視点に立って計画や施策が構成され，7年間にわたる総合的な施策が図られることになりました。これらのゴールドプラン・エンゼルプラン・障害者プランは，福祉3プ

▷1　老人福祉法等の一部を改正する法律によって，当時の老人福祉法，身体障害者福祉法，精神薄弱者福祉法，児童福祉法，母子及び寡婦福祉法，社会福祉事業法，老人保健法，社会福祉・医療事業団法を改正しました。

ランとも言われています。

　また，少子化の進行，夫婦共働きの一般化，地域・家庭の子育て機能の低下，児童虐待の増加など子どもや家庭をめぐる環境の変化が大きいことを背景にして，1997（平成9）年6月に児童福祉法の大きな改正が行われます。その主な改正点は，保育所利用に選択制（契約制）を取り入れたこと，一部の児童福祉施設の名称を変更しその機能を見直したこと，母子家庭の自立と雇用の促進を強化したことなどでした。すなわち，①従来の市町村の措置（行政処分）によって保育所に入所する方式から，保育所に関する情報提供にもとづいて保護者が希望する保育所を選択して申し込む方式に改めたこと。②母子寮を母子生活支援施設，養護施設を児童養護施設，教護院を児童自立支援施設にそれぞれ改称し，いずれにおいても，利用者への自立支援の機能や地域における児童福祉ニーズへの対応機能の強化を図っていくことになりました。

　さらに，同年12月には介護保険法が制定されます。介護保険制度は高齢者や障害者の介護ニーズの増加に対応して，従来の社会福祉制度（福祉）と保健制度（医療・保健）を再編して，社会保険制度によって地域の介護ニーズに対処しようとするものです。すなわち，市町村が主体となって，国，都道府県，医療保険者，年金保険者が支えあって，要介護者に対してケアプランにもとづく介護サービスを行うものです。

　このほか，1995（平成7）年には精神保健法が精神保健福祉法（「精神保健及び精神障害者福祉に関する法律」）に改正され，1998（平成10）年には精神薄弱の用語の整理のための関係法律の一部を改正する法律により，従来の精神薄弱者福祉法が知的障害者福祉法に改められました。

2　社会福祉の基礎構造改革

○福祉3プランの展開

　先の福祉3プランは，その後新ゴールドプラン（1994年）からゴールドプラン21（1999年）へ，新エンゼルプラン（1999年）から子ども・子育て応援プラン（2004年）へ，そして新障害者プラン（2002年）へと展開していきました。1999（平成11）年のゴールドプラン21（「今後5か年間の高齢者保健福祉施策の方向」）は，新ゴールドプラン（「高齢者保健福祉推進10か年戦略の見直しについて」）にもとづいて推進されてきた介護保険制度の実施計画期間が終了するため，新たに策定されたものです。この計画では，介護サービス基盤の整備や地域支援体制の整備とともに，介護サービスの目標数値の大幅な増加を図っています。

　また，2004（平成16）年に策定された子ども・子育て応援プラン（「少子化社会対策大綱に基づく重点施策の具体的実施計画について」）では，子育て支援対策の一層の強化をめざしました。2009（平成21）年9月に政権交代によって鳩山内閣が誕生すると，少子化社会対策大綱や子ども・子育て応援プランが見直されて，

第 1 部　日本編

表 I-8　社会福祉改革の動向

年月	事項
1986年 6月	長寿社会対策大綱（閣議決定）
1987年 5月	社会福祉士及び介護福祉士法
1989年 3月	今後の社会福祉のあり方について（社会福祉関係3審議会合同企画分科会の意見具申）
12月	高齢者保健福祉推進10か年戦略（ゴールドプラン）
1990年 6月	老人福祉法等の一部を改正する法律（福祉関係八法の改正）
1994年 3月	21世紀福祉ビジョン―少子・高齢社会に向けて―（高齢社会福祉ビジョン懇談会）
12月	今後の子育て支援のための施策の基本的方向について（エンゼルプラン）
12月	高齢者保健福祉推進10か年戦略の見直しについて（新ゴールドプラン）
1995年 5月	精神保健及び精神障害者福祉に関する法律（精神保健福祉法）
12月	障害者プラン―ノーマライゼーション7か年戦略―
1997年 6月	児童福祉法等の一部を改正する法律
12月	介護保険法
1998年 3月	特定非営利活動促進法（NPO法）
6月	社会福祉基礎構造改革について―中間まとめ―（中央社会福祉審議会社会福祉構造改革分科会）
1999年 4月	社会福祉基礎構造改革について
12月	重点的に推進すべき少子化対策の具体的実施計画について（新エンゼルプラン）
12月	今後5年間の高齢者保健福祉施策の方向（ゴールドプラン21）
2000年 5月	児童虐待の防止等に関する法律（児童虐待防止法）
6月	社会福祉の増進のための社会福祉事業法等の一部を改正する等の法律（社会福祉法）
2002年12月	重点施策実施5か年計画（新障害者プラン）
2003年 7月	少子化社会対策基本法
2004年 6月	少子化社会対策大綱（閣議決定）
12月	少子化社会対策大綱に基づく重点施策の具体的実施計画について（子ども・子育て応援プラン）
2005年10月	障害者自立支援法
2010年 1月	子ども・子育てビジョン（閣議決定）

出所：筆者作成。

図 I-2　改革の基本的方向と理念

(1) 改革の必要性

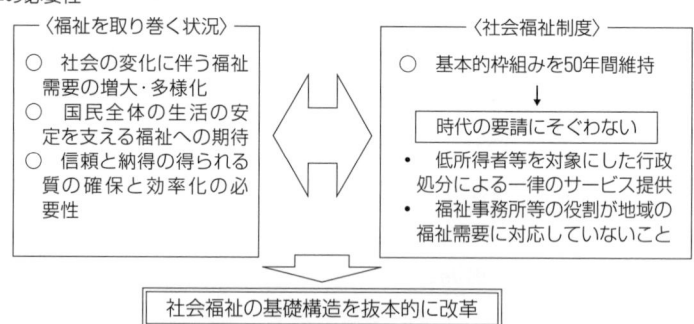

〈福祉を取り巻く状況〉
○ 社会の変化に伴う福祉需要の増大・多様化
○ 国民全体の生活の安定を支える福祉への期待
○ 信頼と納得の得られる質の確保と効率化の必要性

〈社会福祉制度〉
○ 基本的枠組みを50年間維持
　→ 時代の要請にそぐわない
・ 低所得者等を対象にした行政処分による一律のサービス提供
・ 福祉事務所等の役割が地域の福祉需要に対応していないこと

⇒ 社会福祉の基礎構造を抜本的に改革

(2) 基本的考え方

改革の基本的方向
① サービスの利用者と提供者の対等な関係の確立
② 個人の多様な需要への地域における総合的支援
③ 信頼と納得が得られるサービスの質と効率性の確保
④ 幅広い要望に応える多様な主体の参入促進
⑤ 住民の積極的な参加による豊かな福祉文化の土壌の形成
⑥ 情報公開等による事業運営の透明性確保

福祉の理念
○ 自己責任に委ねることが適当でない問題に社会連帯に基づく支援
　→自己実現と社会的公正

注：社会福祉基礎構造改革の必要性と基本的方向性，理念が示された。この基本的方向に基づいて，「社会福祉法」への改正がなされた。
出所：厚生省社会・援護局企画課監修『社会福祉基礎構造改革の実現に向けて――中央社会福祉審議会社会福祉構造改革分科会中間まとめ・資料集』中央法規出版，1998年，125頁。

2010（平成22）年1月に子ども・子育てビジョンが閣議決定されます。そしてそこでは，民主党の公約になっていた子ども手当の創設，（公立）高校の実質無償化，父子家庭への児童扶養手当の支給などが具体的施策として位置づけられるとともに，保育所待機児童の解消など子ども・子育てに関する2014年度に向けた施策内容と数値目標が設定されました。

さらに2002（平成14）年の新障害者プラン（「重点施策実施5か年計画」）でも，2003年度から5年間に重点的に実施する障害者施策とその達成目標を定めて，障害者福祉サービスの基盤整備をめざしました（表Ⅰ-8）。

○社会福祉基礎構造改革

第2次世界大戦後の昭和20～30年代に創設された今日の日本の社会福祉制度が，その後の経済社会の変化，社会福祉を取り巻く環境の変化に伴って，大きく修正や改革を求められるようになってきています。すでに見てきた社会福祉の動向も，そうした流れに対応したものです。

同時にそれ以外に，たとえば社会福祉事業，社会福祉法人，措置制度など，社会福祉全体にかかわる基本的な構造や制度についても改革が課題となりました。社会福祉事業としてどのような事業が認められ，それらの事業をどのような組織が担うことができ，どのような仕方で社会福祉の事業活動やサービス利用が行われるのかなどについても，今日の社会状況に応じた見直しや改善が必要になったのです。

そのため，1990年代後半からの社会福祉基礎構造改革では，利用者の立場に立った社会福祉制度の構築，社会福祉サービスの質の向上，社会福祉サービス提供者の活性化，地域福祉の推進などを目的として，そうした課題に取り組むことになります。社会福祉事業の経営や運営のあり方，社会福祉サービスの提供や利用の仕方，社会福祉ニーズの変化や多様化への対応の仕方などをめぐって，社会的な実情や要請に対応させた改革を図ろうとしました（図Ⅰ-2）。

具体的には，社会福祉実施主体の国から地方への移行，社会福祉サービス利用への契約（選択）制度の導入，社会福祉法人の設立要件の緩和や運営の弾力化，社会福祉サービス供給主体の多元化が図られるとともに，社会福祉サービス利用に関する情報提供の強化，苦情解決制度や第三者評価事業の導入，地域福祉権利擁護事業（現・日常生活自立支援事業）の創設などが行われました。

そして，たとえば2000（平成12）年6月には，従来それらに関することを規定していた社会福祉事業法を社会福祉法（「社会福祉の増進のための社会福祉事業法等の一部を改正する等の法律」）に改正して，社会福祉サービス利用者の保護や地域福祉の拡大を図りました。

（清水教惠）

▷2　社会福祉行政の分野で，各社会福祉法にもとづいて行政機関によって行われる社会福祉サービスの決定や給付行為のことを措置と言う。この措置と呼ばれるやり方で行政機関が対象者に行う社会福祉サービスの仕組みのことを措置制度と言い，第2次世界大戦後の社会福祉施策はこの制度を中心にして進められてきた。

参考文献

菊池正治・清水教惠編著『基礎からはじめる社会福祉論』ミネルヴァ書房，2007年。

金子光一『社会福祉のあゆみ』有斐閣，2005年。

厚生統計協会編『国民の福祉の動向　2007年版』厚生統計協会，2007年。

厚生統計協会編『国民の福祉の動向　2010／2011年版』厚生統計協会，2010年。

Ⅱ 社会福祉をめぐる動向

1 恤救規則と救貧法制定の試み

1 恤救規則の誕生

　1868（明治元）年に誕生した明治政府は，欧米列強国に追いつくために近代国家の建設をめざしました。中央集権制度の確立につとめ，富国強兵や殖産興業政策を進めて資本主義化を急いだのです。しかし秩禄処分や土地制度・税制の改革といった近代化への道のりは，士族や農民の困窮を招き，都市労働者の貧困も大きな問題となりました。幕藩体制の解体により従来の救済制度が機能しなくなったなかで，貧困者の生活問題はより深刻になっていきました。そして都市では救済施設が設置され，政府でも窮民一時救助規則（1871年）や行旅病人取扱規則（同年），棄児養育米給与方（同年）などを出し，士族に対しては授産政策を打ち出してその救済に乗り出しましたが，このような応急的な対処だけではすまされないほど，国民は追い詰められていました。

　そこで新たな対応を迫られた政府は，1874（明治7）年に恤救規則を制定します。これは，近代日本誕生後に出された代表的な救貧立法でした。実施主体は内務省で，極貧の「廃疾者」，70歳以上の重病者もしくは老衰者，病人あるいは13歳以下の児童を対象に前月の下等米相場をもとに算出された米代金を支給する制度でした。しかし制度はきわめて制限的で，対象は労働能力がなく原則として独身，そして他にたよるもののいない「無告ノ窮民」に限定されていました。つまり恤救規則は，家族制度による親族扶養と隣保相扶による「人民相互ノ情誼」を前提にしたものだったのです。

　費用は国家が負担することになっていましたが，後には地方でも負担しました。恤救規則の特徴としては，制限救助主義，官治主義，慈恵主義の3点が挙げられています。

2 恤救規則の限界と新たな救貧法制定の試み

○恤救規則の限界

　恤救規則は，1932（昭和7）年の救護法施行（制定は1929年）まで半世紀以上の間，存続しました。しかし家族による親族扶養や地域の相互扶助を前提とし，天皇の仁政を強調したこの制度は，その強い制限主義のために救済を抑制し，その実際の効果を期待することはできませんでした。

　一方で，その間，日本の産業革命は進展し，都市を中心に深刻な貧困層が出

▷1　明治政府が，歳出の1／3を占めていた，江戸時代より引き継いだ旧武士団への家禄，維新の勲功者に対する賞典録の支給を廃止した政策。1873（明治6）年から着手され，1876年には金禄公債証書の交付をもって，すべての秩禄を廃止した。

▷2　令制で定められた障害者。課役や刑罰の際に優遇的措置を受けた者のこと。

▷3　池田敬正・池本美和子『日本福祉史講義』高菅出版，2004年，81-82頁。

現します。農村から都市に移ってきた労働者たちは，身近な親族や地域の援助を受けることはできません。そして不安定な労働条件で働く不熟練労働者を中心に，病気や事故などに襲われるとたちまち生活ができなくなってしまう「細民」や，救済なくしては生活できない「窮民」が増加していったのです。政府でも，しだいに制限的な恤救規則ではこのような事態に対応できないと認識しはじめます。そして新たな救貧立法を制定する機運が生まれ，「地域に救済の義務を負わせる義務救助の救貧法の提起」が明治20年から30年代の間に数回にわたって行われました。

▷4 同前書，99頁。

○救貧法制定の試み

1890（明治23）年第1回帝国議会に政府委員より提案された「窮民救助法案」は，対象を「不具廃疾長病不治ノ疾病重傷老衰其ノ他災阨ノ為メ自活ノ力ナク飢餓ニ迫ル者」「養育者ナキ孤児及引受人ナキ棄児迷児」と規定し，救助の主体を市町村あるいは郡府県としたもので，その内容は住宅，衣食，医療，埋葬等に及び恤救規則より体系化されたものでした。しかし法案は議員側の反対により不成立となりました。

次に1897（明治30）年，第10回帝国議会に議員提案により「恤救法案」「救貧税法案」が提出されました。前者は市町村にその義務があるとし，「貧困無告ノ老幼者及廃疾者」で60歳以上12歳未満の年齢が対象とされ，生活・医療扶助を行うという内容のものでした。また後者は，同法運用のための政府の配布金を規定した法案で，名誉税として華族や一般納税者，日本銀行の収益の一部から徴収した救貧税と国庫補助金を財源としたものでした。しかし両法案とも審議未了のまま不成立に終わっています。

続いて翌年には，大隈内閣内相板垣退助より「窮民法案」が企図されました。それは1890年の法案をベースに新たに「不良感化・慈恵療養・強制労働・強制保険」など防貧的な政策を含んだ法案でした。内閣の交代という事情もあり，この法案自体は議会へは提出されませんでしたが，その構想は1902（明治35）年に議員提案として提出された「救貧法案」に引き継がれました。施設収容の委託を認め，補助機関として名誉職委員の規定を設けるなど画期的な内容を含んだこの法案も，しかし委員会審議で廃案にされています。

▷5 同前書，101頁。

このように国と自治体の責任を明らかにした公的義務救助主義による救貧法案がいくつか企図されながらも，それらはすべて実現をみることはありませんでした。その背景には，公費濫用，「惰民」助長への危惧感と同時に，貧困対策への認識不足，富国強兵を優先する国家の基本的な姿勢がありました。

(今井小の実)

参考文献

菊池正治ほか編著『日本社会福祉の歴史 付・史料』ミネルヴァ書房 2003年。
池田敬正・池本美和子『日本福祉史講義』高菅出版，2004年。

Ⅱ 社会福祉をめぐる動向

❷ 慈善事業施設の誕生

❶ 明治初期の慈善救済施設

　明治政府の誕生によって，幕藩体制のもとで維持されてきた救済システムは廃藩置県とともに解体されました。しかし近代国家の形成をめざし，資本主義体制の確立を急ぐ日本では，旧武士層，農民，都市に流れる労働者などの生活問題が深刻になっていきました。新政府は新たな救済制度を創設する必要に迫られますが，欧米列強国に追いつくために富国強兵策を優先する政府には，救済を必要とする人々への十分な政策を展開する余裕がありませんでした。そこで政府の不備を補う形で明治初期，後に本格的に展開していく慈善事業の先駆的な取り組みともいうべき，民間による慈善救済施設が誕生しています。

　その中心となったのは児童施設で，よく知られているものとしては1872（明治5）年横浜にカトリック修道女M.ラクロットらによって当初は和仏学校として設立された児童養育施設（1876年より仁慈堂の名称），1874年フランス人宣教師ド・ロ神父や岩永マキらによって長崎に創立された浦上養育院，1879年には仏教徒の慈善団体，福田会によって東京に開設された養育院などがあります。これらの慈善救済施設の中心的な担い手のほとんどは宗教者であり，特に明治初期には日本に布教に訪れたキリスト教宣教師の活躍が目を引きました。

❷ 慈善事業施設の誕生

○産業革命期の日本

　その後，日本は近代国家として順調に成長し，19世紀末から20世紀初頭にかけて産業革命期を迎えています。特に日清戦争以降の日本の経済発展にはめざましいものがありましたが，国の資本優先の姿勢は一方で多くの社会問題を生み出しました。経済発展の恩恵から取り残された人々によって都市に形成された下層社会や，資本主義の波にのまれ疲弊していく農村の窮状は，今すぐにも救済が必要な「窮民」たちの存在を創り出していきました。

　しかし欧米列強国をモデルに帝国主義の道を歩む政府は富国強兵の基本路線を改めず，援助を必要とする貧民や児童，高齢者，障害者の問題には消極的でした。政府は，これらの問題への対応として日本の家族制度や隣保相扶の風習に期待しましたが，農村から都市へと人口が移動するなか，また一般国民の生活はむしろ窮乏化していく状況のなかでは，その期待は現実とはかけ離れたも

のだったのです。そこで，このような窮状をみかねた篤志家たちによって，慈善事業が展開されていくようになりました。

○慈善事業施設の誕生

さて，明治初期に設立された著名な慈善救済施設には宗教者，特に外国人宣教師たちの尽力がありましたが，明治後半期に誕生した慈善事業施設は日本人によるものが増えていきます。しかしその中心となったのはやはり宗教者であり，キリスト者や仏教家による実践や事業が活発に行われました。

この時期の慈善事業施設の中心となったのも児童施設でした。有名なものとしては，1887（明治20）年，石井十次により岡山に設立された岡山孤児院（設立当初は孤児教育会）があります。石井は，孤児院運営に際しては「乞食主義」に陥らない経営，人格主義的な処遇をめざし，労働と教育を柱に孤児の養育に努めました。その石井を支えたのはキリスト教への信仰心でした。石井の実践は多くの人々の共感を呼び，その後の児童事業の発展に影響を与えています。たとえば1890年小橋勝之助が兵庫県赤穂に設立し，その死後（1894年）弟実之助と林歌子らにより大阪に移された博愛社，1892年宮内文作らによって設立された上毛孤児院などの存在が挙げられます。

そのほか児童分野では，保育事業として赤沢鍾美によって1890（明治23）年新潟の私立静修学校で開始された付属保育，1900（明治33）年に東京に野口幽香，森島峰たちにより開設された二葉幼稚園（後に二葉保育園と改称）が有名です。また障害児施設としては石井亮一の実践がよく知られています。これは1891（明治24）年濃尾震災の際，石井が孤児養育のために東京に創設した孤女学院（後に滝乃川学園と改称）のなかに知的障害児がいたことからはじめたものでした。その処遇に学び，脇田良吉が1909（明治42）年京都に白川学園を設立しています。非行・犯罪少年の保護事業である感化事業としては，1899（明治32）年東京の巣鴨に留岡幸助が設立した家庭学校が有名で，後に北海道に分校が造られました。

高齢者のための養老事業としては，1895（明治28）年東京にE.ソートンが創設した聖ヒルダ養老院，寺島ノブヘによる神戸友愛養老院（1899年），岩田民次郎による大阪養老院（1902年）などがありました。

また生活のために売春せざるを得ない女性たちの自立のために，キリスト教精神に支えられた女性たちの組織，婦人矯風会が中心になって婦人保護事業も展開されました。さらに都市へと流入してくる労働者の保護を目的とした無料宿泊所や職業紹介の事業も，キリスト教系の組織である救世軍や仏教家たちの手によって始められています。

このように明治後半期からは，民間の篤志家たちによって慈善事業施設が次々に誕生しました。そしてその中心となったのは，応急的で貧弱な政策のなかで，取り残され困窮している人たちを見過ごすことができず，実践の世界へ入っていった宗教者たちでした。

（今井小の実）

▷1 池田敬正・池本美和子『日本福祉史講義』高菅出版，2004年，120頁。

参考文献

菊池正治ほか編著『日本社会福祉の歴史 付・史料』ミネルヴァ書房，2003年。

池田敬正・池本美和子『日本福祉史講義』高菅出版，2004年。

Ⅱ　社会福祉をめぐる動向

3　慈善事業の組織化

1　慈善から社会事業へ

　全国で民間篤志家の始めた慈善事業は，明治時代後半に貧困問題が深刻化するなかで政府の社会政策の展開と密接に関わっていき，1908（明治41）年内務省開催の講習会が行われたことをきっかけに中央慈善協会をはじめ多くの連絡組織・研究会が作られていきます。大正・昭和初期の社会事業は，慈善事業の組織化を通して近代化され事業が活発になり，全国的な運動へ結びついていくなど，社会事業の形成や新たな役割を生み出すきっかけになっていきました。

2　明治期の慈善をめぐる動向と思想

　明治政府は，中央集権化により従来町方や村方が担った救済に代えて，恤救規則を制定しました。しかし急速な近代化の反動で多くの生活困窮者が生まれるなか恤救規則での救済はほとんど進まず，都市部で貧困問題が深刻化します。このなかで民間篤志家や宗教団体・宗教家による慈善活動が始められました。この他，たとえば当時新聞で災害の被災者に対する募金を呼び掛けるなど，民間の慈善活動が活発化していきます。ですが，多くの民間慈善活動は寄付や生業で得られるわずかな収入が支えで，実業家など富裕層の支援を得た慈善活動はごく少数でした。

　明治政府は，ようやく憲法制定や議会の開設など近代国家を形成していく過程で，天皇制にもとづく位置づけを民間の慈善活動に与えます。すなわち，皇室による慈恵を，家族や近隣の相互扶助を促す道徳的態度のモデルとして示そうとしたのです。また救済による感化で生活態度を改善すれば防貧につながると考え，慈善団体向けに感化救済事業として奨励しました。

3　感化のための慈善事業の組織化

　このなかで，政府内務省の官僚と慈善事業家らにより1898（明治31）年頃貧民研究会（後に庚子会と改称）が，大阪では民間事業家が慈善事業のための組織として1901（明治34）年慈善団体懇話会（1902年慈善同盟会と改称）が創設されました。両者は1903（明治36）年に全国慈善同盟大会を開催し，全国慈善同盟会の創設を決議しました。その後，創立委員を増やしながら日清戦争で途中中断しながらも準備が進められました。

▷1　1901（明治34）年に大阪で，慈善事業を営む民間事業家たちが組織した団体。1902（明治35）年に慈善同盟会と改称。東京で結成された貧民研究会とともに，1903（明治36）年全国慈善同盟会（後の中央慈善協会）設立を担う。1910（明治43）年に大阪慈善協会と改称。

表Ⅱ-1　中央慈善協会の会則（抄）

○協会の目的…施与による独立自営心の傷害を防止し，慈善家の将来の方針についての指導をすること
○協会の事業内容…
1．内外国における慈恵救済事業の方法状況及びその得失を調査すること
2．慈恵救済事業の統一整善を期し団体相互の連絡を図ること
3．慈善団体と慈善家との連絡を図ること
4．慈恵救済事業を指導奨励し，これに関する行政を翼賛すること

注：筆者が一部表現を修正。

表Ⅱ-2　慈善事業の組織化をめぐる年表

年	事項
1898（明治31）頃	東京で貧民研究会（後に，庚子会と改称）が創設
1901（明治34）	大阪で民間事業家により慈善団体懇話会が結成（1902年慈善同盟会と改称）
1903（明治36）	第1回全国慈善同盟大会開催，全国慈善同盟会の創設を決議（日本慈善同盟会，中央慈善協会と改称しつつ創立準備）
1907（明治40）	創立委員に井上友一・清野清太郎・安達憲忠が加わる。
1908（明治41）	内務省「感化救済事業講習会」開催，中央慈善協会の発足，仏教徒による仏教同志会が発足
1909（明治42）	中央慈善協会第2回大会開催
1910（明治43）	大阪の慈善同盟会が大阪慈善協会と改称
1911（明治44）	皇室から施薬救療のため150万円の下賜金，済生会設立 真宗大谷派慈善協会が創設（『救済』発刊）
1912（明治45）	京都慈善連合会が創設
1913（大正元）	皇室から大喪にあたり慈恵救済のため100万円の下賜金
1914（大正2）	大阪救済事業研究会が創設（『救済研究』発刊）
1915（大正3）	渡辺海旭らの指導で仏教徒社会事業研究会が大会開催，皇室から東北凶作のため60万円の下賜金
1916（大正4）	中央慈善協会第2回大会開催（機関誌『慈善』発刊），北海道慈善協会が創設，大阪救済事業同盟会が創設，キリスト教協同伝道社会事業大会が開催，皇室から大典にあたり100万円の下賜金
1917（大正5）	皇室から昭憲皇太后薨去にあたり60万円の下賜金

出所：筆者作成。

　1908（明治41）年9月に内務省主催「感化救済事業講習会」が國學院大学講堂で開催されました。講習会では当時の内務官僚・先駆的研究者や事業家を講師として，救済活動だけでなく農村改良や女性保護・免囚者保護など幅広い内容が講義されました。この講習会へ全国から慈善事業家たちが集まったことを機に，同年10月に渋沢栄一を会長とする中央慈善協会が結成されたのです（表Ⅱ-1）。

　また都道府県単位，仏教・キリスト教でも慈善事業の組織化が進み，民間事業家がさまざまな形で有機的に連絡組織を設立していきます。その後，大正デモクラシー期を迎えて活発な活動と研究が進んでいくことになります（表Ⅱ-2参照）。

4　慈善事業の組織化の意義

　慈善事業の組織化の意義は，第1に明治期の個別的な民間慈善事業が感化救済事業へ編成されたことです。これは，その後の社会事業・戦後の社会福祉事業における官民関係を考える原点と言えます。第2に全国の慈善事業が相互に連絡し合う機会となり，組織を越えた活動が誕生したことです。第3に慈善事業について研究する機会・専門職養成につながったことです。　　　（古川隆司）

参考文献

井上友一『救済制度要義（復刻版）』社会事業会館，1953年。
池田敬正『日本社会福祉史』法律文化社，1986年。
池田敬正『社会福祉の展望』法律文化社，1992年。
吉田久一『改訂　日本社会事業の歴史』勁草書房，1966年。
『慈善（復刻版）』日本図書センター，2000年。
『社会と救済（復刻版）』日本図書センター，2001年。

Ⅱ 社会福祉をめぐる動向

4 社会事業行政組織の形成

1 社会事業行政が形成される前提

　1917（大正6）年に内務省地方局局長の渡辺勝三郎や他の内務官僚から，個人より社会による貧困問題対応への変化とこれを実行できるように国家が指導性を強く持つことを望む意見が出されるようになりました。このような意見を政府の方針に集約するために内務大臣の諮問機関が設置されました。それが，1918（大正7）年に設けられた救済事業調査会です。この調査会では，第1次世界大戦による国民多数の貧困化や社会的不平等の拡大について，今後の救済事業をどのように展開していくのかを議論していました。救済事業調査会の調査対象は，貧困問題だけではなく貧民救済事業，児童保護事業，労働保護事業，救済的衛生事業など多岐に渡り，最終的には児童保護，経済保護，労働問題を集中して議論することになります。このような議論の方向性は，一部の貧窮民に限られるような救貧事業を論じて貧困発生後の事後対応だけを考えるのではなく，当時増加していた不安定で低賃金の下層労働者の生活問題や雇用問題をも含んだ防貧事業実行への視点をもたらしました。

　このように対象とする問題や対応策の普遍化と拡大化を望む流れは，国家や地方行政による「国家救済」で広く国民に対応する必要性を重視し，防貧事業・救貧事業を行政が主導権をもって推進していく傾向につながっていきます。救済事業調査会が設置された1カ月後の1918（大正7）年7月に米騒動が起こり，民衆統制の必要性から行政主導での対応を求める声が高まり，公的事業拡大の傾向に拍車を掛けていきました。

　この救済事業調査会は，1921（大正10）年に社会事業調査会と改称され拡大し，途中帝国経済会議に吸収廃止されながら1926（大正15）年に再設置され，引き続き社会事業行政の基本を審議していきます。救済事業（後に社会事業）調査会は，社会科学的に問題をとらえることや諸問題を広く見て対策を考えていくという特徴をもって，感化救済事業とは異なる対応をしようとしていたのです。

2 中央官庁での社会事業行政形成

　中央官庁において，もともと救済事業行政を担当していたのは内務省地方局府県課でした。1917（大正6）年に軍事救護法が制定され，その業務を行うために内務省は地方局に救護課を新たに設置しました。こうして，初めて中央官庁

▷1　この調査会の焦点となる貧困問題と救済事業に関係する官僚や実践者・研究者が集って，審議調査を行い意見を提出する機関。留岡幸助，山室軍平なども参加していた。

▷2　Ⅰ-5 参照。

▷3　Ⅰ-4 参照。

に救済行政を専門に担当する部局が誕生したのです。さらに，救済事業（社会事業）調査会では，救貧政策だけに留まらない社会行政への展開についての見解を出していたことから，1919（大正8）年に救護課は社会課と改称され，翌年の8月には昇格と業務規模の拡大で社会局になりました。こうして，救貧行政・社会行政は内務省地方局から分離し，独立することになったのです。1922（大正11）年に社会局は内務省外局となり，業務と権限の範囲が広くなり，独立性も強くなりました。農商務省や内務省警保局などが労働行政の事務を担当していたところを社会局局内の第1部（労働部）で管理，社会保険や失業対策，社会事業関係の行政事務は第2部（社会部）で管理するようになったのです。このように，商工行政や警察行政から，社会事業行政や労働行政が独立できるような組織を作り上げたのです。

3 地方の社会事業行政形成

　中央官庁での社会事業行政整備を追うように，地方の行政機関でも整備が行われるようになりました。これまでは，社会事業行政は中央官庁なら内務省地方局が担当していたのと同様に，地方行政府では地方課が担当していたのです。

　中央官庁の社会事業行政が地方局から段階を追って社会局に独立していくにつれて，各道府県における地方課からの社会事業行政の独立が始まります。1918（大正7）年に大阪府が救済課（1920年に社会課に改称）を設置したのを皮切りに，1919（大正8）年には，兵庫，神奈川，長崎の3県と東京府，1920（大正9）年には茨城，岡山，三重，愛知，静岡，宮城，京都，和歌山の1府7県，1924（大正13）年時点では合計1道3府28県に社会事業行政専管課が設けられました。この行政整備の動向は，中央官庁の方針が地方に伝播しやすくなるという利点をもたらし，社会事業財政の伸長による地方の社会事業拡大に役立ちました。このような足場ができ，政府も1922（大正11）年に地方官官制を改めて1道3府6県に社会事業主任理事官を配し，1925（大正14）年に地方社会事業職員制を制定して道府県行政で社会事業行政に従事する社会事業主事・同主事補を配置して，地方での社会事業行政職員の専門化・組織化に乗り出します。

　道府県より規模が小さくなる市町村でも，1918（大正7）年に大阪市が庶務課に救済係を設置し，同年に救済課（1920年に社会部へ）に格上げしたことが端緒となって，翌年に東京や横浜，1920年には京都，神戸，名古屋などにも設置され，この傾向は拡大していきます。この社会事業行政の整備・形成は，従来の慈善事業組織を行政の外郭団体・末端組織のような位置づけに組み込み，社会事業に中央官庁・政府主導による組織化・連絡統制をもたらしました。

（畠中暁子）

参考文献

池田敬正『日本における社会福祉のあゆみ』法律文化社，1994年。

菊池正治ほか編著『日本社会福祉の歴史　付・史料』ミネルヴァ書房，2003年。

Ⅱ 社会福祉をめぐる動向

5 方面委員制度の創設

1 方面委員制度創設の背景

　第1次世界大戦の影響による好況は，日本経済を拡大させ，大企業・大資本が生み出されていきました。しかし，物価は高騰し，労働者の生活は大変苦しくなりました。好況反動による経済恐慌は，慢性的不況を引き起こし，そこに自然災害も加わって，困窮状態に陥る人々が増大しました。とりわけ，都市では，「細民」といわれる貧困世帯が増加し，貧困問題が深刻化しました。

　しかし，この時期，貧困問題に対する公的施策は極めて乏しく，社会事業も未発達でした。このような状況のなか，地方行政が主導し，治安維持の要素も織り込みながら，主に民間の篤志家を活用した救貧・防貧活動が生まれました。

2 方面委員制度の創設

○岡山県済世顧問制度の創設

　1917（大正6）年に，岡山県で済世顧問制度が創設されました。この制度は，岡山県の笠井信一知事が，大正天皇から県内の貧困者について質問を受けたことを契機に調査したところ，県民の約1割が貧困状態であることが判明し，その対策として創設したものです。

　済世顧問は，「県下に於ける貧民の相談相手」であり，「貧民の指導者」という立場で，人格に優れ，慈善心に富んだ中産階級以上の有力者を，郡市長が推薦し，知事が委嘱するもので，市に15人，町村に1人ずつ設置されました。

　これは，精神的感化と物質上の斡旋等の方法で防貧対策を進めようとする「人物中心の精神的社会制度」▷2 であり，精神的な防貧が色濃い制度でした。

○大阪府方面委員制度の創設

　米価高騰により富山県に端を発する米騒動は，大阪府にも飛び火しました。▷3 人々の生活は圧迫され，低所得層の人々は，さらに苦しい生活を強いられます。大阪府知事の林市蔵（はやしいちぞう）は，市民の困窮した生活の実情を目の当たりにし，▷4 その対策に取り組みます。大阪府の嘱託で，救済事業指導監督であった小河滋次郎（おがわしげじろう）は，林知事に依頼され，済世顧問制度，慈善組織協会（COS）▷5 やドイツのエルバーフェルト制度▷6 などを参考に，方面委員制度を立案します。そして，林知事は，1918（大正7）年10月に方面委員設置規程を公布し，方面委員制度が創設されました。

▷1 『方面事業二十年史』全日本方面委員連盟，1941年，4頁。
▷2 同前書，10頁。
▷3 Ⅰ-5 参照。
▷4 林知事は，理髪店に行った際，大変粗末な着物をまとった女性と2人の幼い子どもが，必死に夕刊を売っている姿に遭遇する。聞くと，夫は病気で，その収入はわずか50銭ほどと言う。また，米騒動後に設けられた米の廉売所で，孫をひどくたたいている老婆に出会う。聞くと，孫が道中でお金を落としてしまったためであると言う。このとき，廉売所での米の価格は1升35銭であった（前掲書▷1，16-17頁）。
▷5 Ⅴ-5 参照。
▷6 1852年にドイツのエルバーフェルト市で実施された救貧委員制度。全市を36区に分け，各区に十数名の委員を置き，貧困者の生活状態を調査し，その結果を区会議にかけて救済の範囲と方法を決定した。

方面委員は，市区町村職員，警察官，学校関係者，救済事業関係者などから知事が委嘱する名誉職でした。「方面」とは委員が担当する地域の範囲で，小学校通学域（小学校区）とされました。

その職務内容は，①区域内の一般生活状態の調査と改善向上の方法の攻究，②要救護者の状況調査と救済方法の攻究，徹底，③既存の救済機関の適否の調査と，新設が必要な救済機関の攻究，④日用品の需給状態の調査と生活安定の方法の調査，⑤その他特に調査を委嘱する事項，とされました。方面委員制度では，特に「社会測量」が重視されました。これは，社会調査と個々の貧困者に対する調査のことで，貧困者の調査では，カードを用いて一人ひとりの状況を記録しました。カードは第1種と第2種に区分され，漏救や濫救を防ぎ，対象者の困窮の程度に応じた効率的な救済を行おうとするものでした。

3 方面委員制度の広がりと法制化

同年，東京府慈善協会も救済委員制度を設置しましたが，大阪府の方面委員制度は，当時の都市の状況に最も適合し，内務省の政策的位置づけと積極的な指導もあって，全国に急速に広がっていきました。

1932（昭和7）年には全日本方面委員連盟が設立され，1936（昭和11）年には，全都道府県に方面委員が設置されました。この間，方面委員は，救護法制定，実施促進運動を行うなど，ソーシャルアクションも展開しました。

1936（昭和11）年，勅令で方面委員令が施行され，法制化されました。方面委員は名誉職で，「隣保相扶の醇風に則り相互共済の精神を以って保護指導」を行う者とされました。任期は4年で，職務は，①担当区域内の居住者の生活状態の調査，②担当区域内の扶助が必要な者の生活状態を明らかにし，救護に遺漏ないようにすること，またはその自立向上を図るため必要な指導をすること，③社会施設との連絡を密にし，その機能を助けること，④関係市町村長との連絡を保つこと，とされました。そして，方面ごとに方面委員会を組織し，道府県には方面事業委員会が設置されました。

また，1937（昭和12）年の救護法改正により，方面委員が市町村の救護事務の補助機関となりました。方面委員は，自主的，積極的な活動を展開し，その対象者数は，1938（昭和13）年には71万9,328世帯，278万4,826人に上りました。しかし，戦時体制に突入していくなか，地域統制支配の末端の機能を併せ持つようになり，共同体の隣保相扶と一体化して社会性が失われていきました。

敗戦後，1946（昭和21）年の民生委員令により，方面委員制度は廃止され，1948（昭和23）年には民生委員法が制定されます。方面委員制度には，歴史的社会的背景に規定された限界性がありましたが，ボランタリズムに支えられて処遇の科学化や予防化に貢献し，戦後社会福祉制度，実践への連続性も持っていたと言えるでしょう。

（奥村　昭）

▷7 「大阪府方面委員規定」第5条。

▷8 「第1種」は，独身であるかどうかを問わず自活ができない者，疾病その他の事故により自活ができない困窮状態にある者，「第2種」は，家計に余裕がなく，事故があればたちまち生活困難に陥る可能性のある者とされた。

▷9 菊池正治ほか編著『日本社会福祉の歴史　付・史料』ミネルヴァ書房，2003年，87頁。

▷10 Ⅰ-6参照。

▷11 前掲書▷1，46頁。
▷12 永岡正己「大阪における地域福祉の源流」，日本地域福祉学会地域福祉史研究会編『地域福祉史序説』中央法規出版，1993年，203頁。
▷13 菊池正治ほか編著，前掲書▷9，87-88頁。

参考文献
右田紀久恵ほか編著『社会福祉の歴史』有斐閣，1977年。
室田保夫編著『人物で読む近代日本社会福祉のあゆみ』ミネルヴァ書房，2006年。

第1部　日本編

Ⅱ　社会福祉をめぐる動向

6　セツルメント運動の生成

1　セツルメント運動の誕生

○セツルメント運動

　近代社会での慈善事業とセツルメント運動は，混在した形で展開していますが，本来は，慈善事業の欠陥（マルサス主義的貧困観や物的施与主義など）を克服するのがセツルメント運動です。近代慈善事業は，資本主義下で産み落とされる貧困者などを惰民視して，物的な施与を中心とする救済活動に重きをおき，貧困問題に対しての根本的な解決策としての社会的視点は弱いものでした。

　これに対してセツルメント運動は，慈善事業への批判として誕生し，貧困問題の社会性を認識して下層社会であるスラム地区などに知識階級に属する人々が住み込み，スラム住民との人格的接触を通して住民の教養や生活改善を行うとともに，地域全体の生活環境の改善に取り組み，必要な場合は制度の充実を社会に要求していく社会改良の一つとして考えられています。

○セツルメント運動の誕生

　セツルメント運動は，産業革命後の19世紀末にイギリスやアメリカで誕生し，これらの影響を受けて日本でも20世紀に発展しました。その先駆的なものとして，1891（明治24）年に宣教師アリス・ペティ・アダムスの岡山市花畑での活動（岡山博愛会）があります。しかし，社会改良的立場としての理念や下級労働者を運動の対象としたこと，さらに事業内容などから見て，本格的なセツルメント運動は，1897（明治30）年に片山潜によって東京神田に創設されたキングスレー館であると考えられます。片山は，日本における初期社会主義の運動家として有名ですが，この当時は，むしろキリスト教に立脚したセツルメント活動家として理想社会の実現に取り組んでいました。創設当初は，多くのキリスト教信者の支援を得て活動を行い，その拠点となった施設がキングスレー館でした。1898（明治31）年には私立三崎町幼稚園を付設して事業の拡大を行っています。

　この他にも，日露戦争から第1次世界大戦にかけて，1908（明治41）年救世軍の大学植民館，1909（明治42）年の岡山孤児院付属の愛染橋同情館や賀川豊彦の神戸新川でのセツルメント活動，さらに1911（明治44）年の浄土宗労働共済会の事業などが開始されました。

▷1　V-3 参照。

▷2　1891（明治24）年，アメリカンボード（組合教会）の宣教師として岡山市花畑のスラムに来住。同年，貧困児童のための日曜学校を開いたのをはじめとして，貧困児童や失業者・貧困者を対象にして小学校，裁縫夜学会，施療所，幼稚園，保育所を設置し，施し風呂や授産なども含めて，地域のニーズに対応したセツルメント事業を展開した。

▷3　Ⅲ-1 参照。
▷4　Ⅲ-13 参照。
▷5　Ⅲ-8 参照。

2 セツルメント運動の発展

　大正中期以降，労働者階級の社会的・政治的成長と社会問題の拡大を背景に近代社会事業が成立しました。この期にセツルメント運動も全盛期に入ります。類型的にとらえれば，1つ目はキリスト教・仏教の理念にもとづくセツルメント，2つ目は公立のセツルメント，3つ目は大学セツルメントに整理できます。1つ目の代表的なものとして日本キリスト教婦人矯風会セツルメント興望館(東京・1919年)[6]，仏教系のマハヤナ学園(東京・同上年)[7]，光徳寺善隣館(大阪・1921年)などです。2つ目のものとしては，大阪市立市民館(1921年)[8]が有名ですが，東京でも1923(大正12)年の関東大震災を機に王子隣保館，大井隣保館(以上，1924年)，翌年に大島隣保館などが相次いで設立されています。宗教系のセツルメントや公立セツルメントでは，託児，人事相談，講演会，一般救護など多様な事業を展開していますが，セツルメント本来の社会改良的な性格はあまり持ち合わせていませんでした。

　3つ目の大学セツルメントの代表格は，1924(大正13)年に設立された東京帝国大学セツルメントです。関東大震災の救護活動を契機として同大学の教員や学生たちを中心に創設されました。活動の拠点を本所柳島労働者街に置き，労働者教育を中心に医療活動や保育事業などを実践して下級労働者の生活課題に積極的に対応しました。本格的なセツルメント運動として評価されるこの大学セツルメントは，労働者の自主的な運動の涵養を目的として展開され，従来の慈善事業とは異なる歩みを展開しました。

3 セツルメント運動の衰退

　社会改良運動としての性格をもつ大学セツルメントは，戦時体制下で国家による弾圧と抑圧の標的にされ，この体制に従うことを余儀なくされ，セツルメントとしての社会的性格を次第に弱めていきました。すなわち，1938(昭和13)年に形式的には組織の改革を行い，社会的任務遂行に邁進するためとして大学隣保館に名称を変更しました。しかし，国側はセツルメント運動そのものが左翼的思想運動の温床であるとして閉館を強引に主張し，同年にセツルメント側は自発的閉館の形をとり，セツルメント運動の終止を余儀なくされました。また，一般のセツルメントも国策追随的な社会教化的な名称である「隣保館」と改称し，あるいは経営難のため事業を縮小したり閉館に追い込まれました。以上のように，明治後期から昭和前期までのセツルメント運動は短期間で幕を閉じましたが，社会福祉の歴史に大きな業績を残しました。

(菊池正治)

▷6　日本キリスト教婦人矯風会は1886(明治19)年に設立され，当初は禁酒禁煙運動を通して婦人の社会的品位の向上を目的として，雑誌の発刊や婦人保護施設慈愛館の設立，後に，廃娼運動や婦人参政権運動などにも取り組んだ。興望館は，当教会の事業の一環として在日西洋婦人矯風会の手によって設立されたセツルメント施設である。

▷7　Ⅲ-12参照。

▷8　1921(大正10)年に大阪市内に設置された公立セツルメントの施設。館長に志賀志那人が就任し，協同組合や保育事業などを行い，スラム住民の組織化を行った。志賀は，後に大阪市の社会部長になり，社会事業行政の発展にも寄与した。彼の没後，『社会事業随想』(1940年)が刊行された。

参考文献

　大林宗嗣『セツルメントの研究』同人社書店，1926年。

　福島正夫ほか編『回想の東京帝大セツルメント』日本評論社，1984年。

　一番ケ瀬康子『社会福祉の歴史研究』(一番ケ瀬康子社会福祉著作集第2巻)労働旬報社，1994年。

第1部　日本編

Ⅱ　社会福祉をめぐる動向

7　救護法の制定

1　救護法制定の前提

　第1次世界大戦後の1920（大正9）年に起こった戦後恐慌以降，絶えず襲ってくる不況にさらされていた日本は，1929年にアメリカで起こった株式相場の暴落から始まる世界大恐慌の影響を大きく受けました。その影響は，都市部での失業の増加や農村部での農家の所得の減少などに起因する農家の娘の身売り問題など，一部の階層だけの貧困問題に収まらず，国民全体に及ぶ大きな問題へと発展していったのです。

　この時，増大する貧困問題の対策に求められていたことは，個人による問題への対応より，社会もしくは国家（政府・中央官庁）による問題への対応でした。当時，旧来の恤救規則で貧困問題に対応していましたが，その対象者数は減少することなく，効果が得られませんでした。このような状況に対して，内務官僚の田子一民や社会事業実践者・研究者だった生江孝之などから，制限的で消極的な恤救規則への批判が提出されるようになりました。

　1926（大正15）年に内務大臣の諮問機関である第2次社会事業調査会が設置されていますが，この調査会では1927（昭和2）年に「一般救護ニ関スル体系」という答申を出しています。そこでは，恤救規則が救助対象を厳しく制限していること，貧困者の救済責任の不明瞭さ，給付される救助額がきわめて低いことを批判し，現行の制度のままでは社会の実状にやがて対応できなくなることが答申されていました。また，1927年の全国方面委員大会で新しい救貧法制である救護法の制定を求める決議がなされたり，1929（昭和4）年には中央社会事業協会会長の渋沢栄一も，救護法の制定を首相・内務相・蔵相に訴えています。

2　救護法制定

　各方面から恤救規則の変革が求められていたことに応じて，政府は1929（昭和4）年4月に救護法を公布しました。しかし，緊縮財政のあおりを受けて実施が遅れ，そのため，貧困民の側に立ち，改革された救貧制度の早期実施を求めていた方面委員が立ち上がります。彼らは，1929年11月の全国方面委員大会で救護法実施を求める決議を出したり，1930（昭和5）年の衆議院議員選挙に立候補する人々に救護法実施を働きかけました。しかし，方面委員をはじめとする社会事業関係者の陳情などの働きかけは受け入れられず，なかなか制度実施

▷1　もともとは，慈善団体の組織化をめざして作られた中央慈善協会に端を発する。後年，現在の全国社会福祉協議会に発展する。

のための予算計上にまで及びませんでした。結局，1,000名以上の方面委員名で1931（昭和6）年に「救護法実施請願ノ表」という請願書を作成し，それを天皇に上奏することが明らかになり，政府は慌ててこれに対応します。政府は，競馬法改正を行ってそこから得られる収入を救護法実施の財源として使うことで，1932（昭和7）年1月から救護法を実施することにしました。

この方面委員の活動は，戦前ではほとんど無いと言われている社会事業関係者が起こした社会運動（ソーシャルアクション）として評価されている一面もありますが，議員に働きかけて議会を通して制度を実施するという困難を越えるために，天皇の権威を実施実現に作用させた一面ももっていました。

3 救護法の概要

法律の実施まで約3年の期間をおいた救護法は，日本最初の公的扶助義務の救貧法制であったにもかかわらず，その対象である被救護者を限定して制限扶助主義へと向かいます。被救護者の要件は，65歳以上の老衰者，13歳以下の子ども，妊産婦，傷病・心身障害のため働けない人々のうち貧困のために生活困難な状態にある者と定められていました。また，被救護者に，最低限の生活を維持するために救護を求める権利である被救済権が認められていなかったり，被救護者となれば選挙権・被選挙権を失うことも定められていました。

その一方で，救護法が公的扶助義務であることから救護内容は拡大されており，恤救規則の貧弱な救済内容と比較すると，格段に異なる様相を呈していました。その救護内容をみると，要件を満たしている被救護者に対して，生活扶助，医療，助産，生業扶助が実施され，基本的には居宅救護を行い，場合によっては養老院，孤児院，病院などの施設への入所を認めていました。このように救護内容を拡大していたことから，被救護者の人数も恤救規則を実施していた時を大きく上回りました。恤救規則で対応していた1931（昭和6）年の救護人員・救護率と救護法が実施された後の1935（昭和10）年の救護人員・救護率とでは，差が約10倍以上に拡大していました。

このように，救護率と人数は増加しましたが，救護法行政の補助機関を担っていた方面委員の記録（1935年）では「要救済人員第1種（常に要救済の状況にある人）」と「要救済人員第2種（臨時的に救済を必要とする人）」とを合計すると290万9,846人となり，救護法の被救護者数を約13倍上回り，救護法が，いかに救護が必要な人の内わずかな人々にしか対応できていなかったのかがわかります。このように救護対象を拡大しても，救貧行政だけで対応できる貧困の規模ではなくなり，さらに広く国民全体を対象とする社会保障行政を並行して行う必要性が生じていたのです。

（畠中暁子）

▷2　経済的に生活に困窮している者を救貧する責任（義務）は国や行政にあるとすること。救護法実施後に発表された内務省の「救護法ノ徹底ニ関スル件」で記されている。

▷3　全国民に対する被救護者の割合。通常，‰（パーミル。1,000人に1人なら1‰）で表す。

▷4　それぞれ，第1種方面世帯票，第2種方面世帯票に登録されていた。

参考文献

池田敬正『日本における社会福祉のあゆみ』法律文化社，1994年。

菊池正治ほか編著『日本社会福祉の歴史　付・史料』ミネルヴァ書房，2003年。

Ⅱ 社会福祉をめぐる動向

8 社会福祉の実践と教育

① 戦後社会福祉実践の胎動

○戦後混乱期の施設の苦悩

　敗戦直後の日本は焦土と化し，国民の生活はどん底に突き落とされました。これに応えるべき社会福祉も戦争によってことごとく崩壊しましたが，戦後，いち早く福祉関係者が立ち上がり社会福祉の再生と発展を願い，必死の努力がなされました。戦時下でかろうじて生き残った個々の施設では，多くの苦難に直面しながらも施設運営の安定を確保し，施設生活者の生命と生活を守るために再度立ち上がっています。

　1921（大正10）年に創設された京都仏教護国団の経営による京都養老院では，戦後の食料確保が困難を極め，毎日の主食がうすい粥のみであり，施設での食糧不足のために施設生活者の中には野荒しやお墓の供え物などを盗む者も現れ，近隣の住民とトラブルを起こす事件まで発生しています。施設関係者は，各方面を奔走して関係機関や団体に食料調達を依頼したり，関係者自ら京都市内で托鉢を行うなどして施設生活者の生命を守るための努力を払っています。戦災を受けながらでも戦後生き残った施設の状況は，京都養老院とほとんど同様なものでした。

○近江学園の誕生

　戦後，新たに設立された施設もたくさんあります。その1つとして1946（昭和21）年に開設された近江学園を紹介します。近江学園の設立は，敗戦直後のことではありますが，この障害児施設設立の構想は，同学園の初代園長に就任した糸賀一雄と，戦前よりすでに京都で障害児教育に着手していた池田太郎や田村一二らの心中に存在していました。三者は教室の中での障害児教育に限界を感じ，障害児と寝食を共にしながらの生活と教育こそが必要であると確信していました。

　糸賀の招聘により池田は身体虚弱児施設の三津浜学園に，また田村は知的障害児の施設である石山学園で彼らが理想とする障害児教育に着手しました。ところが，戦争末期で施設生活は非常に厳しい状態にあり，池田・田村とも多くの苦難を経験しました。戦後すぐに糸賀と池田・田村は，障害児の福祉と教育を統合した施設建設構想を立て，滋賀県の琵琶湖の南に位置する場所に土地を確保し，近江学園を1946年に創設しました。

同学園の園長には，滋賀県庁に勤務していた糸賀一雄が就任しました。学園では戦災孤児，生活困窮児を援助する部局（担当者・池田）と知的障害児を援助する部局（担当者・田村）が設けられ，糸賀・池田・田村の3人は理想に向かって障害児福祉・教育の実践に取り組んでいきました。その後，糸賀の「この子らを世の光に」とする福祉・教育の実践や思想は，障害児福祉・教育の分野のみならず広く社会に影響を与えることとなります。

2 社会福祉教育の再編

◯戦前の社会事業教育

日本における社会事業教育の始まりは，明治期，留岡幸助により家庭学校（感化事業施設）に付設された慈善事業師範学校や内務省主催の感化救済事業講習会などに求められます。

本格的な教育は，社会事業の成立期に当たる大正中期以降となります。それは東洋大学，大正大学，日本女子大学，明治学院大学，龍谷大学，同志社大学などの宗教系の大学で多く行われました。ここで専門的知識と技術を習得した従事者を養成し，その実践の発展に寄与しました。

戦時下，国家の強権による社会事業から厚生事業への転換により，上記の大学での多くが社会事業教育に幕を閉じたり，あるいは社会事業学部・学科の名称が国策にそった「家政」とか「厚生」という名称を付したものに変更を余儀なくされ，教育内容も戦時色に彩られたものとなりました。

◯戦後社会福祉教育とGHQ

戦後，社会福祉の民主化を推進する連合国軍最高司令官総司令部（以下，GHQ）は，有資格者としての福祉従事者の養成を重視し，1946（昭和21）年に社会事業学校設立準備委員会を設置，同年の10月には日本社会事業学校（研究科，講習科）を開設しました。1948（昭和23）年には大阪社会事業学校も開設され，戦後の社会福祉教育がGHQ主導のもとで展開されています。これらは，主として戦後の社会福祉行政に携わる専門職の養成に当たっています。戦時下で閉鎖もしくは変質を余儀なくされた私立大学での教育も再編され，日本女子大学，明治学院大学，大正大学，同志社大学などで戦後の社会福祉を支える専門職者の養成教育が再び行われるようになりました。

戦後混乱期の社会福祉教育は，GHQ主導で展開されたので，アメリカ社会事業の影響を強く受け，ケースワークなどの社会福祉の技術が積極的に導入されました。アメリカ社会事業は日本の社会福祉の民主化に貢献しましたが，しかし，反面で技術至上主義に偏重したために，その後の研究や教育において批判されることとなりました。

(菊池正治)

▷1　I-8側注参照。

参考文献

菊池正治・阪野貢『日本近代社会事業教育史の研究』相川書房，1980年。

滋賀県社会福祉協議会編『みんなちがって，みな同じ』サンライズ出版，2004年。

第1部 日本編

Ⅱ 社会福祉をめぐる動向

9 旧・新生活保護法の制定

▷1 Ⅱ-7参照。
▷2 Ⅱ-1参照。
▷3 Ⅰ-6参照。
▷4 現役兵の入営，下士官兵の応召による傷病・死亡・傷病兵の死亡により生活困難な遺族家族の扶助を規定した法律。
▷5 生活困難のため医療や助産を受けられない者を対象とする法律。

▷6 Ⅰ-8参照。

▷7 現実の生計費支出に則して労働者の生活費を算定する仕方。1960年度まで生活保護基準の作成に採用されていた。
▷8 「6項目」の要求とは，下記のようなものであった。
①民生委員を公的扶助責任から排除すること
②社会福祉主事制度を創設すること
③福祉地区と福祉事務所の設置を行うこと
④公私分離，責任分離の措置をとること
⑤社会福祉協議会を創設すること
⑥有給専門吏員の現任訓練と査察指導

1 旧生活保護法

1929（昭和9）年，救護法が制定されました。隣保相扶を基本として国に責任・義務はないという恤救規則に比較すれば，救護機関，救護施設，救護費，扶助の種類等を明記し，公的救護義務主義が規定されるなど，当時としては進歩的な救貧法規でした。しかしながら，国家責任の明確な規定を欠いており，救済対象は制限され，救護措置も制限的なものであったため十分な対応ができず，さらに，その後，母子保護法（1937年），軍事扶助法（1937年），医療保護法（1941年）が制定され，救護法の役割は低下していきました。

第2次世界大戦後の混乱期に深刻化した貧困問題への対応として，1945（昭和20）年に政府は生活困窮者緊急生活援護要綱を定めました。その後，生活困窮者の援助は「国の責任で，無差別平等に保護しなければならない」という連合国軍最高司令官総司令部（以下，GHQ）の覚え書きを受け，1946（昭和21）年，国家責任による保護の原則を明文化した旧生活保護法が制定されました。

旧生活保護法の保護の種類は，生活扶助，医療扶助，助産扶助，生業扶助，葬祭扶助の5種，保護に要する費用は，国が8割，都道府県1割，市町村1割の割合で負担することなどが規定されました。保護基準については明確ではありませんでしたが，1948（昭和23）年の第8次生活保護基準の改定では，マーケット・バスケット方式を導入し，画期的な改善が行われました。要保護者の保護の請求権の存否については，個々の要保護者に積極的に保護の請求権は存しないという解釈でした。

旧生活保護法が施行された同年11月に日本国憲法が公布され，新憲法下における社会保障制度のあり方について議論され，生活保護制度についても，現実の社会情勢のもとで，困窮者や要援護階層に対する施策として十分な役割を果たすことができるようこれを拡充強化すべき，という意見が出てきました。

2 新生活保護法

1949（昭和24）年9月，社会保障制度審議会は，「生活保護制度の改善強化に関する勧告」を行い，同年11月，GHQは厚生省（当時）に対して社会福祉行政に関する「6項目」の要求を提示し，このような背景のもとに，新生活保護法が1950（昭和25）年5月に公布施行されました。新生活保護法においては，生活保護が

憲法第25条に規定する生存権の理念にもとづくものであることが明文化され，国家責任の原理，無差別平等の原理，最低生活の原理，保護の補足性の原理という4つの基本原理と，申請保護の原則，基準及び程度の原則，必要即応の原則，世帯単位の原則という4つの保護を実施する際の原則が確立されました。扶助の種類は，生活扶助，医療扶助，出産扶助，生業扶助，葬祭扶助に教育扶助，住宅扶助が加わり，7つとなりました。

▶9 生活保護法による保護の要否及び程度は1世帯を単位として定めるとする原則。

旧生活保護法の改正点は，①生活保護制度を憲法第25条の生存権理念にもとづく制度として明記したこと，②国民は一定の要件を満たす場合は保護を受ける権利を有するものとしたこと，③保護の水準が健康で文化的な最低限度の生活維持に足るものであるべきことを規定したこと，④保護の実施は社会福祉主事という専門職員によって遂行するものとし，民生委員を協力機関にとどめたこと，⑤保護の種類として新たに教育扶助及び住宅扶助を加えたこと，⑥保護の実施事務について国や都道府県が実施機関を指揮監督，監査することを規定したこと，⑦医療扶助のための医療機関指定制度を創設し，診療方針，診療報酬等について規定を置いたこと，⑧不服申立制度を設けたことです。

「6項目」要求実現のために，福祉事務所・社会福祉主事・社会福祉法人・共同募金及び社会福祉協議会等について規定し，社会福祉事業の組織的かつ体系的な運営を確保することを目的として，1951（昭和26）年に社会福祉事業法が制定されました。制定に伴い福祉事務所が法定化され，生活保護法，児童福祉法，身体障害者福祉法の福祉三法の改正が行われ，機関委任事務による保護の実施機関と措置権者は都道府県知事，市長及福祉事務所を設置している町村長に，負担割合は国が8割，都道府県・市・福祉事務所設置町村が2割というかたちで三法とも全く同じように位置づけられました。

3 生活保護に関するその後の動向

生活扶助基準の算定方式は，水準均衡方式が現在採用されています。扶助の種類は，介護保険法制定に伴い，介護扶助が8つ目の扶助となりました。

近年においては，長引く不況や失業や倒産による稼働収入の減少で保護開始が急増し，保護率や被保護人員も増加しています。生活保護受給世帯は，従来は高齢者世帯や傷病者，障害者世帯が占める割合が大きく，ここ数年は稼得能力を残す世帯の割合が増加しています。

このような状況を踏まえ，経済的給付に加え実施機関が組織的に自立・就労を支援する制度に転換することを目的として，2005年度から自立支援プログラムが導入されました。さらに，経済危機対策や住居を失った離職者を支援する新たなセーフティネットが構築されました。また，生活保護制度に関して改正の方向性を得ることを目的として，国と地方が協議・連携し，改善に取り組んでいます。

（河井伸介）

（参考文献）
岸勇『公的扶助の戦後史』明石書店，2001年。
古賀昭典『現代公的扶助法論』法律文化社，1990年。
厚生統計協会編『国民の福祉の動向 2009年版』厚生統計協会，2009年。

第1部　日本編

Ⅱ　社会福祉をめぐる動向

10　児童福祉法・身体障害者福祉法の制定

① 児童福祉法の成立過程と内容

　1945（昭和20）年8月の敗戦により，戦災や引き揚げによる孤児・浮浪児が社会問題となりました。厚生省（当時）は1946（昭和21）年4月に，「浮浪児その他児童保護等の応急措置に関する件」という社会局長通牒を出し，その保護に努めます。また同年9月に厚生事務次官から7大都府県の知事宛に「主要地方浮浪児等保護要綱」が指示され，児童鑑別所，児童収容保護所が国庫補助で設けられ一斉保護が始まります。1946年11月3日に日本国憲法が公布され，基本的人権（11条），個人としての尊重・生存権・自由権・幸福追求権（13条），平等権（14条），健康で文化的な生活権（25条）を踏まえて，第26条で教育権と児童に教育を施す義務，第27条で労働権と児童の酷使の禁止を定めました。同年12月，厚生大臣は，中央社会事業委員会に児童保護事業強化策を諮問します。政府の当初案では，非行少年や障害児，孤児など「特別な児童を保護する」構想でした。これに対して委員会は，翌1947（昭和22）年1月，すべての児童の積極的幸福を推進する基本法として，児童福祉法要綱案を答申しました。「福祉」を掲げた最初の法案です。政府は，これを基に法案をまとめ，8月，新憲法下の第1回国会に提出し，児童福祉司，母子寮などを盛り込んで修正して，11月に成立しました。児童福祉法は，1948（昭和23）年1月から一部実施され，4月から全面施行されました。母子寮は，母子保護法に規定されていたものを生活保護法に移し替えたのですが，母子家庭の児童の積極的福祉を実現していくことが目的なので，児童福祉法に規定しました。児童虐待防止法は，この児童福祉法に吸収され，15歳未満の児童の戸外での演技や酒席接待を禁じています（34条）。

　第1条では国民の義務が規定されました。ここでは，心身ともに健康に「出産する」義務が強調されています。法律では，従来の妊産婦手帳を一歩進めて，保健指導記事を書き込む母子手帳制度（21条）と助産施設制度（22条）が定められます。同法では，保育所の設備基準等が規定されています。大臣や知事の諮問機関として児童福祉委員会（9条）が設けられ，官吏であってケースワーカーである児童福祉司（11条），児童福祉司の協力者として民生委員に委嘱する児童委員（12条），児童の福祉増進の相談に応じ一時保護所を併設する児童相談所（17条）が定められました。1949（昭和24）年の第3次改正では，里親制度の整備強化を図るとともに，従来，少年法で扱っていた触法少年を児童福祉法で扱うこ

▷1　浮浪児が多かったのは，東京・神奈川・愛知・京都・大阪・兵庫・福岡の7大都府県であり，1946（昭和21）年，月々800〜1,400人の浮浪児が保護された。翌年も500〜1,200人保護されている。

▷2　Ⅰ-6 参照。

▷3　Ⅰ-6 参照。

▷4　保育所は当初，「保護者の委託を受けてその乳児または幼児を保育する」とのみ規定されており，幼稚園との一元化が関係議員からも提起されていた。「保育に欠ける児童」と対象を規定したのは1951（昭和26）年である。

ととし，虞犯少年は少年法でも児童福祉法でも扱えることとして両法の連携を図りました。1950（昭和25）年の第4次改正で，従来の療育施設を「虚弱児施設」と「肢体不自由児施設」に分け，里親の最低基準も定めました。このようにして，児童の総合的福祉を推進する法律が整備されてきたのです。

2 身体障害者福祉法の成立過程と内容

次に，1949（昭和24）年12月に成立し，1950（昭和25）年4月に施行された身体障害者福祉法について，成立経過を見てみることにしましょう。身体障害者への福祉的事業は，明治期に，盲ろうあ者への教育的取り組みから始まりました。その他には，労働者災害補償制度，傷痍軍人のための軍事扶助法（1937年），軍事保護院の設置（1938年）と高木憲次の肢体不自由児療育活動（1942年）があるくらいでした。戦後，日本を占領統治した連合国軍最高司令官総司令部（以下，GHQ）により旧軍人保護施策の一切が禁止され，傷痍軍人は困窮するものが増えました。GHQは，当初，生活保護法で無差別平等に保護すべきであるとして，身体障害者のための特別法を認めませんでした。しかし，1948（昭和23）年から国際情勢の変化により，GHQの傷痍軍人保護禁止策が緩和され，翌1949年厚生省は，アメリカのワグナー法を参考にしつつ独自で身体障害者福祉法案を作成し，12月26日に成立し，翌年4月から施行されました。

法の目的（1条）は，「更生」と「保護」にありました。「更生」が削除され，「自立」に代わるのは，1990年の改正からです。第2条では，本人の「障害克服努力」の義務を定めています。しかし，社会参加の権利については，当初，定められていませんでした。国や地方公共団体及び国民の義務についても，定められていませんでした。障害の対象の範囲は，視力障害，聴力障害，言語機能障害，肢切断または肢体不自由，中枢神経機能障害（寝たきりや半身不随など）の5種類に限られていました。そのほか，身体障害者手帳交付，都道府県に身体障害者福祉司と身体障害者更生相談所の設置義務，公共施設内に売店を出すことの優遇，たばこの小売店指定の優遇，障害者が作った「ほうき，はたき，ぞうきん」などを行政機関が優先購入すること，国有鉄道の運賃を半額にすること，などが定められました。

1954（昭和29）年の改正では，「更生医療」の給付開始，ろうあ者更生施設の創設等が定められ，1960（昭和35）年に，「身体障害者雇用促進法」が制定・施行されます。これは，厚生省が，身体障害者福祉法の制定当時から，その法律の中に取り入れようとしたのですが，労働省（当時）が時期尚早と主張し調整がつかず，先延ばしにされていたものでした。1967（昭和42）年の改正では，障害の範囲に心臓または呼吸器障害者が加わります。そのほか，身体障害者相談員制度の創設，身体障害者家庭奉仕員派遣制度の創設，内部障害者更生施設の創設，身体障害者施設の通所制度の発足などが定められました。

（加藤博史）

▷5　1888（明治22）年生れ。1915（大正4）年東京帝国大学卒。整形外科医。貧民街で障害児の相談診療に従事。ドイツ留学後，東京帝国大学教授。1925年肢体不完児福利会，翌々年母の会設立。1928年「肢体不自由」という用語を造る。1963（昭和38）年没。

参考文献

山高しげり『こどものしあわせ』清水書房，1948年［（児童福祉文献ライブラリー第2巻）日本図書センター，2005年］。

高田正己『児童福祉法の解説と運用』時事通信社，1951年［（児童福祉文献ライブラリー第8巻）日本図書センター，2005年］。

日本社会事業大学編『戦後日本の社会事業』勁草書房，1967年。

吉田久一・一番ケ瀬康子編『昭和社会事業史への証言』ドメス出版，1982年。

Ⅱ 社会福祉をめぐる動向

11 社会福祉事業法の制定

1 社会福祉事業法の意義

　社会福祉に関する組織や事業を定めている社会福祉法は，日本の社会福祉制度の運営を定めた法律です。これは，戦前の社会事業法，戦後の社会福祉事業法が改正されたものですが，この制定過程を学ぶことは，第1に社会福祉事業の提供における公私関係，すなわち社会福祉に対する国・地方自治体と社会福祉事業を行う民間団体「社会福祉法人」の関係を学ぶことにつながります。第2に，今日の社会福祉に関する制度や専門職の原点を認識することにつながります。

2 社会福祉事業における公私関係

　明治・大正期に始まった民間社会事業家によるさまざまな社会事業は，寄付に依存するなど常に経営面で不安定な状況に置かれていました。関係者の陳情が重ねられて，1938（昭和13）年に社会事業法が制定され，社会事業の指定，事業認可，事業への国庫補助が行われることとなりました。

3 社会福祉事業法の制定

○GHQによる社会事業への指示

　戦後，政府は連合国軍最高司令官総司令部（以下，GHQ）の指示を受け，軍事目的の団体解散・法制停止をすすめ，生活困窮に陥っている国民生活への緊急対策を進めました。この中で，1946（昭和21）年に旧生活保護法を制定しました。政府は生活保護法の実施を民間団体に委ねる方針でしたが，GHQは社会事業の民主化・非軍事化を要求し，社会救済（SCAPIN775）を発令して政府の実施責任の確立と民間への委任移譲を禁止しました。

　この結果，敗戦で社会事業法による国からの補助金が停止され，事業継続が困難となっていた民間社会事業は，事業存続の危機に直面しました。また国も民間に依存してきたため直接実施する組織がなく，GHQとの交渉の結果，「政府が行うべき事業を代行した対価を償還払いする」形で措置委託制度が採用されました。

○社会福祉行政の6原則

　GHQは1949（昭和24）年に「社会福祉行政の6原則」を指示します。社会福祉

事業法はこれを原型として法制化されることになります。この6原則は、①厚生行政の地区制度、②市町村厚生行政の再組織、③厚生省（当時）が行う助言的措置と実施事務、④民間団体の公私分離、⑤全国社会福祉協議会の組織、⑥担当する専門職員の現任訓練計画、からなります。

①②は、各地方ごとに厚生事務を担当する厚生局や社会福祉に関する審議会を設け、市町村の社会福祉に関する実施機関として福祉事務所を設けることとなりました。同時に③で厚生省の役割を明確にしました。

④は社会福祉事業について、直接社会福祉による援護・保護を行う第1種社会福祉事業、地域住民の生活改善等を目的とする第2種社会福祉事業、と定めました。これらを行う民間団体について定め、公益性を明らかにしました。この結果、社会福祉事業の措置委託を行える団体として社会福祉法人が設けられ、また⑤にもとづいて民間社会福祉団体の連絡調整と社会福祉の振興を担うための社会福祉協議会、及び共同募金会が位置づけられたのです。

また⑥にもとづいて、社会福祉の実施機関である福祉事務所と、直接相談援助を担う専門職員として社会福祉主事が置かれることとなりました。これは当初政府が方面委員（民生委員）に生活保護などの実施を担わせようとしていたことに対し、1949（昭和24）年に日本社会事業学校でGHQが行った講習のなかで、アメリカのソーシャルワークが紹介されており、日本でも社会福祉の専門職員に各法制度を担当させる方針が示されたことを反映したものです。以上の内容は、1951（昭和26）年に社会福祉事業法として制定されました。そして、社会福祉事業を行う公益法人として社会福祉法人、社会福祉協議会・共同募金会など、社会福祉の事業と組織が整備されたのです。なお同法は、社会福祉基礎構造改革を踏まえ、2000（平成12）年に社会福祉法として全面改正されました。

4 社会福祉事業法制定の意義

社会福祉事業法の制定の意義は、第1に戦後日本の社会福祉制度が民主主義と人権にもとづく仕組みであることを規定したことです。第2に、福祉事務所が社会福祉行政の第一線機関として位置づけられたこと、第3に措置委託制度による社会福祉事業を通して、行政と民間社会福祉法人との関係を規定したことです。措置委託制度はその後、増大する福祉的支援の必要性へ国の財政的制約を及ぼすことになりましたが、社会福祉に対する国の責任を明確化したことは評価されます。第4に専門職による社会福祉の援助を位置づけたことです。これは、国民の大多数が生活困窮におかれ、人材確保も難しいなかであっても、専門的な社会福祉援助の意義を明文化したと言えるでしょう。　　　（古川隆司）

参考文献

日本社会事業大学救貧制度研究会編『日本の救貧制度』勁草書房，1960年。

吉田久一『昭和社会事業史』ミネルヴァ書房，1971年。

山本隆「措置費制度の歴史的性格」成瀬龍夫・小沢修司・武田宏・山本隆『福祉改革と福祉補助金』ミネルヴァ書房，1989年。

北場勉『戦後「措置制度」の成立と変容』法律文化社，2005年。

Ⅱ 社会福祉をめぐる動向

12 精神薄弱者福祉法・老人福祉法・母子福祉法の制定

1 福祉六法への流れ

　一般に福祉三法と言えば，生活保護法（1946年），児童福祉法（1947年），身体障害者福祉法（1949年）を示します。これは，敗戦後の日本社会において，貧困者，孤児，傷痍軍人への保護と援助が国の対処するべき急務とされたことが大きな制定理由です。

　そして，1960年代に精神薄弱者福祉法（1960年），老人福祉法（1963年），母子福祉法（1964年）が相次いで制定され，これらをあわせて福祉六法と呼んでいます。1956（昭和31）年は，日本のGNPが戦前のGNPを上回り，経済白書で「もはや戦後は終わった」と明示され，日本経済の分岐点となりました。その一方で，同じ年の厚生白書が，下位の所得階層に属する人々が次第に復興の背後に取り残されつつある現実を指摘し，「本当に戦後は終わったのか」と問いかけています。このように，日本社会は高度経済成長による経済復興という大きな変化によって，国民の所得増大と生活格差を生み出しました。この変化は，これまでの社会福祉政策の救貧的性格では対処しきれない新たな福祉問題を生み出したのです。つまり，所得水準が生活の豊かさを示す絶対的基準にならなくなり，生活の質や生活の環境が重要視されてくるようになったのです。

　精神薄弱者福祉法，老人福祉法，母子福祉法は，どれもこのような社会変化のなかで個別の必要性が高まっていったため制定されたと言えます。

2 精神薄弱者福祉法の制定

　知的障害者への法的支援は，1960（昭和35）年の精神薄弱者福祉法によって単独支援が始まりました。それ以前は生活保護法に規定された「救護事業」のなかで保護されていました。精神薄弱者福祉法では，「更生を援助すること，必要な保護を行うこと」が目的とされています。その後，1999（平成11）年に施行された「精神薄弱の用語の整理のための関係法律の一部を改正する法律」によって，知的障害者福祉法と名称が改められました。現在の知的障害者福祉法では，「自立と社会経済活動への参加を促すための援助と保護」が目的とされています。老人福祉法を除く他の福祉法と違い，対象の規定がないのは，知的障害の定義の困難さ，幅広く支援と保護の枠を広げる意図があるためと考えられます。

　2006（平成18）年に，知的障害者への支援は知的障害者福祉法から，障害種別

▷1　当時は国民全体の所得をあらわす指標の一つとして「GNP」＝「国民総生産」が用いられていた。現在はGNPではなくGDP（国内総生産）が用いられている。

▷2　Quality Of Life（QOL）の訳語で，物質的側面からの量的水準だけではなく，非物質的側面も含めて質的水準でとらえる概念を言う。

▷3　自然破壊や公害，人間関係の希薄化といった日常生活上の諸問題が焦点となった。

▷4　阿部志郎・三浦文夫・仲村優一編『社会福祉教室』有斐閣，1989年，64頁。

▷5　障害者が能力を活用して社会経済活動に参加すること。

▷6　桑原洋子『社会福祉法制要説　第5版』有斐閣，2006年，395頁。

にかかわらず障害者自立支援法（当時）を根拠とするものへと改正され，保護から自立に向けた支援体系へと変化しています（現在は「知的障害者」という名称を用いるため，旧法律名等公式の名称以外は「知的障害者」に統一して記述しています）。

3 老人福祉法の制定

1963（昭和38）年の老人福祉法の制定によって，生活保護法に規定された「養老事業」は，大きな変化をとげました。また，この時期は，三世代同居から核家族化への移行，私的扶養の減退により，高齢者の生活不安が高まっていった時期でもあります。当初の老人福祉法では，居宅老人を対象とした健康診査，養護老人ホーム，特別養護老人ホームへの入所，老人家庭奉仕事業，老人クラブへの助成の支援体制が規定されました。また，家庭奉仕員制度[7]や老人医療費無料化制度[8]にみられるように，地方自治体の独自的取り組みが，国の方針に大きな影響を与えていることが特徴的です。

現在の老人福祉法で定められている福祉の措置は，介護保険制度の利用が困難と認められた場合に限り，①居宅における介護等，②養護老人ホーム，特別養護老人ホームへの入所となっています。それ以外に，老人福祉計画[9]，有料老人ホーム[10]等について細かく規定されています。

なお，2000（平成12）年に介護保険法が施行されたことを受けて，介護を必要とする高齢者へのサービス供給システムは，従来の措置[11]から介護保険へと大きく様変わりしました。さらに2015（平成27）年の改正では一部の給付が縮小され市町村が行う地域支援事業の重要度が増すなど，大きく見直されています。

4 母子福祉法の制定

戦争により，夫や父を失った母子家庭の多くが生活困窮に陥っていたことから，戦後直後は，遺族対策の一環として経済的支援が行われていました。しかし，戦後の復興のなかで経済問題だけで解決をみる問題ではなくなり，積極的な母子福祉対策が必要となってきたことから，1964（昭和39）年に制定されました。

そして，母子家庭の子どもが成年し，母子福祉法の対象外となる問題が浮上してきました。こういった，子どもを成長させた寡婦は，「子のない寡婦や独立婦人と比較して一般に収入が低いことから，特別な保障を受けるだけの合理性がある」[12]として，個別的支援も引き続き必要とされました。そこで，母子福祉法の対象が母子だけではなく寡婦にも拡大され，1981（昭和56）年に施行された母子福祉法の一部を改正する法律によって，母子及び寡婦福祉法と名称が改められました。また，母子家庭の母および児童が，その心身の健康を保持し，生活の向上を図るために利用する母子福祉施設として，①母子福祉センター[13]，②母子休養ホーム[14]があります。

（横山順一）

▷7　現在のホームヘルプサービスの前身で，1957（昭和32）年に大阪市が開始したことを受け，1963（昭和38）年の法制定の際に法定化された。

▷8　1969（昭和44）年東京都で老人医療費が無料化されたことを受け，1973（昭和48）年の老人福祉法改正の際に導入された。

▷9　都道府県，市町村に義務づけた地域的見地から老人福祉事業の供給体制の確保を定めた計画を言う。

▷10　老人福祉施設ではないが，入浴，排泄，食事の介護，食事の提供その他日常生活に必要な支援を提供する施設である。

▷11　行政処分として，行政が社会福祉施設に要入所者を入所させることを言う。

▷12　杉浦宏章「寡婦福祉のための母子福祉法の改正」『厚生福祉』1981年，11頁。

▷13　無料または低額な料金で，母子家庭に対して各種の相談や生活指導，生業指導を行う施設。

▷14　無料または低額な料金で，レクリエーションその他休養のための便宜を提供する施設。

参考文献

阿部志郎・三浦文夫・仲村優一編『社会福祉教室』有斐閣，1989年。

菊池正治ほか編著『日本社会福祉の歴史　付・史料』ミネルヴァ書房，2003年。

中垣昌美『社会福祉学原論』さんえい出版，2004年。

佐口和郎・中川清『福祉社会の歴史』ミネルヴァ書房，2005年。

桑原洋子『社会福祉法制要説　第5版』有斐閣，2006年。

Ⅱ 社会福祉をめぐる動向

13 地域福祉と社会福祉協議会

1 社会福祉協議会の創設

　第2次世界大戦後，連合国軍最高司令官総司令部（以下，GHQ）は1949（昭和24）年11月，厚生省（当時）に「社会事業に関する6項目」[1]を指示し，その中で，民間社会事業団体の公私分離原則の徹底と1950（昭和25）年8月までに「全国的及び県の社会事業団体及び施設により自発的に行われる社会福祉活動に関する協議会」，つまり社会福祉協議会（以下，社協）[2]を設立するよう求めました。

　公私分離原則によって公的助成が途絶えた民間社会事業のために，GHQの示唆もあり共同募金が開始されました。しかし，既存の社会事業団体に対する募金配分の批判が高まり，中央共同募金会は団体整備白書において，民間社会事業全体の連絡団体の設立を強く要望しました。社協設立の検討が進むなか，アメリカのコミュニティ・オーガニゼーション（以下，CO）の理論が研究され，1950（昭和25）年11月，「社会福祉協議会組織の基本要綱及び構想案」が示されました。この要綱では，社協を「一定の地域社会に於いて，広く社会福祉事業の公私関係者や関心をもつものが集まって…（中略）…当該地域社会の福祉を増進することを企画する民間の自主的な組織である」と規定しました。

　そして，1951（昭和26）年1月，日本社会事業協会，同胞援護会，全国民生委員連盟が統合されて中央社協[3]が発足し，同年末までには沖縄県を除くすべての都道府県社協が発足し，同年公布された社会福祉事業法に規定されました。一方，市区町村社協は，1952（昭和27）年に厚生省が都道府県知事に「小地域社会福祉協議会組織の整備について」を通知し，行政指導で設立が進んでいきました[4]。

　このように，社協は，GHQの指示を契機に行政主導で設立されたこともあり，民間の自主的な組織としての活動は困難でした。

2 住民主体原則の確立と揺らぎ

　全国社会福祉協議会（以下，全社協）は，市区町村社協活動を地域住民の生活に密着したものに転換するため，1957（昭和32）年に「市区町村社会福祉協議会の当面の活動方針」を策定し，「福祉に欠ける状態」を克服するため，社会資源の開発動員と住民参加による地域組織化活動をめざした社協活動を提唱します[5]。また，国民皆年金・皆保険制度の発足を背景に，地域における福祉の増進と保健衛生活動を一体的に進めるため，全社協に事務局をおいた保健福祉地区組織

▷1　Ⅰ-8 Ⅱ-11 参照。

▷2　地域福祉の推進を目的とする団体で，社会福祉を目的とする事業の企画・実施，や福祉活動への住民参加の促進，各種調査や連絡調整，助成などを行っている。市区町村と都道府県，全国の各段階に設置されている。

▷3　Ⅰ-8 参照。

▷4　当時，市区町村社協は社会福祉事業法には規定されておらず，関係者の強い運動もあって1983（昭和58）年にようやく法制化された。

▷5　平野隆之ほか編『コミュニティとソーシャルワーク』有斐閣，2001年，52頁。

育成中央協議会が結成され，全国の社協でCO理論を活用した保健と福祉が一体となった地区組織化活動が展開されました。

こうした活動の成果にもとづき，1962（昭和37）年に「社会福祉協議会基本要項」（以下，基本要項）が策定されます。基本要項では「社会福祉協議会は一定の地域社会において，住民が主体となり，社会福祉，保健衛生その他生活の改善向上に関連のある公私関係者の参加，協力を得て，地域の実情に応じ，住民の福祉を増進することを目的とする民間の自主的な組織である」と規定し，住民主体の原則を打ち出しました。それは，市区町村社協の性格を，住民を主体として公私専門家・機関が参加する組織へと180度転換したものでした。そして，1966（昭和41）年には，市区町村社協の福祉活動専門員の国庫補助が開始されました。しかし，1967（昭和42）年に行政管理庁の「共同募金に関する勧告」があり，社協の主要な財源であった共同募金配分金を，人件費や事務費に使用することが禁止されたため，社協は行政からの補助事業，委託事業に依存せざるを得なくなり，その自律性，民間性が揺らいでいきました。

3 在宅福祉・地域福祉と社会福祉協議会

高度経済成長によって日本社会は大きく変化し，従来の低所得者，施設中心の施策では対応困難な福祉問題が生み出されました。そして，コミュニティの再生，再構築を政策側が提唱するなか，イギリスのコミュニティ・ケアの影響を受けながら，地域を基盤とした福祉，在宅福祉が求められていきました。

そのようななか，1974（昭和49）年に岡村重夫は『地域福祉論』で，地域福祉の体系を示し，住谷磬，右田紀久惠らは『現代の地域福祉』を刊行するなど，地域福祉の概念，理論の研究がすすんでいきます。1979（昭和54）年に全社協が刊行した『在宅福祉サービスの戦略』では，在宅福祉サービスの枠組みを設定するとともに，社協を「在宅福祉サービスの供給システムにおける民間の中核」として位置づけました。そのため，その後，社協による地域組織化活動を主な内容として発展してきた地域福祉は，在宅福祉サービスというサービス体系と組織化活動といった活動体系を含みつつ展開しました。

1990（平成2）年の社会福祉事業法の改正によって，「地域福祉時代の幕開け」と言われるなか，1992（平成4）年に全社協は，「新・社会福祉協議会基本要項」を策定し，新たな社協の性格や原則を規定しました。また，1991（平成3）年には国庫補助で「ふれあいのまちづくり事業」が開始され，総合相談から在宅福祉サービスと地域組織化活動を一体的に展開する社協像を示しました。2000（平成12）年の社会福祉法で，社協は「地域福祉を推進することを目的とする団体」と明確に規定されました。地域福祉時代と言われる今日，社協は重要な役割を担っていると言えます。

（奥村　昭）

▷6　和田敏明「社協の理念と現在」日本地域福祉学会編『地域福祉事典』中央法規出版，1997年，137頁。
▷7　「東京都におけるコミュニティ・ケアの推進について」（東京都社会福祉審議会答申，1969年）「コミュニティ――生活の場における人間性の回復」（国民生活審議会調査部会，1969年）「コミュニティ形成と社会福祉」（中央社会福祉審議会答申，1971年）などが挙げられる。
▷8　岡村重夫は，地域福祉の概念の構成要素を①最も直接的具体的援助活動としてのコミュニティ・ケア，②コミュニティ・ケアを可能にするための前提条件づくりとしての一般的な地域組織化活動と地域福祉組織化活動，③予防的福祉，であるとした。Ⅱ-14参照。
▷8　全国社会福祉協議会『在宅福祉サービスの戦略』1979年，65頁。
▷9　平野隆之ほか編，前掲書▷5，62頁。
▷10　新・社会福祉協議会基本要項では，「『住民主体』の理念を継承」するとし，①住民ニーズ基本，②住民活動主体，③公私協働・計画性，④民間性，⑤専門性という社協の活動原則や，機能を規定した。

参考文献
全国社会福祉協議会『全国社会福祉協議会30年史』1982年。
山口稔『社会福祉協議会理論の形成と発展』八千代出版，2000年。

第1部　日本編

II　社会福祉をめぐる動向

14　社会福祉研究の発展

1　戦前の社会事業研究

　大正中期に成立する社会事業は，本格的な社会事業研究の誕生期でもありました。これを大別すると，①官僚による研究，②教育・研究機関の関係者による研究，③実践家による研究などと整理することができます。

　①の代表者は内務省社会局長の田子一民です。田子はこの期の社会事業行政のリーダー的存在であり，1922（大正11）年に『社会事業』を著しています。これは，厳密な意味では啓蒙書に属するものですが，当時の官僚としての立場をよく表明したものでした。

　②については，大学での社会事業教育の開始とともに社会事業研究が活発化し，多くの優れた業績が発表されました。宗教大学（現・大正大学）の長谷川良信は『社会事業とは何ぞや』(1919年)，日本女子大学の生江孝之は『社会事業綱要』(1923年) をそれぞれ出版しています。また，民間の研究機関である大原社会問題研究所からは『日本社会事業年鑑』(1920-1926年まで続刊) が創刊され，研究の基礎資料を提供しています。この研究所から，大林宗継の『セツルメントの研究』(1926年) や高田慎吾の『児童問題研究』(1928年) なども発表されました。

　③では，方面委員制度の創設者である小河滋次郎の『社会事業と方面委員制度』(1924年)，賀川豊彦の『死線を越えて』や八浜徳三郎の『下層社会研究』(いずれも1920年) が発表され，スラム社会の問題が取り上げられました。

　以上のような諸研究の思想的背景をなしたものとしては，多かれ少なかれ大正中期以降のデモクラシー思想や，日本にも大きな影響を与えたフランスのレオン・ブルジョアの社会連帯思想がありました。この立場と，昭和初頭に登場するマルクス主義的社会事業研究者である川上貫一や磯村英一らとの間で，「社会事業とは何ぞや」という論争が展開されました。しかしながら，このいずれの立場も日本が戦争に突入しファシズム化する過程で，一部の研究者を除き戦争協力理論である厚生事業理論の研究に転換しました。

2　戦後社会福祉研究の再構築

○占領期の社会福祉研究

　戦後混乱期における社会福祉の指導的役割は連合国軍最高司令官総司令部

▷1　III-9 参照。

▷2　III-12 参照。
▷3　III-10 参照。

▷4　III-11 参照。
▷5　III-13 参照。

▷6　I-7 参照。
▷7　戦前・戦後期におけるソーシャルワーク研究の代表者の1人。1938（昭和13）年に『ケース・ウォークの理論と実際』や1959（昭和34）年に『専門社会事業研究』を著して，アメリカ流ソーシャルワークを積極的に日本に紹介・導入した。
▷8　戦後の社会福祉研究の代表的人物。マルクス経済学に依拠して社会福祉を資本主義社会の構造的矛盾から派生する社会的問題に対する対応策ととらえ，社

(GHQ)が担いました。戦前の社会事業が戦争に加担していった経験を反省し、その指導理念として非軍事化と民主化を掲げ、戦後社会福祉の改革と再生に取り組みました。社会福祉の研究においてもアメリカ社会事業、すなわち、ケースワークを中心とする社会福祉技術が積極的に導入され、戦前からこの研究に携わっていた竹内愛二や谷川貞夫、また、社会事業研究所などにより社会福祉技術やアメリカ社会事業の研究が進められました。そして、社会福祉の技術は広く現場の関係者にも受け入れられ、現任訓練としての講習会などでの中心科目として位置づけられました。

アメリカ社会事業、とりわけその技術の日本への導入は、戦前日本の社会事業の半封建的な慈恵的な事業を近代的・民主的なものへと転換させ、専門従事者の民主的態度の必要性や行動の科学的合理性を要求した点においては高く評価できます。

○社会福祉研究の進展と社会福祉論争

本格的な社会福祉研究の進展は、1950年代以降です。孝橋正一は、後に「孝橋理論」と称される社会福祉理論の原型を、『社会事業の基礎理論』(1950年)として発表しました。また、少し遅れて、いわゆる「岡村理論」と称される社会福祉理論を、岡村重夫が『社会福祉学(総論)』(1956年)で著しています。孝橋、岡村の研究を核として、従来のアメリカナイズされた研究を日本の現実社会に照らし合わせた独自の視点から構築する取り組みが行われ、占領期に無批判的に受容してきたアメリカ社会福祉を克服する試みがなされました。

独自の社会福祉研究の進展は、関係者の間で研究上の論争を巻き起こしました。それは、「社会福祉とは何ぞや」というその本質を巡っての論争であり、先の孝橋、岡村、竹内、さらに竹中勝男、田村米三郎、小倉襄二などが加わって展開されました。ここでの主たる論点は、社会福祉の対象と、ここから導き出される社会福祉の役割についてでした。

社会福祉の本質論争は、その後、公的扶助とケースワークの位置づけを巡っての岸・仲村論争、医療社会事業論争、社会福祉の本質と機能を巡る孝橋・嶋田論争などへとつながり、本格的な社会福祉研究を進展させることにもなります。そして、さらに高度経済成長を背景にして、社会福祉当事者や住民の権利保障を求める運動論の視点を重視した社会福祉研究が盛んになりました。真田是、一番ケ瀬康子、高島進などがその中心的存在で、真田は社会福祉対象・社会政策主体・福祉労働の三元構造によって社会福祉をとらえようとし、一番ケ瀬は国民大衆への生活権保障を政策概念とともに運動的視点でとらえました。また、イギリス社会福祉発達史を研究した高島は、社会福祉を歴史的な発展段階との関連でとらえ、その本質規定に階級闘争の視点が不可欠であることを主張しました。これらの運動論の視点を重視する研究者と孝橋との間でも、社会福祉論争が行われました。

(菊池正治)

会政策を補充・代替するのが社会福祉であるとした。代表作として『全訂 社会事業の基本問題』(1962年)、『続 社会事業の基本問題』(1973年)、『現代資本主義と社会事業』(1977年)などがある。

▷9 孝橋とともに戦後社会福祉研究の基礎を創った代表的人物。その研究は機能論的アプローチに立ち、「社会関係の主体的側面の援助」を社会福祉の固有の機能とする、いわゆる「岡村理論」を提起した。この全容を明らかにしたのが『社会福祉学(総論)』(1956年)であり、その後『社会福祉学(各論)』(1963年)、『地域福祉論』(1974年)などを著した。Ⅱ-13参照。

▷10 公的扶助(生活保護)におけるケースワークのあり方や意義をめぐって、岸勇と仲村優一の間で昭和30年代に行われた論争のこと。仲村が公的扶助の過程にケースワークの知見や技術を導入する可能性を提唱したのに対し、岸は社会問題対策としての公的扶助とケースワークとは本質的になじまないものであるとして、両者の峻別・分離を主張した。

▷11 社会福祉の本質を社会科学的に解明すべきだとする孝橋正一と、社会科学と人間行動科学の統一的理解に社会福祉の本質を求めようとする嶋田啓一郎によって、社会福祉の本質、対象、機能、運動などに関して、それらをどう理解すべきかを巡って行われた。

参考文献

吉田久一『社会事業理論の歴史』一粒社、1974年。

真田是編『戦後日本社会福祉論争』法律文化社、1979年。

吉田久一『日本社会福祉理論史』勁草書房、1995年。

第1部 日本編

II　社会福祉をめぐる動向

15　国際障害者年と障害者福祉

1　国際障害者年の背景と行動計画

　障害者施策に関する国連の取り組みとして，1971年12月20日に26回総会で決議された「精神発達遅滞のある人（メンタリー・レターデッド・パーソン）の権利宣言」があり，「相当の生活水準の享有」「有意義な職業につく権利」「リハビリテーションを受ける権利」「通常の生活に近い環境」などが規定されました。ただし，「実際上可能な限りにおいて，他の人と同等の権利を有する」とされています。次に，1975年12月9日に30回総会で「障害者の権利宣言」が採択されました。ここでも，障害者が「社会的活動，創造的活動に参加する権利」を有すること等が宣言されました。この宣言の思想を普及し施策を推進するために，1976年の国連31回総会では，1981年を「国際障害者年」と定め，「完全参加と平等」をテーマとすることを決定しました。

　1980年1月30日，国連総会は，「国際障害者年行動計画」を決議します。その内容は，次の7点に集約されます。①障害者の大半は発展途上国で生活しており，その環境条件の改善に国際的な協力が必要であること，②障害者のうちの多数は，戦争や暴力の犠牲者であり，世界平和に努める必要があること，③障害を「インペアメント＝心身の構造機能損傷」「ディスアビリティ＝能力発揮の不全」「ハンディキャップ＝社会的不利益」の区別を押さえてとらえる必要があること，④障害は「個人と環境の関係」として理解すべきこと，⑤社会には，文化的・社会的生活全体を障害者にとって利用しやすいように整える義務があること，⑥障害者のための条件を改善する施策は，一般的な政策の不可欠な部分を形成し，常例的プログラムの一環でなければならないこと，⑦「ある社会がその構成員のいくらかの人々を締め出すような場合，それは弱くもろい社会なのである。障害者は，その社会の他の異なったニーズを持つ特別な集団と考えられるべきではなく，その通常の人間的なニーズを満たすのに特別の困難を持つ普通の市民と考えられるべきなのである」こと。

　最後の7番目の内容が，「ノーマライゼーション」の理念です。国際障害者年以降，ノーマライゼーションの理念が日本に定着していきました。

2　日本での取り組みと世界行動計画

　日本では，1980年（昭和55）3月，内閣総理大臣を本部長とする「国際障害者

▷1　1980年の国際分類はICIDHと略称され，2001年5月の新国際分類はICFと略称される。インペアメントを「身体機能と構造」，ディスアビリティを「活動制限」，ハンディキャップを「参加制約」とした。

▷2　1959年，デンマークのバンク＝ミケルセンによって提唱された。障害者が障害をもたない人と同等の生活が送れる社会がノーマルな社会であり，そのような社会を実現していこうとする福祉理念。

年の推進体制」を閣議決定し，中央心身障害者対策協議会（国際障害者年国内委員会）からの意見具申を受け，同年8月「国際障害者年事業の推進方針」が本部決定され，身体障害者には身体障害者総合福祉センターの設立，知的障害者には地域ケア強化のため通所援護事業の拡充，精神障害者には社会復帰の促進・職親制度の検討などが打ち出されました。また，5月に衆議院決議がなされ，「重度障害者の所得保障対策の確立」「働く場の確保」「精神障害者の福祉施策の充実」などが努力目標として掲げられました。11月には，毎年12月9日を「障害者の日」とすることが本部決定されました。民間の動きとしては，4月に「国際障害者年日本推進協議会」が障害者団体など67団体によって発足します。

国連は，さらにこの活動を継続させ定着させるために，1982年12月，「障害者に関する世界行動計画」を立てます。ここでは，①ハンディキャップとは「社会参加の制約」であること，②リハビリテーションとは「自らの人生を変革していくための手段を提供すること」をめざすプロセスであること，③リハビリテーションの重要な資源は「障害者の家族及びコミュニティにある」こと，④完全参加の基本的要素として，ⅰ家庭生活，ⅱ教育，ⅲ就労，ⅳ住宅，ⅴ経済保障，ⅵ身の安全，ⅶ社交や政治グループへの参加，ⅷ宗教活動，ⅸ親しい性的関係，ⅹ公共施設への出入り，ⅺ移動の自由，ⅻ生活様式の自由などが挙げられること，⑤多くの障害が発展途上国における栄養・環境・衛生・産前産後のケアの不十分から発生しており，途上国への資源流入を増大せねばならないこと，などが打ち出されました。そして，1983年から1992年までの10年間を「国連・障害者の十年」とし，加盟各国に国家計画を策定するよう勧告しました。

3 自立生活センター，DPIの展開と障害者権利条約

日本国内では，1982（昭和57）年3月，国際障害者年推進本部が，「障害者対策に関する長期計画」を策定し，障害者の自立生活の基盤確保に関する努力目標が示されました。また，身体障害者福祉審議会から「今後における身体障害者福祉を進めるための総合的方策」が発表されます。ここでは，ノーマライゼーションの理念とともに，自立生活センターが紹介され，「自立生活とは，四肢麻痺など重度の障害者が介助者や補装具の補助を用いながらも，心理的には解放された責任ある個人として主体的に生きること」と説明されています。自立生活の概念は，エドワード・ロバーツのアメリカでの運動によって提起されたものですが，ともすると，「自立＝経済的自立」，「自立＝誰にも頼らないこと」，といった狭い解釈に陥りがちです。障害者主体の運動はDPIの設立としても結実します。「国連・障害者の10年」のあと，「アジア太平洋障害者の10年」が展開されます。そして，障害者差別撤廃条約議論を経て，2006年12月，「障害者権利条約」が国連で採択されました。

（加藤博史）

▷3 ディスエイブルド・ピープルズ・インターナショナルの略。障害者インターナショナルと訳される。1981年に障害種別を越えた当事者団体として設立。本部はカナダで150カ国以上が加入。1986年に日本会議発足。

▷4 自立生活運動の父。重い身体障害がある。1962年，カルフォルニア大学バークレー校に入学。1970年，介助付きの学生支援の取り組みを開始させ，1972年，自立生活センターを設立した。

▷5 国際障害者年が終わりに近づいた1992年4月，日本，中国など33カ国が共同提案して，「アジア太平洋障害者の10年」（1993-2002年）が始まった。

▷6 1987年，国際障害者年中間年専門家会議が障害者の差別撤廃条約を提案し，国連総会にイタリア案として提出された。しかし，障害者の特例化につながる等の理由で議論は中絶した。

▷7 メキシコの提案で5年間かけて8回の公式委員会がもたれ，2006年12月13日採択された。障害者本人の権利や自己決定の視点，インクルーシブ・ソサエティ（すべての人を包含する社会）の視点が謳われている。

参考文献
国際障害者年推進会議編『国際障害者年　政府関係資料集』全国社会福祉協議会，1982年。
手塚直樹・加藤博臣『障害者福祉基礎資料集成』光生館，1985年。

Ⅱ 社会福祉をめぐる動向

16 社会福祉専門職の創設

1 社会福祉専門職の現状

　現在の日本の社会福祉従事者は約328万人と報告されています。その内訳は社会福祉施設に従事する介護職員・保育士と相談業務を担当するソーシャルワーカー，そしてホームヘルパーが大半を占めます。その他は福祉事務所のケースワーカー，児童相談所等の児童福祉司，社会福祉協議会の専門員等がいます。資格としては，社会福祉主事，保育士，介護福祉士，社会福祉士，精神保健福祉士が基盤となっています（表Ⅱ-3）。

　これらの資格のなかでも中核になる介護福祉士・社会福祉士制度が1988年度に発足して20年が経過しました。近年の介護保険制度や障害者自立支援制度によるケアマネジメントや権利擁護等の観点から教育内容の充実が求められ，2007（平成19）年12月に改正法が制定されました。職員の資質は，社会福祉の仕事を決定づけるものですから資格制度は重大な意味をもっています。

表Ⅱ-3　福祉・介護サービス従事者の現状（2005年現在）

（単位：人，（　）内％）

	総　数	サービス形態			
		施　設		在　宅	
総　　数	3,276,555 (100.0)		862,171		2,414,384
老人分野	1,971,225 (60.2)	・介護老人福祉施設 ・介護老人保健施設 ・介護療養型医療施設	654,872 286,714 190,886 136,351	・訪問介護 ・通所介護 ・認知症対応型共同生活介護	1,316,353 416,967 256,853 99,209
障害者分野	671,718 (20.5)	・身体障害者療護施設 ・知的障害者更生施設 ・重度心身障害児施設	129,457 22,669 56,644 16,144	・身体障害者居宅介護等事業 ・知的障害者居宅介護等事業 ・児童居宅介護等事業	542,261 172,540 94,399 74,620
児童分野	556,008 (17.0)	・児童養護施設 ・乳児院 ・母子生活支援施設	24,547 15,917 3,971 2,460	・保育所	531,461 506,820
その他	77,604 (2.4)	・有料老人ホーム ・救護施設 ・婦人保護施設	53,295 45,652 6,382 879	・隣保館 ・地域福祉センター ・へき地保育所	24,309 4,327 3,974 4,209

資料：厚生労働省社会・援護局調べ。
出所：厚生統計協会編『国民の福祉の動向　2010／2011年版』厚生統計協会，2010年，200頁。

2 社会福祉主事・保育士資格のあゆみ

　社会福祉の専門職としての介護福祉士・社会福祉士が誕生する1988（昭和63）年までは社会福祉主事と保育士がありました。社会福祉主事は1950（昭和25）年「社会福祉主事の設置に関する法律」にもとづいて設けられましたが，1951（昭和26）年の「社会福祉事業法」，2000（平成12）年の「社会福祉法」制定以後はこれらの法律に規定されました。

　社会福祉主事は主に福祉事務所において福祉六法における援護，育成または更生の措置に関する事務を行い，生活保護のケースワーカーには必要な資格でした。しかし，教育学，倫理学，心理学等も含めた社会福祉に関する科目のうち3科目を修得すれば任用資格が取得できたため，専門職の社会福祉職員として仕事をするには，不十分な資格であることが指摘され続けてきました。

　保育士は，1947（昭和22）年の児童福祉法の制定に伴い，児童の保育を担当する者として保母という名称で位置づけられました。制定時は女性に限定されていましたが，1977（昭和52）年からは男性にもひらかれ，1999（平成11）年から名称が「保育士」に改正されました。2003（平成15）年の児童福祉法改正後は，児童を取り巻く環境の変化により地域の子育て支援にも職域が拡大しています。

3 介護福祉士・社会福祉士・精神保健福祉士資格発足の経緯

　以上，見てきたように戦後，専門職資格として法定化された社会福祉主事は行政機関の職種として位置づけられ，実質的な専門性が不十分であったため，より専門的な資格制度を制定したいという声が度々上がってきました。

　1971（昭和46）年の中央社会福祉審議会では，社会福祉関係の職種すべてを含む「社会福祉士法制定試案」が作成されましたが，時期尚早という関係者の意見で見送られた経緯もありました。しかしながら，①高齢化に伴う福祉ニーズの多様化に対応できる人材確保と資質向上の重要性，②国際的観点からみた日本の資格制度の遅れや，保健・医療との一体化に向けた福祉職の整備の緊急性，③民間活力の導入上，その倫理性や社会的責務を認識する必要性等の理由によって，緊急に専門職制度を整備することが求められました。そして1987（昭和62）年5月に「社会福祉士及び介護福祉士法」が制定されました。こうして，1988年度から「社会福祉士及び介護福祉士法」による国家資格としての社会福祉士，介護福祉士が誕生しました。1987年に精神障害者社会復帰施設が創設されると，精神障害についての保健・福祉の知識をもって，支援や環境整備にあたる資格の必要性が浮上してきました。そのため1995（平成7）年に「精神保健福祉法」（精神保健及び精神障害者福祉に関する法律），1997（平成9）年に精神保健福祉士法が制定されて，1998年4月に国家資格としての精神保健福祉士が誕生しました。

（西川淑子）

▷1　1971（昭和46）年に中央社会福祉審議会が作成した社会福祉関係の職種全てを含む「社会福祉士法制定試案」は，社会福祉施設の最低基準や労働条件と連動していないことや免許の第1種，第2種の区分があることが問題となった。

参考文献

　一番ケ瀬康子・大友信勝・日本社会事業学校連盟編『戦後社会福祉教育の五十年』ミネルヴァ書房，1998年。

　厚生統計協会編『国民の福祉の動向』各年版，厚生統計協会。

Ⅱ 社会福祉をめぐる動向

17 社会福祉改革

① 社会福祉改革の内発的要因と外発的要因

　1960年代の高度経済成長を背景に，日本の社会福祉は拡充の時期を迎えます。1970（昭和45）年には「社会福祉施設緊急整備五か年計画」が策定され，社会福祉施設が急速に整備されていきます。また，革新自治体が次々と単独で社会福祉施策を打ち出します。そして，政府は1973（昭和48）年を「福祉元年」と標榜するに至りました。

　一方，過疎・過密化問題，地域共同体の解体，核家族化の進行など，日本社会全体の変貌とともに，福祉ニーズは多様化，高度化していきます。従来の限定的で，社会福祉施設を中心とした施策では対応が困難となり，施設福祉の代替という側面をもちつつも，在宅福祉サービスへの取り組みが始まります。

　ところが，1973年秋に起こったオイル・ショックによって，「福祉元年」は霧消します。日本経済はかつてないスタグフレーション状態となり，財政赤字が膨れ上がるなか，その対策の一環として，1979（昭和54）年に「新経済社会7か年計画」が閣議決定され，「日本型福祉社会」が提唱されました。しかし，これは個人・家族の責任や相互扶助を強調し，社会福祉，社会保障の対象の限定化を進めようとするものでした。

　こうして，戦後形成された日本の社会福祉は，ニーズの高度化，多様化に対応可能な構造改革の必要性という内発的要因と，経済状態に規定された外部環境の変化という外発的要因により，大きな変革，転換を迫られます。

② 第2次臨時行政調査会

　1981（昭和56）年は「財政再建元年」とされ「増税なき財政改革」をすすめるために第2次臨時行政調査会（以下，第2次臨調）が設置されます。第2次臨調は，「小さな政府」を志向する新自由主義，新保守主義を基底にした改革を打ち出します。1985（昭和60）年には「国の補助金等の整理及び合理化並びに臨時特例等に関する法律」により，国の補助率が1／2を超える補助金の1割削減を実施し，戦後初めて補助金の負担率を変更します。次いで，1986（昭和61）年には「地方公共団体の執行機関が国の機関として行う事務の整理及び合理化に関する法律」により，機関委任事務が団体委任事務となります。これにより，社会福祉施設の入所措置が都道府県の団体事務になるなど，地方公共団体の裁量

▷1　Ⅰ-9 側注参照。

▷2　Ⅰ-10 参照。
▷3　Ⅰ-10 側注参照。

▷4　田多英範『現代日本社会保障論』光生館，1994年，91頁。

▷5　Ⅰ-10 側注参照。

の幅が広がります。これらの改革は、社会福祉における国の責任、権限を縮小し、自治体への分権化という側面があったとはいえ、たとえば、入所措置において、国の基準を超えるものは、自治体全額負担となるため、その基準に縛られざるを得ず、分権化は、実質的な意味をもちえませんでした。

▷6 古川孝順『社会福祉基礎構造改革』誠信書房，1998年，42-43頁。

3 福祉関係3審議会合同企画分科会答申

補助金削減が断行されるなか、全国社会福祉協議会は社会福祉基本構想懇談会を設置し、1985（昭和60）年に「社会福祉関係予算の編成にあたって」を緊急提言し、1986（昭和61）年には「社会福祉改革の基本構想」を提言します。この構想で、社会福祉の基本構造が時代に適合しなくなったという認識を示し、選別的社会福祉から普遍的社会福祉への転換など、21世紀に向けた改革の方向性が必要としました。さらに、1989（平成元）年には福祉関係3審議会合同企画分科会「今後の社会福祉のあり方について」が答申されました。

▷7 Ⅰ-12参照。

4 福祉八法改正

これらの流れを受け、「21世紀の本格的な高齢者社会の到来に対応し、住民に最も身近な市町村で、在宅福祉サービスと施設福祉サービスがきめ細かく一元的かつ計画的に提供される体制づくりを進める」ために1990（平成2）年に老人福祉法の一部を改正する法律（福祉関係八法改正）が公布施行されます。

この改正は、①在宅福祉サービスの積極的推進（在宅福祉サービスの法定化，追加，長寿社会福祉基金の設置など），②在宅福祉サービスと施設福祉サービスの市町村への一元化（特別養護老人ホームや身体障害者更生援護施設等の措置権の市町村への委譲），③市町村及び都道府県老人保健福祉計画の策定義務化，④障害者関係施設の範囲拡大等（知的障害者通勤寮，福祉ホーム，グループホームなどの法定化）を主な内容としていました。

これにより，市町村中心の社会福祉へと社会福祉における分権化が拡大されるとともに，老人保健福祉計画の策定義務化により，計画的視点の導入と責任の明確化が図られました。そして，社会福祉事業法の改正においては，基本理念が新たに加えられ，福祉サービスという概念を初めて法律で使用するとともに，その対象を「援護，育成又は更生の措置を要する者」から「福祉サービスを必要とする者」と限定的社会福祉から普遍的社会福祉へと転換し，「地域において必要な福祉サービスを総合的に提供されるよう」努め，「地域福祉型社会福祉」の展開を図ろうとするものでした。

このように，1970年代に端を発し，1980年代に方向づけられた社会福祉改革は，1990（平成2）年の福祉八法改正により，1997（平成9）年から本格的に議論が開始される社会福祉基礎構造改革に連なる，戦後社会福祉の根本的改革の一里塚となったのでした。

（奥村　昭）

▷8 厚生省社会局・大臣官房老人保健福祉部・児童家庭局監修『社会福祉8法改正のポイント』第一法規，1990年，4頁。

▷9 古川孝順，前掲書▷6，45-47頁。

参考文献
古川孝順「戦後福祉政策の展開と福祉改革」伊部秀男・大森彌編著『福祉における国と地方』中法法規出版，1988年。
三浦文夫『社会福祉政策研究』全国社会福祉協議会，1985年。

Ⅱ 社会福祉をめぐる動向

18 社会福祉計画の策定

1 社会福祉計画とは

　社会福祉計画とは，社会福祉行政や民間事業のサービス整備をどのように進めるかについて，福祉的課題を解決するため実状の分析を通した数量的な裏づけにもとづいて立案するものです。国際的には，国際障害者年（1981年）以後の国連・障害者の10年（1983-1992年）などがありましたが，日本では1989（平成元）年の高齢者保健福祉推進10か年戦略（以下，ゴールドプラン）の策定が最初でした。その後，障害者の福祉を向上させるための障害者プラン（1995〔平成7〕年），児童福祉における子育て支援のためのエンゼルプラン（1994〔平成6〕年）等，社会福祉のサービス提供や運営に関する計画が相次いで策定されました。

2 社会福祉計画の登場

　社会福祉について政府が最初に策定した計画は，1961（昭和36）年「厚生行政長期計画構想」とされます。その後障害者・児童・高齢者に関する福祉立法の整備を踏まえ，1970（昭和45）年「社会福祉施設緊急整備5か年計画」が策定されました。

　高度経済成長が終わりを迎えた1979（昭和54）年，政府は新経済社会7か年計画を発表します。このなかで，自助努力や家族扶養の強調など「日本型福祉社会」が提唱され，老人医療無料化をはじめとする従来の社会福祉施策の見直しが盛り込まれました。それまで政府は，従来から策定していた経済計画と関連づけて社会福祉政策に関する計画を位置づけていたのです。

　しかし，国際的な動向として，国連が国際児童年や国際婦人年・国際障害者年など人権保障に関わる取り組みのなかで，各国政府に行動計画（action plan）を作成するよう求めており，社会福祉に関わる計画立案が必須となりました。

　そこで政府は1980（昭和55）年には国際障害者年行動計画，1982（昭和57）年には高齢者問題国際行動計画を立案します。また厚生省（当時）は「高齢者対策に関する長期計画」を1982年に立案しました。すでに人口高齢化が進んでいた中で，社会保障制度の整備を進めることが政治的課題となっており，社会福祉に特化した行政計画はこれに応えるものでした。

　政府以外にも地方自治体や社会福祉関係団体でもさまざまな計画が発表されていきます。1984（昭和59）年には全国社会福祉協議会が「地域福祉計画」を，

1986（昭和61）年には東京都が「東京都における地域福祉推進計画の基本的あり方について」を策定，全国に影響を及ぼしました。年々増加する老人医療費や年金給付など，高齢化の進行によって在宅福祉・保健・医療の整備を本格的に進めなければならない事態に，「今後の社会福祉のあり方」という社会保障制度審議会答申が発表されます。これをうけて，政府は「高齢者保健福祉推進10か年戦略（ゴールドプラン）」「障害者プラン」「エンゼルプラン」を相次いで策定していきました。

3 ゴールドプラン・障害者プラン・エンゼルプラン

ゴールドプランは，人口高齢化の進行と要介護状態に陥る人口を統計にもとづいて推計し，在宅福祉・医療・保健サービスとして整備すべき必要な量を数値目標として立案したものです。また自治体に老人保健福祉計画の策定が義務づけられ，全国の市町村で立案されました。その結果ゴールドプランの目標を上方修正する形で1994（平成6）年に「新ゴールドプラン」が策定され，全国で保健・福祉・介護サービスの整備と，介護サービスの人材育成，介護保険制度の構想へつながっていきます。介護保険制度が施行された2000（平成12）年からは，高齢者保健福祉計画と並び市町村介護保険事業計画が策定，実施されていくこととなりました。

障害者プランは，ゴールドプランと同様に障害者の実態を踏まえて必要な生活支援・介護などサービスの整備を策定したものです。これにもとづいて市町村ごとに市町村障害者計画が策定されましたが，サービスの整備は大幅に遅れました。

高齢化とならび少子化対策が政策課題となるなかで，都市部で保育サービスの申請をしても利用できない，いわゆる「待機児童」が問題となっていました。この中でエンゼルプランが発表され，地域子育て支援や保育サービスの整備などが盛り込まれました。しかしその後も少子化が進み，少子化対策基本法の制定につながっていくこととなりました。

4 社会福祉計画の意義と課題

2000（平成12）年の社会福祉法の施行で，同法が定めた地域福祉計画が市町村で立案され，社会福祉関係団体が協力して地域福祉行動計画の立案も進みました。また当初は行政計画に過ぎなかった社会福祉計画が，市民参加の機会にもなりました。近年は，地域包括ケアの提唱により高齢者や障害者向けサービスの計画の一本化が図られる等，住民組織や地方自治体・市民団体の連携が強調される傾向にあります。2011（平成23）年の東日本大震災からの復興や，地域再生なども関連するようになっています。

（古川隆司）

▷1 和気は，経済計画と関連づけられていた戦後から高度経済成長期の時期を萌芽期，高度経済成長期後半までの時期を「試行期」，1975年以降高齢化社会に対応する必要が徐々に明らかとなる時期を「展開期」，1989（平成元）年のゴールドプラン策定後は「確立期」と整理している。（和気康太「社会福祉計画の歴史」定藤丈弘・坂田周一・小林良二編『社会福祉計画』（これからの社会福祉8）有斐閣，1996年，29-42頁。）

参考文献

鉄道弘済会『社会福祉近代化への道』1972年。

第1部　日本編

Ⅱ　社会福祉をめぐる動向

19　介護保険制度の創設

1　介護保険制度創設に至った背景

○急速な高齢化と要介護者の急増

戦後，医療技術の進歩や公衆衛生の整備により，日本は急速に平均寿命が伸びていきました。1947（昭和22）年には「人生50年」と呼ばれていましたが◁1，1980年代になると男女ともに世界で1,2位となるほどに伸長し，75歳以上の後期高齢者の割合も急増していきました。

しかし，年齢が高くなるほど認知症発生率や要介護高齢者が増加します◁2。こうして，緊急に要介護者の急増に対する対策の必要性が叫ばれるようになりました。

○家族の介護機能の低下

産業構造，就業構造の変化によって核家族化が促進されました。同居率は格段に低下し，女性の社会進出も進み，介護や家事は家族のなかだけで担うことが困難になってきました。一方，地縁による相互扶助機能も低下して，要介護者を支援する機能は，家族にも地域にも希薄になっていきました。

ところが1998（平成10）年の国民生活調査では，寝たきり高齢者の介護者は同居の家族とその他の家族で9割を超えており，まして70歳以上の介護者が25％以上あり，国民不安の最大理由が高齢期の生活にあると言われました。

○世帯状況の変化

高齢者人口の増加に伴い，同居世帯が減少し，高齢者世帯や単独世帯が急増◁3していきました。特に女性の平均寿命が高いことや結婚年齢が夫より低いため配偶者と死別した後の単独世帯の女性が多いことが特徴です。

2　従来の高齢者福祉制度とその問題点

高齢者保健福祉施策については1989（平成元）年のゴールドプラン，1994（平成6）年の新ゴールドプランによって徐々に充実してきました。しかし，上述したように要介護者の急増や老老介護◁4は緊急の課題でした。それに加えて，従来からの福祉制度についての問題点が指摘されました。

1996（平成8）年4月の老人保健福祉審議会報告では，従来の制度について，①現在の仕組みでは利用者や家族にとって介護サービスが利用しにくい，②介護サービスの量的な不足，③高齢者の保健・医療・福祉制度が統一されていな

◁1　1947年の国勢調査では，男50.06年，女53.96年となっている。

◁2　後期高齢者ほど高くなる。65歳では1.5％，80歳では10％，85歳以上では20.5％に急増すると言われている。

◁3　65歳以上の者のみで構成するか，またはこれらに18歳未満の者が加わった世帯を言う。

◁4　介護者の高齢化のことをいう。2001年の「国民生活基礎調査」では，60-69歳が26.0％，70-79歳が21.5％，80歳以上が6.2％と60歳以上が半数以上を占めている。2004年の「国民生活基礎調査」では，60-69歳が27.40％，70-79歳が19.7％，80歳以上が8.5％と80歳以上が増加している。なお，2007年調査では，80歳以上が11.1％とより増加している。（厚生統計協会編『国民の福祉の動向 2004年版』，257頁，『国民の福祉の動向　2006年版』，252頁，『国民の福祉の動向 2010／2011年版』，266頁，を参照）

いと述べています。

つまり，老人福祉法による介護サービスは利用者のサービス選択ができないことやサービス利用に伴う所得調査に心理的抵抗があること，応能負担であるため利用料の差が大きいことなどが挙げられました。一方，老人保健法による老人医療は「社会的入院」の課題や居室面積や食堂，浴室などが長期入院する高齢者に適したものでないことが指摘されました。

3 介護保険制度創設への経緯

このような制度に関する問題点の解決を図り，介護を必要とする人が社会的な支援を用いて，自分らしく生活できる制度として「介護保険」の導入が検討され始めました。1994（平成6）年3月，高齢社会福祉ビジョン懇談会は，いつでもどこでも受けられる介護システムの構築をうたった「21世紀福祉ビジョン」を提言，12月には「高齢者介護・自立支援システム研究会報告」として，利用者のサービスの選択や社会保険方式の導入を提案しました。

翌年1995年2月から始まった老人保健福祉審議会での議論は，1996年4月に最終報告「新たな介護保険制度の創設について」にまとめられて，利用者自身によるサービス選択，民間活力の活用，在宅介護の重視などによる公的介護保険制度の導入が提言されました。

一方，1995年7月には社会保障制度審議会においても「社会保障体制の再構築」の勧告が出され，ここでも公的介護保険制度の導入が提言されました。こうした介護保険制度発足への議論の高まりをうけて，1997（平成9）年12月17日に介護保険法は成立しました。

4 介護保険法の創設から現在までのあゆみ

2000（平成12）年4月から実施された介護保険制度により，介護サービスの利用者は確実に増えてきました。しかしそのなかで，いくつかの課題が出てきました。今後，財源の面で急増が予想されること，要介護度が低い利用者のサービス利用が多いこと，施設と在宅の利用者に負担格差が大きいことなどでした。また，認知症高齢者が急増し，ケアマネジメントも個々に適したものになっていないなどの問題点も挙がりました。

そのため，2005（平成17）年6月介護保険法は大幅に改正されて2006（平成18）年4月から施行されています。改正点は，軽度の要介護者に対する「新予防給付」の創設でした。重度化を防ぐ観点から予防が重視され，従来，老人福祉法に位置づけられていた介護予防事業を「地域支援事業」として介護保険法に位置づけ，介護予防や総合相談を受ける「地域包括支援センター」を創設しました。さらに施設給付の見直しとして，介護保険施設の居住費や食費を保険給付から除外して利用者負担としました。

（西川淑子）

▶5 受益に応じて利用料を支払う「応益負担」に対して，所得に応じて利用料を支払う負担の方式。

▶6 高齢者や障害者など，病院での治療の必要性がなくても介護者や地域での受け皿がないため，入院を余儀なくされている状態のことを言う。

▶7 高齢者を対象とする保健福祉医療の施策を総合的に検討するために，それまでの各分野の審議会を統合して設置された。

▶8 1948（昭和23）年に設置され，社会保障制度についての調査，審議，勧告などを行い，総理大臣への勧告や各大臣の諮問に答えることを任務としていた。2001（平成13）年に中央省庁再編によって廃止されて，厚生労働省に新設された社会保障審議会が引き継いだ。

▶9 地域支援事業には介護予防事業，包括的支援事業が含まれ，市町村が政令で定める額の範囲内で行うことになっている。

▶10 包括的支援事業を実施するための地域の拠点である。地域住民の保健医療福祉の向上及び増進を包括的に支援するため，介護予防事業のマネジメントや総合的な相談，その他被保険者の虐待防止や早期発見などに関する権利擁護事業を実施するものとされている。

参考文献

加藤薗子編『介護保険と人権』かもがわ出版，1999年。

厚生統計協会編『国民の福祉の動向』各年版，厚生統計協会。

第1部 日本編

Ⅱ 社会福祉をめぐる動向

20 社会福祉基礎構造改革

1 戦後の社会福祉

　第2次世界大戦が終戦した直後の日本は，生活物資は乏しく食糧の配給制も機能していなかったため，人々は「闇市」や農村部への買い出しで生活物資や食糧を調達して生活していました。そのため，困難な国民生活を支えるため，1946（昭和21）年に旧生活保護法，1947（昭和22）年に児童福祉法，1949（昭和24）年に身体障害者福祉法，1950（昭和25）年には新生活保護法と福祉に関する法律が次々に制定されました。また，1951（昭和26）年には日本の社会福祉の制度的根幹をなす社会福祉事業法が制定されました。

　高度経済成長後，国民生活の水準が大幅に向上した反面，地域社会の崩壊と都市化，核家族化の進行，女性の社会進出により，育児や高齢者の介護の社会的な支援が必要になりました。そのため，日本の社会福祉は生活困難な人々への保護や救済という対象の狭い範囲から，国民全体へと対象が広く変化し，1960（昭和35）年に精神薄弱者福祉法，1963（昭和38）年に老人福祉法，1964（昭和39）年には母子福祉法が制定されました。

　1973（昭和48）年は「福祉元年」と呼ばれ，福祉の充実をめざしましたが，同年10月のオイル・ショック後税収が減少したため，「日本型福祉社会論」という相互扶助を基にした福祉を推進し乗り切ろうとしました。しかし，すでに地域社会が崩壊していたため一層の福祉の社会化が望まれるようになりました。

2 社会福祉基礎構造改革のスタート

　1980年代以降社会保障費の抑制と再編が進められ，1982（昭和57）年に制定された老人保健法により自己負担と老人保健施設の導入が始まりました。1986（昭和61）年には高齢化率が10％を超え高齢化社会の到来が予測され，福祉改革が叫ばれるようになりました。1987（昭和62）年には社会福祉士及び介護福祉士法により福祉の資格化が始まりました。1989（平成元）年には「ゴールドプラン」が計画され，1990（平成2）年から10年かけて，予測した老人福祉施設やホームヘルパーなどのサービス量を目標に計画的整備が始まりました。また，1990年の福祉関係八法の改正では，在宅福祉サービスの法制化や市町村への権限移譲と老人保健福祉計画の策定が義務づけられました。その後も，1997（平成9）年に児童福祉法の改正，介護保険制度の創設（2000年施行）など高齢者・児童に対

▷1　Ⅰ-12 側注参照。

する福祉需要への対応と福祉施策の充実，福祉人材の確保が図られてきました。

　福祉施設を財政的に支えた措置費と措置制度は行政処分として行政がサービスの決定と提供を行うため，利用者の選択権がないことやサービスが画一的である等の課題から改革が求められていました。社会福祉基礎構造改革は，1997年から中央社会福祉審議会社会福祉構造改革分科会により議論され「社会福祉事業法改正を含む改正法案」として第147回通常国会の審議を経て，社会福祉事業法を2000（平成12）年に社会福祉法（「社会福祉の増進のための社会福祉事業法等の一部を改正する等の法律」）と改称し成立しました。

　「社会福祉基礎構造改革」は，一部の人々への保護・救済から国民すべてを対象に，利用者本位で適切な福祉サービスの利用や地域福祉の推進と一層の発展のために，新たに高齢者，児童，障害者福祉など社会福祉関係法の各制度共通の基本事項や制度に共通する基盤構造全般の見直しを行おうというものです。

　「社会福祉基礎構造改革」の内容は，大きく4つに分けられます。

　1つ目は，「個人の尊厳を重視したサービス」です。福祉サービスの利用が，措置制度からサービスの利用契約制度へ変更することにより，利用者と事業者の対等な関係にもとづきその意思を重視したサービス選択を可能とする制度へ改革したものです。すでに導入された成年後見制度に加えて，「地域福祉権利擁護制度」が創設されました。これは，地域で認知症高齢者や知的障害者等の権利擁護のために，相談を受け在宅生活を支援するために財産保全や金銭管理サービスと広く国民の権利擁護に関する啓発と情報提供をするものです。

　2つ目は，「サービスの質の向上」です。社会福祉士及び介護福祉士の教育課程の見直しなどです。事業者にサービス内容に関する情報提供，財務諸表の開示を義務づけて事業の透明性の確保を図りました。

　3つ目は，「社会福祉事業への多様な主体の導入」です。社会福祉事業の範囲を見直し，多様な主体の参入を促しました。権利擁護のための相談援助事業や手話通訳事業，盲導犬訓練事業などの事業を追加するとともに，社会福祉法人の設立要件の緩和や運営の弾力化が行われました。

　4つ目は，「地域福祉の推進」です。都道府県と市町村に地域福祉計画の策定を義務づけたほか，知的障害者福祉などの事務の市町村への委譲が規定されました。そのほかに，公益質屋法の廃止等が行われました。

　敗戦後，社会の限られた資源を基にした行政による社会福祉から，多様な主体がサービスを提供する多元化への転換点が「社会福祉基礎構造改革」と言えます。

（村上逸人）

参考文献

三本松政之・朝倉美江編『福祉ボランティア論』有斐閣，2007年。

岩田正美ほか編『社会福祉の原理と思想』有斐閣，2005年。

右田紀久惠ほか編『社会福祉の歴史』有斐閣，2005年。

金子光一『社会福祉のあゆみ』有斐閣，2005年。

栃本一三郎編著『新しい視点で学ぶ社会福祉』光生館，2004年。

炭谷茂編著『社会福祉基礎構造改革の視座』ぎょうせい，2003年。

牧里毎治『地域福祉論』放送大学教育振興会，2003年。

一番ケ瀬康子監修『社会福祉のあゆみ──日本編』一橋出版，2003年。

Ⅲ 社会福祉に影響を及ぼした人物・思想・実践

1 石井十次
―― 1865-1914年

1 当時の状況

　石井十次は，1865（慶応元）年に宮崎県に生まれた近代日本を代表する篤志家(とくしか)であり，現在の児童養護施設の基礎となる「岡山孤児院」を創設した人物として，社会福祉の歴史にその名を刻まれています。

　石井が岡山孤児院を創設した背景には，日清・日露戦争があります。この2度の戦争を契機として産業化が進み，日本は帝国主義国家へ進路を着実に進めていましたが，その一方では，貧富の差は著しく助長され，地方の下層貧農民は都市に流入してスラム街を形成しはじめました。このことは同時に，貧困児童・児童遺棄・不良（非行）児童の問題に対する社会的関心を高めさせることになりました。しかし，こうした社会問題が明らかになってもまだ，国は積極的な手立てを講じようとすることはなかったのです。

　こうした社会背景の下，立ち上がったのが石井十次などの民間篤志家たちでした。彼らは，貧困の最大の犠牲者である児童の救済に乗り出したのです。

2 岡山孤児院の設立

　石井は，1887（明治20）年に岡山孤児院を設立しました。岡山孤児院は，1891（明治24）年の濃尾大震災や，戦争や東北地方などでの大飢饉・凶作などによって発生した孤児・貧困児童などの無差別収容に努め，1906（明治39）年には，収容児童の数は1,200名にも達し，全国にその名を広めました。石井は，これにとどまらずさらに事業を拡張し，故郷の宮崎県の茶臼原に分院を設けて，後にそちらに移転しています。石井十次は，熱心なキリスト教徒で，ルソーやペスタロッチの影響を受けました。彼の孤児教育論は「岡山孤児院一二則」に表されているので，以下に紹介しておきましょう。

岡山孤児院一二則

○家族主義
・子どもを小集団にわけて専任の担当者（当時は「主婦」と呼んだ）をつけて家庭生活に準じた生活方式を取り入れた（現在の「小舎制」に通じるものである）。
○委託主義
・乳幼児を里親に委託し，子どもが10歳になると施設に戻して職業訓練など

自立への教育を行った（バーナードホームの実践をそのまま取り入れたもの）。
○満腹主義
・十分な食事を与えることによって子どもの情緒の安定を図った。
○実行主義
・子どもを教える時にはまず大人がその手本を示せ，ということ。
○非体罰主義
・子どもを教える時に体罰を用いてはならない。
○宗教主義
・祈り，神への感謝，謙虚な気持ちを忘れずに。
○密室教育
・特に子どもを叱ったり注意する時，人前でせず，1対1で指導する（現在のケースワークに通じるもの）。
○旅行教育
・小グループで旅行の計画から実行までを経験させ，社会体験を積ませる（現在のグループワークに通じるもの）。
○米洗教育
・子どもを教え諭すには，米を洗う時のように，何度も同じ事を繰り返して教える事が大切である。
○小学教育
・幼児期は遊びから生活を学ばせ，小学校では基礎的な学習を行う。
○実業教育
・一人ひとりの子どもの適性に応じた職業訓練を行う。
○托鉢主義
・施設の経営資金を民間からの寄付を募り，多くの人々にこの事業の意義を理解してもらうことが大切（これは「施設の社会化」に通じる考え方であろう）。

　上記の岡山孤児院十二則にみられるように，石井は，救済というよりは教育ととらえていたように思われます。その方針により，岡山にも茶臼原にも私立の小学校を建てています。これは，積極的に子どもたちを社会に送り出そうという現れだと思われます。また，「時代教育法」というものも考え，幼年時代は，茶臼原の自然の元で体育や遊戯を中心とした幼児教育を行い，少年時代になると，「身体壮健」になった少年たちを岡山に連れ帰り，「教育」を行うという構想を持っていたといわれます。さらに，大阪にも分園を設け，夜学校・保育所等の隣保事業も手がけました。現在も，宮崎では「石井記念友愛社」が，大阪では社会福祉法人　石井記念愛染園として，病院・保育所等が経営されています。

　石井十次の精神は，今なお，社会福祉の基本理念として，多くの施設や社会福祉従事者に引き継がれているのです。
（三浦辰哉）

参考文献・資料

柴田善守『石井十次の生涯と思想』春秋社，1964年。

柴田善守『社会福祉の歴史とボランティア活動』大阪ボランティア協会，1983年。

柴田善守『社会福祉の史的発展』光生館，1985年。

石井記念友愛社ホームページ（http://www.ans.co.jp/u/ishii/index2.html）。

社会福祉法人石井記念愛染園ホームページ（http://www.aizenen.or.jp/）。

Ⅲ 社会福祉に影響を及ぼした人物・思想・実践

2 石井亮一
―― 1867-1937年

1 女子教育に関わるまで

　石井亮一は，1867（慶応3）年6月27日に，佐賀県佐賀市で，鍋島藩士であった石井雄左衛門と馨子（けいこ）の6男として誕生しました。石井は，1883（明治16）年に鍋島藩主だった鍋島家の奨学生に選ばれて，アメリカに留学して応用化学を学びたいと考えていたことから上京し，その準備のために東京築地の立教大学校（現・立教大学）に1884（明治17）年に入学します。

　立教大学校在学中の1887（明治20）年に，ウィリアムズ（聖公会宣教師，立教大学創始者）の影響を大きく受けて，東京芝の聖アンデレ教会でウィリアムズより洗礼を受け，キリスト教徒になりました。石井は，1890（明治23）年に立教大学校を卒業した後に渡米をめざしますが，健康上の理由で渡米はかないませんでした。同年に，石井は立教女学校教頭に招かれ女子教育に携わることになり，あわせて，1891（明治24）年には，立教女学校構内に孤児教育施設「東京救育院」を開き，孤児貧児の教育にも関わりはじめます。

2 孤女教育と知的障害児者教育

　1891（明治24）年10月に濃尾地震が起こり，石井は，この震災に関する新聞記事などから孤児となった少女たちが売春婦として売られていく状況を知ります。石井は，「女子に性の尊さを知らせ，不幸な少女の家庭教育と学校教育との調和を図る必要性」を感じて，同年に東京下谷西黒門町の志方之善宅を「孤女学院」の仮設校舎にして，被災地から孤児貧児20余名を引き取ります。

　しかし，下谷の住居が手狭になり，石井はアメリカ留学のために貯えておいた金で東京府北豊島郡滝野川村（現・北区滝野川）に約500坪の土地を得て100坪の家屋を建て，1892（明治25）年の春に移転します。こうして，孤女学院が本格的に運営されるようになり，女児のみでしたが孤児貧児らの生育を行う場ができたのです。石井は孤女教育に専心するとして，立教女学校内にあった東京救育院の女子を孤女学院に引き取り，1892年に立教女学校を退職しました。

　この孤女学院には知的障害をもつ児童がいたことから，石井の教育に関わる姿勢は，孤女教育から「白痴教育」に転換していくことになります。しかし，石井は日本国内での研究に限界を感じ，1896（明治29）年に渡米します。アメリカでは関係施設を視察し，特に知的障害者教育の創始者セガンの『白痴者』は治

療は可能，教育も必要，社会的援護の対象」であるという視点に関心をもち，積極的にセガンの知的障害者教育を研究しました。

3 滝乃川学園

　石井は，7ヵ月の研修を終えて1896（明治29）年にアメリカから帰国し，そこで学んだ研究を元にして，孤女学院を「白痴児教育」を専門とする施設とし，1897（明治30）年に滝乃川学園と改称しました。滝乃川学園は，日本で知的障害者教育を主とする施設の先駆けとなりました。1904（明治37）年に，石井はこれまでの研究成果をまとめて『白痴児其研究及教育』を出版します。セガンの理論にもとづく器械を学園で使用していた石井は，「児童の運動・知覚などの機能を発達させる為に生理学を応用した方法と器械」を使って児童の発育・訓練を行うという教育方針をこの著書に記していました。この出版で有名になった石井は，感化救済事業講習会▶1で「白痴児教育の実験」について講義を行ったり，皇室からの下賜金・内務省からの奨励金などを得るようになりました。

　しかし，1906（明治39）年に北豊島郡西巣鴨村庚申塚へ学園を移転した事による財政苦から学園経営が危ぶまれ，財団法人にすることで経営継続を図ります。この状況下で1920（大正9）年3月に滝乃川学園は，火災に遭いました。この火災によって資料や寄宿舎が焼け，園児6名が焼死しました。石井と妻の筆子は学園の閉鎖を考えますが，皇室や三井・三菱両家からの多額の寄付金などの支援もあり，学園経営は継続されます。同年9月に学園の財団法人化が認可され，石井は自己の資産や受理した寄付金を財団に託しました。筆子がこの時の顛末を記した著書『火影』（1920年）では，多方面からの多額の寄付金によって経営している学園を石井一人の名義のものにすべきではないと考え，土地・建物などを国家に献じ，滝乃川学園を財団法人とし，政府の保護により管理されることになるだろうと記しています。

　学園は石井の直接運営の施設ではなくなり，公益を担うことを期待される法人へと変化しました。石井は，園生の多くが16歳以上になったことを考慮して，今後の生活を視野に入れた処遇の必要性を感じて付属農園の設置を構想し，1928（昭和3）年に滝乃川学園を東京府北多摩郡谷保村（現・国立市谷保）に移転させます。昭和恐慌のさなかで巣鴨の土地売却がうまくいかず，資金繰りに苦慮し農園設置は実現できなかったものの，自然豊かな8,000余坪の土地に教室や礼拝堂・児童寮・成人寮などを建築し，子どものために快適な環境を作ろうとしました。その教育方針は，キリスト教主義にもとづく手工業を主とした労働教育と，臨床心理学を根拠とした援助・実践でした。石井は，宗教と科学の一致が天国を地上に具現する唯一の道だとして，知的障害がある児童の問題に生涯取り組み，1937（昭和12）年6月14日に逝去しました。

（畠中暁子）

▶1　感化救済事業を広めるために，全国で，専門者の講義や事例の紹介などが講習会として実施された。

参考文献

　吉田久一・一番ケ瀬康子・小倉襄二・柴田善守『人物でつづる近代社会事業の歩み』全国社会福祉協議会，1971年。

　石井筆子『火影』1920年。

　菊池正治ほか編著『日本社会福祉の歴史　付・史料』ミネルヴァ書房，2003年。

Ⅲ 社会福祉に影響を及ぼした人物・思想・実践

3 野口幽香
―― 1866-1950年

1 野口幽香の生い立ち

　森島峰（美根）とならぶ二葉幼稚園の創設者である野口幽香は，1866（慶応2）年2月1日，姫路の代々砲術師範を務める家で，父野と母くりの間の6人兄妹の2番目の子（長女）として生まれました。当時の女性としてはめずらしく中学に入学しますが1年足らずでやめて，東京師範学校に入学し，1890（明治23）年10月には東京女子高等師範学校附属幼稚園[1]（後のお茶の水女子大学付属幼稚園）に就職しました。その間に，幽香は両親を相次いで失って精神的打撃を受け，1889（明治22）年に本郷森川町の聖書講義所で洗礼を受けています。

　1894（明治27）年9月に華族女学校附属幼稚園（後の学習院付属幼稚園）が創設されると，母校の細川潤次郎校長の推薦でそこに就任し，1891年にカリフォルニア幼稚園練習学校を卒業して帰国していた森島峰とともに，子どもたちの保育に携わることになりました。

2 二葉幼稚園の創設と実践活動

○二葉幼稚園の創設

　当時の幼稚園は裕福な上流家庭の子どもを対象にしており，華族女学校附属幼稚園でも，子どもたちは付き添いの使用人を従えて通園するといった状況にありました。幽香たちは，そうした保育のなかで子どもたちの自主性の弱さなどに物足りなさを感じ，同時に通勤途上で目にする貧しい家庭の子どもの保育に関心をもつようになります。

　また，キリスト教信仰にもとづいてフレーベル主義（子ども中心）の保育を行いたいとの思いを強め，そのことを幽香たちが通っていた番町教会の宣教師で，同志社などで女子教育や布教活動に活躍したM.F.デントンに相談します。そして，彼女の尽力で開催された慈善音楽会純益金などをもとにして，1900（明治33）年1月，東京麹町の狭い路地奥の小さい借屋で二葉幼稚園の活動は開始されたのでした。

○貧しい子どものための保育活動

　二葉幼稚園が創設されたころ日本では，日清戦争（1894-1895年）後の資本主義発展の一方で労働問題をはじめとする近代的社会問題が増加し，都市下層社会における貧困問題を深刻化させていました。そこでは，人々は人足・日傭取り

▶1　東京女子師範学校附属幼稚園は，1876（明治9）年11月に開設され，後の東京女子高等師範学校附属幼稚園，お茶の水女子大学付属幼稚園の前身。当時の文部大輔（次官）によれば，その設立理由は幼稚園の模範を示し，日本の近代的教育の発展を企画し，女子師範学校生徒の実験（実習）の場とするためであった。本幼稚園の開設は，日本の幼児教育，幼児保育の基礎を築いたとされる。

や車夫・車力・土方，屑拾（くずひろい）など，多種多様な稼業に就いて生活していました。

1876（明治9）年には東京女子師範学校附属幼稚園が開設されて，全国的に幼稚園設置の気運が生じます。また，キリスト教徒を中心にして貧しい家庭の子どものための幼稚園も作られるようになりますが，その数はまだごく限られたものでした。そうしたなかで幽香たちは，棟割長屋に住み，親が仕事に出ているために放任されて路上で遊んでいるような貧しい子どもの保育に，開拓的かつ積極的に取り組んでいきます。

○二葉幼稚園の保育理念と実践

二葉幼稚園創設の年の2月に出された「私立二葉幼稚園設立主意書」では，教育環境，生活環境，家庭環境に恵まれない貧しい家庭の子どもによい環境（保育）を与えることは国民の義務であり，親の労働や家庭生活を支援するだけでなく，社会改善・社会改良対策として他の慈善事業よりも根本的で有効だと，貧児保育への見解を述べています。

そしてこのような考えに立って，一般の幼稚園よりも長時間の保育を行います。また，基本的な生活習慣を身につけておらず，衛生・健康面や人間関係・社会関係での配慮に欠けた育てられ方をしてきた，貧しい家庭の子どもたちの生活の現実を踏まえた保育援助を行っていくのです。さらに，彼らとその親や家族の支援のために，維持会員制の導入，貯金の指導，園外保育の実施，保護者との交流，卒園児の就学促進など，幼稚園運営に関してさまざまな配慮や工夫に取り組みました。

3 事業の拡大と展開

その後，二葉幼稚園は，1906（明治39）年3月に四谷区鮫河橋（鮫ヶ橋）に本格的な貧民幼稚園として新築されます。さらに1916（大正5）年7月に二葉保育園と改称し，12月には東京の発展に伴って形成されていた新宿南町のスラム街に新宿分園を開設します。そしてこれ以降，さらに貧困地域の人々とのつながりを深めていったのでした。不就学児童のための小学部付設，日曜学校・夜間裁縫部などによる子どもたちの保護指導，廉売部設置を通しての生活支援や授産指導，夜間治療部の開設，「母の家」での貧困母子の支援などにその活動を拡大し多様化していきました。これらの事業活動を中心的に担っていたのが野口幽香だったのです。

さらに関東大震災（1923年），昭和恐慌期，第2次世界大戦の混乱などのなかで，二葉保育園はそれ自身が大きな被害を受けながらも，積極的な救援や保護の活動を続けていきます。幽香は，1935（昭和10）年3月には二葉保育園のすべての責任を徳永恕（ゆき）に委ねることになりますが，その後も皇后への修養講話の御進講を行うなどの活躍をして，1950（昭和25）年1月27日に84歳の生涯を閉じたのでした。

（清水教恵）

▷2 そこでは，貧しい家庭の子どもは幼稚園での保育の恩恵を受けられず，その環境の悪さのために将来罪悪に陥り，反社会的行為に至ることがあることを看過できないとしている。また「これらの幼児をして，未だ悪しき感化の浸潤せざる時代より，良き環境に置き教育を施し，良き国民と為すことは，実に吾等同胞の義務といふも不可なるべし」として，貧しい家庭の子どもたちの保育の必要性と意義を指摘している。

▷3 二葉保育園では，すでに二葉幼稚園の時代から貧しい母子家庭への支援をしてきていたが，第1次世界大戦後に国民大衆の生活困難が広がり，貧困母子家庭の生活は一層困窮化を強めていた。そうしたなかで戦後の鮫河橋地域の改良（スラムの郊外化）で園児が減少して保育室の転用が可能になり，内務省からの指定助成金，臨時寄付金，宮内庁下賜金，東京市交付金等をもとに，1922（大正11）年6月4日に「母の家」を設立した。

参考文献

二葉保育園編『二葉保育園八十五年史』二葉保育園，1985年。

清水教恵「慈善事業の形成」山田明爾編『世界文化と佛教』永田文昌堂，2000年。

松本園子「野口幽香」室田保夫編著『人物でよむ近代日本社会福祉のあゆみ』ミネルヴァ書房，2006年。

第1部　日本編

Ⅲ　社会福祉に影響を及ぼした人物・思想・実践

4　留岡幸助
―― 1864-1934年

1　現代への継承

「児童自立支援施設」[1]は，18歳未満の非行を犯した少年を保護・教育する児童福祉施設ですが，明治期には感化院[2]と呼ばれていました。

犯罪者には懲罰が原則であった時代にもかかわらず，犯罪予防の観点から，幼少期での保護や教育が重要であることを提言したのが留岡幸助です。感化院は戦後，1947（昭和22）年の児童福祉法制定により「教護院」となり，国公立の運営が原則になりましたが，留岡の創設した「北海道家庭学校」は，その業績が高く評価されて，民間の教護院として再出発しました。谷昌恒[3]というよき後継者に恵まれたこともあり，今日まで高い評価を受けています。

2　監獄と青少年期の教育の重要性

留岡幸助は，1864（元治元）年3月4日，岡山県で生まれました。乳児の時に養子に出され，雑貨業を営む留岡金助に育てられました。士農工商の時代ですから商人と士族との不平等を痛感した留岡は「神の下での万人平等」をうたうキリスト教に惹かれ，18歳の時に洗礼を受けます。そして同志社神学校に進学，1888年に卒業した後は，丹波教会牧師として赴任します。

ところが同志社時代にJ.ハワードの著作を読んで抱いた監獄改良への思いが断ち切れず，牧師を辞任して1891（明治24）年に北海道空知集治監（監獄）に勤務します。ここで犯罪者の犯罪動機や生い立ちを知って，成人犯罪を撲滅するためには，幼少期の家庭環境と教育が重要であることを強く感じました。

3年後の1894（明治27）年に監獄研究のために渡米し，さまざまな監獄を見学します。懲罰により矯正をめざす日本とは異なり，アメリカでは教育に重点がおかれていました。帰国後，霊南坂教会の牧師に就任しますが，一方では感化院の創設に向けて活動を続け，1899（明治32）年ついに念願がかない東京巣鴨に家庭学校を設立します。家庭学校設立趣意書には，留岡の熱い思いが綴られています。

当時，感化院は数箇所設立されていましたが，留岡の感化院創設は重要な歴史的事業となりました。その理由は，留岡がなぜ「感化院」と名づけず「家庭学校」[4]と名づけたかにあります。

▷1　不良行為をなし，またなすおそれのある児童，および家庭環境上の理由により生活指導を要する児童に対して必要な指導を行い，その自立を支援する児童福祉施設。1997年の児童福祉法改正によって「教護院」から名称が変更された。

▷2　1884（明治17）年に池上雪江によって浮浪する不良少年の保護のために大阪に開設されたのが日本で最初の感化院であるとされている。1885（明治18）年には高瀬真卿（しんけい）が「私立予備感化院」を創設した。1900（明治33）年の感化法によって道府県に設置された。8歳から16歳（後に18歳）までの不良行為をなした少年，またはなすおそれのある少年を入所させて感化教化した。

▷3　1922（大正11）年東京で出生。戦後，戦災孤児のための堀川愛生園を創設。北海道家庭学校の第5代校長に就任する。

▷4　1899（明治32）年11月に事業が開始される直前に発表された。不良少年の多くは憐れむべき者であり幼少時に親を亡くし，または不善の境遇にあった者が多い。だから「彼等の境遇を一転し，之をして善良なる家庭の裡に置かざるべからず」と述べるようにヒューマニズムにもとづいた感化教育への思いが記されている。

3 巣鴨家庭学校の設立

　家庭学校という名称の由来は，犯罪を犯した少年を善良な大人に育てるには家庭的な環境と教育が最も重要であるため，「家庭にして学校，学校にして家庭」と考えたからでした。10数人の児童と1組の夫婦で教育にあたる小舎制をとり，「実践教育」「職業教育」「体育」「宗教による徳育」の4本を柱としました。この方法はその後の感化院，教護院のモデルとなっていきました。

　また，家庭学校内に慈善事業師範部を創設して従事者育成に努めました。感化教育における職員の資質を重視したからです。1900（明治33）年には感化法が制定され，感化院は全国に建設されていきます。留岡の先駆的活動が国の制度に進展していったのです。1905（明治38）年には機関誌『人道』を出版し，慈善事業の啓蒙にも貢献しました。

▷5　児童福祉施設などの建物の構造上，大規模の建物に集合して生活する（大舎制）のに対して，家庭のような小規模な単位で養護すること。

▷6　2の感化院を参照のこと。

4 北海道の家庭学校へと

　巣鴨での家庭学校の実践が安定し実績を上げていったので，留岡は新たな挑戦にでます。それは，家庭学校を厳しい大自然の広大な地，北海道に建設するということでした。巣鴨周辺は都市化して自然環境が少なくなっていました。留岡は感化教育には自然，特に職業教育として農業が重要だと考えていました。

　さらに留岡は少年の感化事業を通して，国民全体の良民の育成を考えました。感化事業とは強制ではなく，自ずと人を化す形成作用だとも主張しています。しかし，良民育成は有害な人物は隔離するという傾向をあわせもっており，北海道家庭学校は，治安的な意味もあったと考えられます。

5 報徳思想とキリスト教

　留岡は丹波教会，霊南坂教会と，2度キリスト教会の牧師となりました。キリスト教による平等主義が小さき者への関心となり，その実践の基盤となっています。ところが一方で，留岡の生き方は報徳思想との関係を抜きには語れません。彼は内務省嘱託として1900（明治33）年に感化救済事業の調査に関与し，報徳社の視察を行っています。これを契機に報徳思想に多大な関心をもち，『農業と二宮尊徳』『二宮翁逸話』『報徳の真髄』など多くの報徳思想に関する著作や論文を記述しました。

　なぜ，キリスト者の留岡が，これほどまでに報徳思想に魅せられていったのでしょうか。近代化を迎えたこの時期，国の関心は日本資本主義に従属する良民育成へと向いていました。留岡も良民育成を考える際に，最も適した思想として二宮尊徳の道徳観を据えたからでしょう。このように留岡の思想は，キリスト教により新しい事業を展開する一方で，儒教的な側面が強かったことがうかがえるのです。

（西川淑子）

▷7　二宮尊徳が神道，仏教，儒教などの概念を組み合わせて考え出した道徳観。道徳と経済の両者を基盤として富国安民を説く。1843（天保14）年，尊徳は報徳思想を実践するために報徳社を創設した。

参考文献

高瀬善文『一路白頭ニ至ル──留岡幸助の生涯』岩波書店，1982年。

藤井常文『留岡幸助の生涯』法政出版，1992年。

Ⅲ 社会福祉に影響を及ぼした人物・思想・実践

5 片山 潜
―― 1859-1933年

1 生育環境と米英留学

片山潜は，1859（安政6）年に岡山県の津山市南部の久米南町出羽木村の庄屋の家に生まれました。本名は藪木菅太郎と言います。小学校に100日余り通っただけで農耕，炭焼き，木こりなどの労働につき，家の生活を支えました。18歳のとき徴兵免除のため片山家の養子になっています。また，漢学塾などで学んだあと，津山の小学校の助教にもなっています。1880（明治13）年，岡山師範学校に入学しましたが，翌年には退学し，東京銀座の活版印刷所で10時間労働しつつ，漢学塾に通いました。

1884（明治17）年，渡米した友人の誘いにのり，寄付を募り，船中でコックをしながら，サンフランシスコに渡りました。その後も，住み込みの家事手伝いやコックをしながら苦学し，1886（明治19）年にキリスト教に入信します。村井知至や安部磯雄が学ぶアンドーヴァ神学校で学び，グリンネル大学大学院，エール大学を卒業しました。1891（明治24）年，ラサールを読んで社会主義者となり，社会問題に関心が移り，1894（明治27）年，日清戦争の最中，イギリスを訪問して，トインビーホールや救世軍を見学しました。1896（明治29）年1月帰国しました。丸12年余りの外国生活でした。その後，早稲田専門学校で英語教師をしている時に，天然痘に罹患して入院します。

2 セツルメント運動の展開

1897（明治30）年3月片山は，グリーン博士に月に25円の寄付をもらい，アメリカの大学時代のユニテリアン派友人に寄付を募り，植村正久を委員長として「キリスト教社会事業の本営」にするために，神田三崎町に「キングスレー館」（正式には琴具須玲館）を設立しました。これは大学高等学校の学生が労働者とその幸福進歩をめざして交流しつつ，「社会の実相を研究する」日本で最初の大学殖民事業・セツルメント運動の誕生です。ここに幼稚園を開設し，デントンの協力を得て労働者の子どもたちを養育しました。「職工教育会」で習字・算術・英語・歴史を教え，「青年クラブ」で親睦を深め，土曜講演会を開いて，労働者の教養の向上を図りました。幸徳秋水や安部磯雄も協力しています。片山は，1899（明治32）年夏には労働者の「協働店」を15カ所設立し，「徒弟夜学校」「小僧夜学校」「共同家屋建築会」「国民貯蓄銀行」に関わり，労働者の生活向上

▶1 F.ラサールは，マルクスの友人であったが，労働者の生活改善と普通選挙権獲得のため労働者党設立を呼びかけた。全ドイツ労働者協会会長。普通選挙は片山の造語とされている。

▶2 サミュエル・バーネットと妻のヘンリエッタが，セツルメント活動の拠点として，ロンドンのイーストエンドに1884年のクリスマスイブに設立。A.トインビーを記念した。

▶3 イギリス人牧師のW.ブースが最下層の貧民を救うため1865年に設立。1878年にサルベーション・アーミーと名のる。日本では救世軍と呼ぶ。山室軍平は，1895年に入隊。廃娼運動や貧民救済を行った。

▶4 D.C.グリーンは，アメリカの海外伝道組織が1869年に日本に派遣した宣教師。新島襄を敬愛し1881年から1890年まで同志社教授。チャペル，有終館等を設計した。日本アジア協会会長。

▶5 イギリスからアメリカに渡った清教徒が会衆派（組合派）を結成し，その中から1825年に結成。ナイチンゲールや安部磯雄などが信徒。

▶6 イギリスのキリスト教社会主義者。友人のJ.ラスキンは，セツルメント運動を考案，指導した。キングスレー館の開館式には，アメリカで旧知の留岡幸助も出席。

をすすめました。1897（明治30）年キングスレー館をつくった後、4月に片山らは「社会問題研究会」を発会します。6月、神田で日本初の労働問題演説会が開かれ、片山は団結の必要を説きます。これがきっかけで7月、「労働組合期成会」が結成され、職工の労働組合が組織されていきます。片山は機関紙「労働世界」の主筆として、社会主義を取り入れることに慎重であろうとします。

1898（明治31）年4月、片山は救世軍の山室軍平や横山源之助らと「貧民研究会」を結成し、また鉄道機関士の組合結成に尽力します。さらに同年の10月には、安部を会長に、村井、幸徳らと「社会主義研究会」を結成し片山は幹事に就きます。これは、1900（明治33）年1月に「社会主義協議会」と改組され、キングスレー館に事務局を移します。

3 労働運動と社会主義運動の開拓

1900年3月に、治安警察法が公布されます。1901（明治34）年4月、メーデーの始まりと言われる「労働者大懇親会」が開催され、片山は、「労働立法の促進」と「普通選挙」を訴えました。1901年5月、安部を会長、木下尚江、片山を幹事に「社会民主党」が結成されましたが、治安警察法により、即日結社禁止となります。

片山は、1903（明治36）年7月『我社会主義』を出し、社会主義運動の主体が労働者にあることを初めて体系化します。しかし、労働運動は弾圧され、年末に片山は再渡米します。翌年8月、日露戦争中に、アムステルダムでの第2インターナショナル（世界社会主義大会）に日本代表として出席した片山は、ロシアのマルクス主義の父と言われたプレハーノフとともに副議長となり、反戦を誓い合います。外国でも片山は、アイスクリーム売りや農業などの労働を続けていました。

1906（明治39）年帰国し、2月「日本社会党」を結成し、片山は評議員に就きます。しかし、幸徳の直接行動論の影響が強くなり1907（明治40）年3月に党が禁止され、片山は幸徳らと絶交します。1907年の4月にキングスレー館の仕事として、新聞売り子や苦学生を組織していきます。この年の秋から1909（明治42）年にかけて片山は、神経衰弱や胃病で苦しみます。1912（大正元）年1月、東京市電労働者の6,000人ストライキの首謀者として、片山は検挙投獄され、天皇死去の大赦で9月に出獄します。その後、監視されることに耐えられず渡米し日雇い労働につきつつ徹底したレーニン主義者となり、日本共産党の創立を指導し、1933（昭和8）年、クレムリンで生涯を終えました。片山の思想は、「良心に基づく行動、献身」にあり、常に「労働者と共に」あろうとしました。ですから片山は、社会悪による労働者の貧困や不平等克服のために行動し、彼の社会事業も社会主義も労働者のために貫かれていたと言えます。

（加藤博史）

▷7 M.F.デントンは、1888年、アメリカから同志社に着任。1897年5月、グリーンが帰国中の番町教会に赴任。翌年末までキングスレー館での教育面に関わる。野口幽香の支援もした。

▷8 同時に「感化法」「精神病者監護法」も公布された。これは、1899年7月に、治外法権撤廃の改正条約が実施され、内地雑居が始まり、外国人が日本の法律のもとで各地に暮らすようになったため、非行少年や精神障害者を取り締まることになったのだが、同時に、労働運動も小作争議も取り締まり、団結やストライキを実質的に禁じたものである。

▷9 当時、成人男子の8％である高額納税者にしか選挙権がなかった。

▷10 人種差別撤廃、階級制廃止、軍縮、土地・鉄道・資本の公有、政治への平等参加、財産の公平分配などの綱領を万朝報、報知新聞、毎日新聞等に掲載する等の活動を行った。

参考文献

片山潜『自傳』岩波書店、1954年。

加藤秀俊『片山潜のいくつかの書簡について』（『人文学報』京都大学人文科学研究所、1964年）。

片山潜生誕百年記念会編『片山潜著作集』河出書房新社、1959年。

Ⅲ 社会福祉に影響を及ぼした人物・思想・実践

6 岩田民次郎
―― 1869-1954年

1 岩田民次郎の事蹟

　岩田民次郎は最初商業を営んでいましたが，紆余曲折を経て留岡幸助の講演に触発され，妻の岩田きぬとともに，老人の救済活動を実践し老人福祉のパイオニアとなった人物です。彼の事業は聖徳太子信仰にもとづいて取り組まれ，岩田の創設した大阪養老院は社会福祉法人聖徳会大阪老人ホーム（大阪府松原市）に発展して，今日も先駆的実践を行う老人ホームとなっています。

2 前半生と社会事業との出会い

　岩田は1869（明治2）年に岐阜県（愛知県とも）で生まれ，実業家をめざして大阪へ出てきました。貿易商社の大崎組商会に勤めて数年で番頭に出世する努力を重ね，1889（明治22）年に同じ歳のきぬと結婚した時は，独立して心斎橋で一軒を構える実業家となっていました。

　当時の日本は明治新政府による近代化政策のなかで，大阪は港湾があり商業拠点として繁栄し，近隣の工業化も相まって「東洋のマンチェスター」と言われるほどでした。そのなかで実業家として活躍していた民次郎は，さらなる発展をめざして1891（明治24）年北海道へ渡り札幌で商売を始めますが，全財産を失うという危機に直面します。

　その後，夫妻は約2年間北海道各地を流浪しながら再起を期しますが，1894（明治27）年に大阪へ戻りました。無一文に近い状態で大阪に戻った岩田は，難波近くの借間で将来を模索しました。再び自立するための努力が続けられます。途中，岩田は日清戦争の軍夫への志願も考えたそうですが，きぬの反対で大阪にとどまり，うどん屋を開業するまでに建て直したのです。

3 慈善事業との出会いと大阪養老院の設立

　岩田はこの頃から慈善事業へ寄付を行い始めました。1902（明治35）年，寄付先の一つであった孤児院の汎愛扶植会を経営する加島敏郎の勧めで，妻とともに留岡幸助の講演会に出かけました。後年の座談会で岩田は次のように回想しています。

　「留岡さんの話の中で，外国に於いてはこういふ事業，ああいう事業があると

いう。ところで養老院の事業があるといふ話を聞きまして，ウン養老事業，こりゃよいなと自分は思っておるところへ，この大阪の地は大塩平八郎があのように義を以って立ったところでもある。どうぞ第二の大塩平八郎というような人が，今大阪から出てほしいと，この言葉に煽られたわけでもないが…それで到頭決心をしてしまいました。」（社会事業研究，1933年10月，読みは現代語に改めた）

岩田はその年の11月に空き寺を借りて養老院を設立しました。当時の大阪市・大阪府は設置認可を出さなかったのですが，すでに３名の世話を始めていたため養老新報発行所という新聞社として大阪養老院を発足させます。老人の世話は妻きぬが担い，岩田は養老事業の必要性を説きつつ1908（明治41）年財団法人の認可を得ました。この間1903（明治36）年に後援組織として大阪慈善夫人養老会を設立し，１人白米５合の寄付を集めるアイデアを実現しています。

その後養老院は，1909（明治42）年に大阪市から生活困窮者の保護委託，翌年には内務省の奨励金交付など社会的評価も得てゆきます。東北飢饉の際には児童老人計107名を保護し，内務省主催の感化救済事業講習会へ岩田が参加することもありましたし，社会事業全国大会に妻きぬを同行させることもありました。

1908（明治41）年に舎屋を新築して独立し，敷地内に聖徳太子の礼拝堂を建てました。これには夫妻の精神的支柱であった聖徳太子信仰にもとづく施設の運営理念が現れています。

1925（大正14）年に恩賜財団慶福会助成を受けて大阪市阿倍野区に新築の建物が竣工，これを機に第１回養老事業大会を開催し，養老事業の開拓者として評価が高まります。しかし，1927（昭和２）年に老人の放火で舎屋が全焼，大阪府から解散勧告を受けるほどでしたが，多くの支援者を得て再建・復興を遂げます。1929（昭和４）年に制定された救護法で救護施設の認可を得，その後1941（昭和16）年に中河内郡松原町（現・大阪府松原市）に疎開して今日に至っています。戦中戦後の混乱を経て1946（昭和21）年に息子の克夫・徳子夫妻に経営を譲るまで，妻きぬの支えを受けながら大阪養老院を運営した岩田は1954（昭和29）年に生涯を閉じました。

❹ 岩田民次郎の業績と評価

岩田の業績の意義は，第１に当時未開拓だった老人福祉の先駆者となったことです。第２に運営における独創性が指摘できます。第３に妻の絶え間ない協力を得たことは多くの社会事業家に共通しますが，それだけでなく妻も社会事業家として全国大会へ参加させたことです。今日も岩田の後継者として女性が数多く活躍していることは，創業時から始まっていたと言えるでしょう。

（古川隆司）

参考文献

山本啓太郎「老人福祉の先駆者──岩田民次郎を支えた岩田きぬ」大阪ボランティア協会監修，右田紀久恵・井上和子編著『福祉に生きたなにわの女性たち』編集工房ノア，1988年。

岩田徳子『大阪老人ホーム80年史』社会福祉法人聖徳会，1981年。

日本仏教社会福祉学会編『仏教社会福祉辞典』法蔵館，2006年。

第1部　日本編

Ⅲ　社会福祉に影響を及ぼした人物・思想・実践

7　井上友一
——1871-1919年

1　井上友一が生きた時代

　井上友一は1893（明治26）年に内務省に入省し，後に東京府知事に就任します。48歳の若さで亡くなるまで明治期の官僚としての立場と考え方を貫き，国政に寄与した人物と言えます。是非はあるものの，日本の救貧法に大きな影響を与えた人でもあります。井上の救貧観と，官僚として国益をあくまで追求した姿勢を理解するには，時代背景を知ることが大切です。

　井上友一は，中流武士の家の長男として生まれ，江戸幕府が終わり，天皇を頂点とした明治新政府の時代に育ちます。1874（明治7）年，井上が3歳の時に日本の救護立法の始めと言われる恤救規則が生まれます。厳しい制限扶助があるこの救貧立法は，結果的には1929（昭和4）年に救護法が制定されるまで続きます。恤救規則は貧困をあくまで個人の問題とするものでした。そのような救貧観をもつ社会の中で井上は成長していきます。井上が東京帝国大学の法科を出て，内務省に入省する頃の日本の情勢は，戦争へと向かっていました。1894（明治27）年から1895年にかけて日清戦争があり，1904（明治37）年から1905（明治38）年にかけて日露戦争が勃発し日本は勝利したものの，日清戦争後の産業革命，「富国強兵」のもとに進む資本主義のために，特に農村部での生活困窮者が増大します。そのような状況に対して恤救規則では対処できなくなり救護法案が出されます。しかし，内務省はそれをよしとせず，救護法案は廃案となります。救護法案が出され始めた時期に井上は内務省の官僚となります。このような時代と社会情勢が，内務官僚となってからの井上の救貧観に大きく影響していると言えます。

2　『救済制度要義』に見る救貧観

　1909（明治42）年に刊行された『救済制度要義』は吉田久一が「賛否の評価に相違はあれ，日本救済制度の古典であることは否定できない」と評しているように井上友一の代表的な著書であり，古典と認められているものです。その『救済制度要義』の緒言に井上の救貧観は明確に記されています。
　「救貧は末にして防貧は本なり防貧は委にして風化は源なり」と救貧よりも防貧であり，救貧も防貧もその根本には風化，いわゆる社会的風気善導を根本に置くというものです。防貧という表現は，その時代にあっては新しいもので

▷1　『救済制度要義』は4篇から成っており，井上の主著の一つといえる。ヨーロッパで見聞を広めた井上が，西洋諸国の救済制度と日本の救済制度のあり方について述べたものである。井上が日本的な道徳心に根拠を求めた連帯とあわせて述べた救済のあり方は，救済は国の責任ではないという救済行政の遅れをまねいたと言えるが，財源に限りのある救済行政における官と民の相互のあり方を示した点では，救貧と防貧の狭間でゆれ動いていた日本の救済行政を防貧へと方向づけた一冊と言える。
▷2　吉田久一『日本の社会福祉思想』勁草書房，1994年，135頁。
▷3　井上友一『救済制度要義』1909年，2頁。

したが，その意味においては，現代の「人権」から考えるものではなく，緒言を通して井上の救貧観は国家の利益というところにあるように，国政から考えた防貧観であったと言えます。もう1つは社会的風気善導といわれる道徳的，日本的な連帯にもとづく救済を求めたことです。いわゆる国家に救済を求めず，もし困ったときは家族，親族で扶養しあうことが大切である。たとえ国家しか頼るところが無くても，救済を求めることは権利ではないのだ，という考えを，国民に根づかせていこうとしました。これらの根底にあったのは貧困は国家の責任ではないというものであり，本人の努力が足りないという国益に視点を置いた救貧観であったと言えます。

3 井上友一の果たした役割

　感化救済事業は1908（明治41）年，新しい救済事業として社会を視野に入れ，現れてきましたが，「感化」という言葉からわかるように道徳性の強い，隣保相扶に力を入れたものでした。この感化救済事業の第1回講習会で井上は講演し，その翌年に『救済制度要義』を著し，この考え方を具体化し，広く行き渡らせたと言えます。この著書で防貧と風化を考えの中心として強調しますが，それらは昭和に入っても救護法廃案の理由として議会に大きな影響を与えました。このように見てくると，井上友一の防貧観は1900（明治33）年4月から翌年3月まで行われた欧州視察に大きな影響を受けています。歴史的に振り返ると，救貧法案を廃案にする1つの理由になったことから救貧法案を遅らせたという一面もありますが，これは日本に限らず世界的に貧困を社会の責任として認めることは難しい時代でもありました。井上は欧州の救貧政策を見て，財源の限られた救貧に日本的な人民相互の情誼という親族や近隣の助け合いを取り入れました。そして，その根底には防貧があり，それは国益も1つの理由ではありますが，それだけではなく，人が独立自活することの大切さが道徳的教化とともに盛り込まれています。また，地方自治を大切に考えていた井上は，「人民相互の情誼」というお互いの助け合いの中にコミュニティを作ろうとしたのではないでしょうか。また第1回感化救済事業講習会のメンバーで発足した中央慈善協会の創立委員になるなど，組織化にも力を入れました。さらに地方自治の推進のために地方改良事業講習会を発足したり，教育と後進の育成にも貢献しました。また内務行政を退き東京府知事になってからは，48歳で執務中に亡くなるまで専門とした地方自治に力を注ぎました。

　国の経済を守りながら地方自治に目を向けた井上友一の考えは，時代を経て，人権というものを付加して今に引き継がれているのではないでしょうか。

　官僚としての限界を感じつつも日本的な考えに拠り所を求めつつ，新しいものを模索した転換期の官僚の姿が感じられます。

(石野美也子)

参考文献

井上友一『救済制度要義』1909年。

吉田久一『日本社会事業の歴史』新版，勁草書房，1986年。

柴田善守『社会福祉の史的発展』光生館，1989年。

池田敬正『日本における社会福祉のあゆみ』法律文化社，1994年。

III 社会福祉に影響を及ぼした人物・思想・実践

8 渡辺海旭
―― 1872-1933年

1 誕生・仏門・ドイツ留学

　渡辺海旭は，1872（明治5）年1月15日，父・渡辺啓蔵と母・トナとの長男として東京浅草区で生まれています。渡辺家は決して経済的には恵まれておらず，このため12歳の時，博文館の小店員になり家計を助けています。1885（明治18）年，東京小石川の浄土宗源覚寺住職端山海定のもとで得度して仏門に入りました。

　渡辺は15歳の時，浄土宗学東京支校に入学して，本格的に仏教（浄土教学）を学び始めています。1889（明治22）年，17歳の時，浄土宗学本校に進学しました。23歳で浄土宗学本校の全科を終了し，すぐに関東各県の浄土宗寺院連合第一教校の教諭に任命され，その傍ら浄土宗の機関誌である『浄土教報』の主筆になっています。

　1900（明治33）年，28歳の時，浄土宗第1期海外留学生としてドイツに渡り，10年間の長い期間当地にて宗教学・仏教学の研究に没頭しました。1907（明治40）年には，その研究が認められ，ドクトル・フィロゾフィーの学位を受け，海外でも高い評価を受けました。ドイツ留学は，仏教研究のみならず海旭の旺盛な知的関心を満たしました。それは，ドイツを中心とする欧米諸国の政治，社会，教育，生活など多方面にわたり，彼は貪欲にこれらも学び取っています。社会事業については，留学して1年後の1901（明治34）年に発表した「日想観楼雑感」において，ヨーロッパの宗教が慈善事業や社会事業を通じて社会の健全な発展に寄与している点を指摘して，その必要性を主張しています。

2 渡辺海旭の仏教社会事業思想

　10年間の留学を終えて帰国した渡辺は，早速，宗教大学（現・大正大学），東洋大学の教授となり，研究者・教育者としての道を歩みはじめました。彼の思想の立場は，留学で欧米の近代思想の洗礼を受けながら，大乗仏教に内包する近代性・現代性を評価し，これを基盤とする（仏教）社会事業思想の確立をめざしました。社会事業の根本思想を仏教の「報恩の精神」に求め，その精神にもとづいてこそ被救済者の人格を認める社会事業が可能となり，ここでの実践こそが，単なる個々人に対する救済ではなく社会に貢献できる活動へと発展するものであると考えていました。

渡辺の社会事業思想を明瞭に示した論文は，「現代感化救済事業の五大方針」（『労働共済』1916年）です。ここでは，①感情中心主義より理性中心主義へ，②一時的・断片的より科学的・系統的へ，③救恤より共済へ，④奴隷主義・乞食主義より被救済者の人格を認める人権尊重主義へ，⑤応急的慈善事業（Executive charity）より予防的慈善事業（Preventive charity）へ，とする社会事業発展の方向性を示しました。大正中期に成立する日本の社会事業のあり方をいち早く示した思想として高く評価できるものです。こうした先見的思想を世に示した背景には，渡辺が留学時代に欧米の社会事業について深く学び，日本社会事業の近代化を強く願っていた証左と言えます。

3　仏教社会事業の実践

　渡辺は，思想的先駆性をもっていたばかりでなく，これにもとづく仏教社会事業の実践面においても数々の業績を残しました。その代表的な取り組みを見ておきます。彼は，留学前年の1899（明治32）年に仏教の近代化を目的とする仏教清徒同志会（翌年に新仏教徒同志会と改名）を高島米峰や境野黄洋らと結成して旧来の仏教や帝国主義に対峙していきました。社会事業についての実践は留学後のことで1910（明治43）年に浄土宗労働保護協議会を結成し，翌年，浄土宗労働共済会と改称して労働寄宿舎，飲食物実費給与，幼児昼間預り，職業紹介などの事業を仏教精神の「縁起・報恩」にもとづき行う施設を設立しました。これは，ドイツの社会政策施設の「労働者の家」の影響を受けたものと言われています。同会からは機関誌『労働共済』が発刊され，大谷派慈善協会の機関誌『救済』と並んで，戦前の仏教社会事業雑誌を代表するものでした。

　1912（大正元）年には仏教各宗の有志とともに仏教徒社会事業研究会を立ち上げ，通仏教的な立場から社会事業の研究と討議を深め，仏教社会事業の近代化と組織化を推進しようとしました。同研究会は，1914（大正3）年に渡辺を大会委員長として第1回全国仏教徒社会事業大会を東京にて開催し，その後，同大会は1920年から22年まで計4回開催されています。

　渡辺の仏教社会事業の研究と実践は，彼の発案で設置された宗教大学社会事業研究室（1918年開設）で矢吹慶輝，谷山恵林，長谷川良信などにより受け継がれていきます。彼の社会活動は，浄土宗の寺院住職としての教化は勿論のこと，上記の他，教育事業，日仏仏教協会・日独仏教協会の理事，国際社会事業協会日本委員など国内外に及び，幅広い分野で活躍しました。一在野の民間人としての彼の残した足跡は仏教徒として，日本人として，そして国際人としての歩みでした。1933（昭和8）年，享年61歳で死去した渡辺の告別式には約8,000人の会葬者が国内外朝野各方面から参列して渡辺の死を悼んでいます。

（菊池正治）

参考文献

芹川博通『渡辺海旭』（シリーズ福祉に生きる17）大空社，1998年。

室田保夫編著『人物でよむ近代日本社会福祉のあゆみ』ミネルヴァ書房，2006年。

Ⅲ 社会福祉に影響を及ぼした人物・思想・実践

9 田子一民
――1881-1963年

1 内務省入省まで

　田子一民は，1881（明治14）年11月14日に岩手県盛岡市に旧南部藩藩士の田子勘治とカネ夫婦の次男として生まれました。1892（明治25）年に盛岡市立高等小学校に入学しましたが，この翌年に父勘治が亡くなったため，授業料が納められずに学校を退学し，呉服店に奉公します。しかし，少しでも文字に近づきたいという向学心から，活版印刷所に勤めることになりました。この後，田子は，盛岡中学校の受験資格を得て合格し，活版印刷所での勤めを続けながら苦学をして卒業し，第二高等学校を経て1908（明治41）年に東京帝国大学法科政治科を卒業しました。田子は，出身地である東北地方への視点・政策対応の冷たさに不満をもち，それを民意が通じぬ官僚政治の横行によるものと考え，これを解決するには官僚政治の打破・政党政治への改革が良いとして，改革を実現するために言論の力で世論を喚起する新聞記者を志望していました。しかし，第二高等学校・東京帝大時代を通じてたびたび会う機会があった原敬に「官界に入って，まず世間を広く見る方が良い」と官僚になることを勧められ，田子はそれに従い，大学卒業後は内務省に入省しました。

2 地方官の時代

　内務省入省後，田子は，山口県都濃郡郡長などの地方官を勤めていました。田子の著書『郡に在りし頃』（1914年）は，地方官時代当時の社会状況やこれに対応する地方改良運動の様子を著したものとなっています。この本によると，田子は，当時の町村自治体の人材の質や貧しい財政の状態をみて，町村は未成熟だから地方自治の促進を図らなければならないと考え，そのためには官民の連携や，行政と連携して「公共」に寄与することができる人材を育てるために民間人（特に富豪や地域の有力者）を教育することが必要だと考えています。

　田子は，この考えを実現するために地方改良講演会を開催し，民衆の教育と啓発を進めて，地方改良運動に勤しんでいたのです。田子は，約4年半の地方勤めを終えて帰京後，内務省警保局警務課課長や内務省地方局市町村課長などの仕事を任されます。田子は，こうして地方行政などに関わる知識や経験を得ることができたのです。

▷1　Ⅰ-4 参照。

3 社会事業への従事と政治家への転身

　1917（大正6）年に軍事救護法が制定され，この制度の対象である生活に困窮した軍人遺家族や傷病兵の救済を行う救護課が内務省に設置されました。この救護課の初代課長となった田子は，内務大臣の後藤新平とともに，今後，救護課は軍人遺家族や傷病兵の救護のみではなく，社会事業行政・労働問題対策にまで幅を広げて業務を展開したいと考えていました。後藤らは，種々の社会問題に対応するために，救護課から救護局への格上げと規模の拡大をねらって救護局設置を要求しましたが，不成功に終わりました。救護局設置の希望はかなわなかったのです。しかし，田子の考えは，社会行政や軍人遺家族・戦傷病者の保護調査の嘱託を受けた1918（大正7）年の欧米出張で，一層強くなっていきます。田子の自叙伝『田子一民』（1970年）でも，この欧米への出張が社会事業行政に尽くしていく勇気と自信とを田子に与えてくれたのだということが書かれています。この海外視察は，欧米各国と比較した日本の社会の実状とそこに抱えている多くの問題，例えば，貧困者の多さ，社会政策の遅れ，人間平等の実現の不十分さなどを田子に実感させ，これらの問題に対応するために行政改革がいよいよ必要であると考えさせたのです。

　田子が帰国した1919（大正8）年に救護課は社会課に改称され，田子が初代社会課長になりました。社会課長であった当時の田子は，児童虐待防止法案，貧困児童保護法案，職業紹介法案，救護法案などの立法に邁進しました。これらの法案は社会課一同で立案したものですが，その協力者には，留岡幸助，生江孝之，牧野虎次，窪田静太郎などの著名な専門家・研究者がおり，児童問題も扱っていたことから，林ふく，呉（甘粕）なべという女性たちにも協力を求めていました。社会課は1920（大正9）年に社会局になり，田子は1922（大正11）年に社会局長に就任します。田子は社会局長就任後も，貧困対策，児童保護，部落改善，労働問題など多くの事業を推進していきました。

　しかし田子は，1923（大正12）年に社会局から三重県知事へ異動となります。緒につき始めた社会局業務からの突然の異動に不満をもっていたことから，田子は1924（大正13）年に退官しました。この後，田子は，政策処遇の面で冷遇されている故郷の東北地方の振興や，さらに充実した社会及び労働政策を成立させて貧困者や労働者のために働きたいと望んで政治家に転身しました。1928（昭和3）年に衆議院議員として初当選した後は議員を続け，政治活動のかたわら，中央社会福祉協議会（現・全国社会福祉協議会）の設立に携わり，会長を務め，1958（昭和33）年の総選挙落選後は政界から引退しました。官僚として故郷を忘れることなく当時の社会事業行政について熱心に研究し，その基礎作りに従事し，退官後は政治家として地方振興・社会事業の発展に努めた田子は1963（昭和38）年8月15日に東京都目黒区の自宅で逝去しました。

（畠中暁子）

▷2　I-4 参照。

参考文献

　田子一民・田子静江『郡に在りし頃』中央報徳会，1914年。

　田子一民・山崎巌，佐藤進編『田子一民・山崎巌集』鳳書院，1982年。

　菊池正治ほか編著『日本社会福祉の歴史　付・史料』ミネルヴァ書房，2003年。

Ⅲ 社会福祉に影響を及ぼした人物・思想・実践

10 生江孝之
―― 1867-1957年

1 監獄教誨と米英留学

　生江孝之は，1867（慶応3）年，宮城県仙台市で仙台藩士の次男として生まれました。祖父は藩校の数学師範でした。父は両替所の役人を経て，明治維新後，宮城県庁での会計係を勤め，独立し金融業を営みましたが失敗しています。宮城中学に在学中の16歳のとき，メソジスト派宣教師で中学の英語教師のH.シュワルツと出会い，人格的影響（高潔・謙虚・愛と寛容）を受け，翌々年（1886年）一家で受洗しています。この年の夏に，東京英和学校高等部（現・青山学院大学）に入学し，貧民街に接して社会事業に関心をもちます。「脳を害し」て，一時休学の後，1890（明治23）年に2年修了し，通訳と伝道を行うようになります。

　1893（明治26）年，旭川で布教活動し，1894（明治27）年に石狩川沿いにある樺戸教会に赴任します。そして原胤昭，水崎基一，山本徳尚らの誘いを受けて，樺戸集治監（現・刑務所）の教誨師となります。大井上典獄（現・刑務所長）の退官に伴い，12月に原ら5人のキリスト教教誨師は，抗議の辞職をします。生江も，1896（明治29）年9月北海道を後にします。なお，空知集治監で教誨を3年間行った留岡幸助とは，1894年3月に渡米に向けての送別会の折，札幌で会っています。再び青山学院で学びつつ，生江は，神田メソジスト教会内に原が開設した東京出獄人保護所の実務を担当しました。このとき，1896年10月末，原に伴われて救世軍の出獄人保護事業の開所式に出たとき，生江は山室軍平と出会います。1900（明治33）年4月，留岡らの呼びかけで寄付を集めてもらい，生江は渡米し，ニューヨーク社会事業学校でE.ディバインの講習を受け，感化院，少年審判所などを見学しています。1903（明治36）年11月に留岡と落ち合い，スコットランド（T.チャーマーズの事跡など）とロンドンを調査し，1904（明治37）年2月に帰国しています。

2 保育所運営と済生会での医療社会事業

　帰国後，生江は留岡の斡旋で神戸市に勤め，日露戦争中の戦時保育所を8ヵ所運営しました。1908（明治41）年2月，内務省から委嘱され，再び欧米の社会事業を視察し，S.ラウントリーの父親と面談しています。その後，内務省地方局の嘱託となっています。1908年9月には，第一回感化救済事業講習会が内務省主催で開催されます。内務大臣・平田東助は，「国家の良民」を育む事業とし

▷1　刑に服している人に対して，更生の道を教え導く人。
▷2　樺戸集治監の典獄（現・刑務所長）の大井上輝前は，アメリカ遊学の経験があり，キリスト教を重視し，1894（明治27）年には囚人労働を廃止しようした。その結果，1895年夏に退官させられ，水崎は釧路に，山本は網走に転勤となる。
▷3　英国国教会のなかからリバイバル運動がおこり，1795年に結成された。救世軍を創設したW.ブースは，この信徒である。内村鑑三も新渡戸稲造も，生江と同様にビショップ・ハリス（日本メソジスト教会）から受洗している。
▷4　1899年にヨークで貧困調査を行い，1901年，結果を出版した。週10円80銭以下で暮らす夫婦と子ども3人家族が，27.84％占めたとした。1924年10月に来日中のラウントリーと生江は帝国ホテルで面談している。

てこれを企図しました。生江は、地方改良事業の講師や中央慈善事業協会（1908年10月結成）の講師と恩賜財団済生会（1911年5月設立）参事につきました。生江は、1926（昭和元）年には、済生会社会部を設け理事長になり、医療社会事業を展開しました。

③ 大学教育と社会連帯による社会貧の防止理論

生江は、山室の斡旋で1918（大正7）年から日本女子大学講師となり、社会事業教育に情熱を注ぎました。教え子には、一番ケ瀬康子らがいます。1933（昭和8）年、麻薬中毒者救護会を私財で設立し、中毒に苦しむ人に関わっていきます。戦争末期には生江は、「中国で麻薬の密売業をしている日本人がいるが、日本人は治外法権で中国の官憲が取り締まれない。私は同じ日本人としてその罪を償わねばならない。私の人生をかけてもやるべきことだ」と自分のライフワークであることを述べています。生江の福祉思想の根底には贖罪意識があります。

1936（昭和11）年7月、磯村英一の欧米視察壮行会の席上、生江の古希の祝賀が発起され、新進の社会事業理論家が集まる「三火会」の牧賢一や谷川貞一らが中心になって古希記念会を開催しています。

1923（大正12）年4月、生江は、日本女子大学校社会事業学部（1921年、日本初の社会事業学部）の講義録を基に『社会事業綱要』を出版します。生江は、ディバインの影響の下に論を展開し、「法律の結果」と「産業制度の欠陥」によって「社会貧」が生じ、それは、「自然貧」や「個人貧」と識別しなければならないとしています。そして、レオン・ブルジョワの「社会有機体論」「社会連帯責任」の観念を引用し、社会事業とは「社会連帯責任の観念をもって社会的弱者を保護向上させ、またはこれを未発に防止する事業」だとしています。生江は、社会組織の欠陥から困窮した人々に対して「保護を求める権利」を認めていません。あくまで、富者・資本家と貧者・労働者の「相互の責任と義務」「協同的精神」を強調しています。しかも皇室の御仁慈、御恩恵に感謝すべきだとしています。

吉田久一は、この書を、「本格的社会事業概論のはじまり」と位置づけています。生江は、キリスト者として人格の交流と実現にこだわりつつ、自分の思想を最晩期に総括し、「共産主義に絶対反対だが修正資本主義者で一貫し、今日、社会主義思想に近い」と述べています。生江は、戦中から戦後にかけて極端な思想的転向を見せませんでしたが、杉山博昭の研究によると、私的売春を黙認し、精神病者の生殖不能化を民族優生学上奨めています。生江の功績とともに彼の思想的限界も踏まえておく必要があります。

生江は、教誨師として出発し、欧米の社会事業を紹介し、済生会の創設を進め、社会事業教育に貢献した人と言えます。

（加藤博史）

▷5 済生会は、大逆事件後の社会不安を収めるために、政府が天皇の御下賜金という名目で天皇の仁愛を示すために設けた病院で、無料で貧民の医療保護を行ったものである。

参考文献

生江孝之「社会事業綱要」（一番ケ瀬康子解説）『戦前期社会事業基本文献集28』日本図書センター、1996年。

篠崎篤三他編『生江孝之君古稀記念』記念会、1938年。

生江孝之『わが九十年の生涯』（伝記叢書24）、大空社、1988年（1958年復刻版）。

杉山博昭「生江孝之の女性観」『宇部短期大学学術報告』34号、1997年。

一番ケ瀬康子「生江孝之」吉田久一他編『人物でつづる近代社会事業の歩み』全国社会福祉協議会、1971年。

Ⅲ 社会福祉に影響を及ぼした人物・思想・実践

11 小河滋次郎
──1863-1925年

① 監獄学者としての小河滋次郎

　小河は1863（文久3）年に長野県上田藩医の次男として生まれ，後に小諸藩医小河家の養子となります。上京して東京外国語学校，東京専門学校（現・早稲田大学）で法律を学びます。さらに東京帝大法科選科生として当時の法学界第一人者穂積陳重に認められ，修了後に内務省へ勤めました。小河は主に監獄運営を中心に研究を進め，ドイツ流の制度改革を進めていきます。この間，パリ万国監獄会議に日本代表として出席，本務のほか東京帝大や監獄学校で講師も勤め，1908（明治41）年公布の監獄法の草案を作るなど監獄学の指導的地位にありました。

② 慈善事業との関わり

　小河は，監獄思想のなかで感化教育（今日の矯正教育）に関心をもっていました。つまり罪を犯した囚人は教育によって改善し，社会復帰できると考えたのです。これは当時の感化救済にも共通していたので，内務省主催の感化救済事業講習会にも講師として登壇し，「救済事業一班（第4回，1911年）」「欧米社会事業の視察談（第6回，1913年）」「感化事業，（第9回，1916年）」など幅広い分野を講義，慈善事業家たちの指導を引き受けます。

③ 大阪での活動と社会事業での活躍

　中央官庁を退職した小河は，旧知の大久保利武知事に招かれ，1913（大正2）年大阪府の指導嘱託となりました。小河は自ら救済事業研究会を設立，民間社会事業と社会事業行政に対する研究や指導に取り組みます。彼の研究会は中央慈善協会の設立に貢献し，また彼の発刊した『救済研究』（後に『社会事業研究』と誌名変更）は，当時東京府の『社会福利』と並ぶレベルの高い専門誌でした。また内務省から国立感化院の運営を依頼される他，各地の社会事業行政の指導に飛び回っていました。

④ 方面委員制度の創設

　多忙の中で林市蔵大阪府知事と創設したのが，方面委員制度でした。当時行政も慈善事業へ関心を払い対策に着手していましたが，地域や住民の実情に

マッチせず効果が上がりませんでした。そこで小河は次のような活動を担う制度を提案したのです。

「単に狭い救済という意味の事柄でなく，或は細民の為めに相談役となり，後見者となって種々家事上の相談にも与り，失業者があれば之に適当な仕事の世話をしてやるとか，子供の為に保育の途を講じてやるとか，或は病人の為に適当な手当の途をつけてやるとか，或は随分大阪などの貧民には他から入込んで居る者も多数ありますので，其中には所謂未籍者と言うような者も少なくない。そういうような者の為に登籍の労を執ってやる…」（『救済研究』第6巻12号，読みは現代語に改めた）

方面委員は単なる公立の世話係として地域の住民に関わったのではありません。それぞれの地域・住民の実情を踏まえて具体的な援護の課題を調査し，助言指導させたのです。また援護が必要な者を第1種・第2種と分類し，対応の難しい場合は方面委員相互の検討会議で適切な援助方法が検討されました。つまり方面委員は，科学的な方法にもとづいた社会事業を行っていたのでした。

小河の著作は多数にわたりますが，そのなかでも『社会問題救恤十訓』と『社会事業と方面委員制度』は特に有名で，方面委員制度の創設のエピソードとされる夕刊売りの婦人を林知事が見かけて発案した話にも言及しています。

小河は健康に恵まれない中，全国を駆け巡る激務でたびたび病気療養していました。1925（大正14）年，持病の呼吸器疾患で亡くなりました。その際，大阪の社会事業関係者は謝恩葬を行いました。1933（昭和8）年には小河博士顕彰碑が方面委員有志によって大阪府庁に建立され，戦後大阪社会福祉指導センターへ遷されました。

5 小河滋次郎の思想と評価

小河の業績は，創設を指導した方面委員制度が重要な役割を果たしたことにとどまりません。慈善事業などが家族や地域社会の相互扶助を前提としている時代から，問題の社会性と国による義務救助主義を主張した点にあります。一方で方面委員のルーツを江戸時代の五人組に求めるなど，時代の制約があることも否定できません。しかし，方面委員や児童の感化教育が対人的な関係にもとづくものであることを主張した点は見落としてはならないでしょう。

また前半生で取り組まれた犯罪者の社会復帰は，更生保護の基礎となりました。今日でいう「社会的排除」への取り組みだったとも言えます。

（古川隆司）

参考文献
重松一義『図鑑日本の監獄史』雄山閣，1985年。
柴田善守『小河滋次郎の社会事業思想』日本生命済生会，1964年。
大阪市民生局『大阪市民生事業史』1978年。
柴田善守『社会福祉の史的発展』光生館，1985年。
玉井金吾『防貧の創造』啓文社，1992年。
『社会問題恤救十訓』（戦前期社会事業基本文献集18，日本図書センター，1995年）。

第1部　日本編

Ⅲ　社会福祉に影響を及ぼした人物・思想・実践

12　長谷川良信
―― 1890-1966年

1　仏門へ、そして恩師渡辺海旭との出会い

　ようやく日本の近代化が本格的に展開する1890（明治23）年10月、長谷川良信は茨城県西茨城郡にて父治右衛門、母なをとの間の6番目の子として誕生しました。6歳の時、浄土宗得生寺の住職で、長谷川家と縁戚のある小池智誠の養子となり、同寺にて出家得度して仏門に入りました。その後、浄土宗第一教校、さらに宗教大学予科から本科へと進み、本科で生涯の恩師となる渡辺海旭[1]と出会っています。青年期の長谷川は、当時、真面目な青年僧侶が抱いた既成仏教の旧態依然とした姿への懐疑を強く持ち、この意志こそが後の教育事業、社会事業、ブラジル開教などの広範囲な社会活動の原点になっています。すでに、宗教大学時代に両国、新宿、小石川などで細民救済のために米の廉売を行い、「行動派・実践家・長谷川」の片鱗を示しています。しかし、長谷川の実践をより社会的なものに、さらにより科学的なものへと高めさせたみちびきが渡辺との邂逅でした。

　渡辺海旭が住職を務める西光寺には、多くの青年書生が起居し、長谷川もその1人として西光寺で3年間生活し、大学での勉学と西光寺での書生生活を通じて渡辺のすべてを吸収していきました。そして、長谷川の仏教の社会活動としての社会事業の方向性を決定づけたのが渡辺であったと言えます。渡辺の長谷川に対する信頼も厚く、公私にわたり長谷川を援助しました。

2　長谷川良信の仏教社会事業思想

　長谷川の社会事業思想は、日本社会事業の成立期に当たる1919年出版の『社会事業とは何ぞや』（マハヤナ学園出版部）においてその全容を見ることができます。彼は、渡辺や矢吹慶輝[2]などから思想的影響を受けながら、独自の社会事業思想を確立しています。仏教の「衆生恩」に着目し、社会事業を社会の恩に対する報答の行とする考えは、渡辺、矢吹の考えを受け継ぐものであり、さらに救済者と被救済者の関係、すなわち救済における主体と対象を対等・平等という関係でとらえる「共済」としたことも、特に師渡辺の考えを継承したものでした。

　この思想を現実社会のなかで具現化するところに彼の仏教者としての社会的実践思想の真髄が存在しています。すなわち、上記のような仏教社会事業思想

▷1　Ⅲ-8 参照

▷2　仏教学者として『三階教の研究』で帝国学士院恩賜賞を受賞するなどして、斯界に多く業績を残す。その傍ら仏教社会事業の発展に尽力し、宗教大学社会事業研究室の主任として渡辺海旭とともに社会事業研究の発展に貢献し、古典的名著『社会事業概説』（1926年）を著した。

は，「トゥギャザー・ウィズ・ヒム（彼と共に）」と言う言葉に集約することができますが，これを長谷川は自らの実践の基本的基軸として「実践家・長谷川」として社会事業活動を積極的に展開していきます。

❸ 仏教主義セツルメント「マハヤナ学園」の創設

　長谷川の社会事業実践を見ると，大学卒業と同時に東京市養育院巣鴨分院への就職，その後，東京府慈善協会主査，巣鴨方面救済委員，宗教大学社会事業研究室理事など次々と社会事業関係の活動を展開しています。この間，結核を患い闘病生活を余儀なくされましたが，完治する前に強靭な精神力により社会事業家として再スタートをきっています。

　長谷川の社会事業実践で特筆すべきものは多くありますが，その中でもマハヤナ学園でのそれは彼の真骨頂を示すものです。彼は1918（大正7）年に西巣鴨の通称「二百軒長屋」と呼ばれる細民地区に自らの生活の場を移し，セツルメント運動を実践します。しかし，彼の思惑通りに事は進まず，スラム住民の反発や無理解に遭遇するものの，長谷川の真摯な姿勢はやがて住民の支持を得ることとなり，宗教大学社会事業研究室の学生の協力のもと徐々に活動は定着していきます。長谷川は，セツルメント運動を組織的，系統的に実践することを構想して，この活動を発展させるために1919（大正8）年「マハヤナ学園」を創設しました。この学園創設には，宗門関係者の協力はもちろんのこと，当時の社会事業界を代表する人々も物心両面での支援を惜しまず払っています。マハヤナ学園での事業は，夜学部・相談部・児童倶楽部・商工倶楽部・調査部などを設け，さらに後に出版部・慰問部・講演部，そして保育部・医療部というように事業を拡大していきました。

　長谷川の社会事業実践に大きな視野をもたらすことになった出来事が，内務省嘱託ならびに浄土宗の海外留学生として1922（大正11）年のアメリカやドイツへの留学でした。シカゴ大学やベルリン女子社会事業学校への留学と見聞は，彼のセツルメント事業に影響を与えたと考えられます。

　マハヤナ学園の実践を通して長谷川の名は社会事業界に広く知れ渡り「西の賀川（豊彦），東の長谷川」と称され，彼は終生，仏教徒として，民間社会事業家として歩み続け，民間社会事業の発展に尽力しました。それは，昭和恐慌期から第2次世界大戦への移行期にかけて民間社会事業が経営難に直面するなか，豊島区私設社会事業団を結成し，経営難の解決に当たっていることや，思想面においては行政主導の事業に対して一定の距離をもち続けながら，在野性を発揮しました。この点でも民間人として生き続けた恩師・渡辺の生き方に似ており，渡辺の思想の実践者が長谷川であったと言えるでしょう。　　　（菊池正治）

参考文献

長谷川匡俊『トゥギャザーウィズヒム――長谷川良信の世界』新人物往来社，1992年。

吉田久一・長谷川匡俊『日本仏教福祉思想史』法蔵館，2001年。

室田保夫編著『人物でよむ近代日本社会福祉のあゆみ』ミネルヴァ書房，2006年。

Ⅲ 社会福祉に影響を及ぼした人物・思想・実践

13 賀川豊彦
―― 1888-1960年

1 現代への継承

　賀川豊彦は，社会福祉の歴史上の人物として留岡幸助や石井十次ほどには有名ではありません。しかし戦前は自伝小説『死線を越えて』が庶民に広く読まれ，ほとんどの国民が知っていました。その印税は10万円であったと言われています[1]。賀川生誕100年の1988（昭和63）年には，この小説と同名の映画が上映されました。

　一方，賀川の行った活動は現在も継承されています。兵庫県神戸市には「イエス団[2]」本部や「賀川記念館」があります。東京には「賀川豊彦記念・松沢資料館[3]」があり，生前の活動の様子を見たり，賀川の生の声を聞くこともできます。

2 貧民窟でのセツルメント

　賀川豊彦は1888（明治21）年7月10日，兵庫県で生まれました。父は徳島県にある回漕問屋（海運関係の貨物運送取次業）の主人でしたが，幼少時に両親が亡くなり，父の本家に引き取られます。自分の複雑な出生に関することや13歳で罹った肺結核のことなど，苦悩の多い青少年時代でしたがキリスト教宣教師に出会い，牧師になる道をめざします。ところが神学校に進んだものの肺結核が悪化して，あと2年という告知を受けた時，どうせ死ぬなら「よいこと」をして死んでいこうと考えたのです。

　この神学校の近くに新川貧民窟[4]がありました。賀川は，路傍伝道[5]の傍ら，貧民に食物や薬を提供していましたが，1909（明治42）年12月に彼らと生活を共にしながら救済しようと考えて新川に引っ越したのです。新川の生活は悲惨な状況でした。賀川はそれに挫折することなく，子どもたちの保育や教育，職業紹介所の開設，貧民の職場としての歯ブラシ工場経営，安価な食事を提供する大衆食堂など，貧民にとって必要な活動を次々と展開していきました。

3 慈善事業から労働運動へ

　ところが，賀川がいくら努力しても，貧民はその困窮生活から脱け出すことができません。彼は自分の救済が真の救済にならないことに気づきます。「どうしたら真の救済ができるのだろうか」。その答えを得るために，1914（大正3）年アメリカに留学します。ニューヨークで，労働者デモ行進に遭遇したことに

▷1　現在の金額では5億円になると言われる。10万円は労働争議の後始末や日本農民組合，消費組合の創設金などの費用となった。
▷2　1922（大正11）年に賀川が創設した社会事業活動団体。現在，神戸市の賀川記念館に本部があり，保育所や老人ホーム等の施設を経営している。「賀川記念館」（神戸市中央区）は1963（昭和38）年イエス団発祥の地である現地に創設された。賀川のセツルメントの精神を引き継ぎ地域福祉活動の拠点となっている。
▷3　賀川の広範にわたる事業活動及び著作などの資料を整理して公開している。1982（昭和57）年に創設された（東京都世田谷区）。
▷4　神戸市葺合区新川。賀川の著述によると神戸には7カ所の貧民窟があり新川が最も大きく，1911（明治44）年に1,944戸，7,510人の人口が密集していたと言う。
▷5　キリスト教伝道者が路傍で説教して，神の言葉を述べ伝えること。仏教では辻説法と言われる。

より，真の貧民救済には労働者の地位を改善しなければならないと考えつきます。当時の貧民窟には，失業や劣悪な労働状況から病気になって働くことができなくなった労働者が貧民となってなだれ込んでいたのです。

　1917（大正 6）年，アメリカ留学から帰国した賀川は，労働組合や普通選挙権獲得によって労働者のための国家をつくることを主張し，運動の中心人物に推されていきます。しかし賀川の無暴力主義は過激さを増した社会運動家から非難・中傷され，ついに労働運動から退いてしまいました。

4 協同組合の展開

　賀川は貧民をなくすためには労働者の生活安定を図ることが重要だと考えました。そのためには賃金の安定と向上，さらには安価な生活必需品の提供が不可欠であると考えて，1919（大正 8）年に大阪購買組合共益社，1920年には神戸購買組合を設立しました。神戸購買組合は現在ではコープこうべとして急成長を遂げています。また1921（大正10）年には農民組合を結成して，農民の連帯による生活改善をめざしました。さらに無医村の状態や農村の死亡率の高さを訴えて，1932（昭和 7）年には新宿診療所（後の東京中野組合病院）を設立しています。こうしたさまざまな協同組合活動こそ，暴力によらずに世界を平和に導く道であると考えたのでした。賀川の最終的な目標は，「世界連邦」の樹立でした。国民が自分たちの力で協同組合国家を形成し，そうした国家が集まって世界連邦という 1 つの国家にしていくことを願っていたのです。そのための精神的なバックボーンとしてキリスト教伝道を精力的に行っていきました。

5 情熱と科学的視点の人

　賀川の社会福祉実践としては，貧民窟でのセツルメントや授産事業が挙げられますが，彼はまた社会運動家であり小説家，キリスト教伝道者でもありました。しかしこれらの活動は社会福祉実践と無関係ではありません。キリスト教の信仰が，順風満帆ではなかった実践を継続する原動力となりました。また小説家であったからこそ，その印税を活動の財源に充てることができたのです。

　貧民窟を描いた作品として，他に『貧民心理の研究』があります。こちらは小説ではなく研究書のような書き方をしています。そこでは，貧民は悪種であるから除去し，隔離する必要があると述べています。貧民窟に住んでいた人たちに対しても差別的な書き方をしています。今日，こうした信憑性のない記述に対しての批判がなされています。しかし，こうした過ちはあったとしても，彼のなかには正義感に裏づけられた福祉の精神がしっかりと根づいています。たった 1 人の乳児も犠牲になることなく，すべての人の生存権が守られることを願った彼の実践のありようは，社会福祉の根底に流れる理念であったことは違いありません。

（西川淑子）

▷ 6　1920（大正 9）年に賀川によって設立された神戸購買組合は，戦後消費生活協同組合法（1949年制定）により神戸生活協同組合となり，1962（昭和37）年には灘・神戸生活協同組合として成長を続けた。

▷ 7　知識人の有志らがスラム街に住み込み，住民の生活改善のために，地域の環境や制度改善を行うこと。賀川自身が自分の活動をセツルメント活動であると述べている。

▷ 8　1928-1933年に「神の国運動」，1946-1949年「新日本建設キリスト運動」で日本全国を伝道した。また，中国や台湾，ブラジル，タイなどにも海外伝道を行い高い評価を受けた。

▷ 9　新川に引っ越した賀川は，そこで行われていた親が世話のできない子供を 5 円や10円で引き取って，十分な食事も与えず殺してしまう「貰い子殺し」について悲嘆し，詩集『涙の二等分』（1919年）に記述している。

参考文献

　隅谷三喜男『賀川豊彦』岩波書店，1995年。
　賀川豊彦記念講座委員会編『賀川豊彦から見た現代』教文館，1999年。

Ⅲ 社会福祉に影響を及ぼした人物・思想・実践

14 糸賀一雄
―― 1914-1968年

▷1 現在の所在地は滋賀県湖南市石部。

▷2 糸賀とともに近江学園構想を立て，後に県立信楽学園の園長になる。

▷3 糸賀とともに近江学園構想を立て，後に一麦寮寮長になる。

1 近江学園創設まで

　糸賀一雄は近江学園◁1初代園長であり，戦後の混乱期にいち早く児童の保護と教育に取り組み，社会事業から社会福祉への大きな転換を推進し，「この子らを世の光に」という，人間存在の根源に関わる福祉思想を提唱し，その実践をめざした人です。糸賀は1914（大正3）年に鳥取県鳥取市で生まれ，1938（昭和13）年に京都帝国大学文学部哲学科を卒業し，小学校の代用教員を経て，1940（昭和15）年滋賀県に入り，そこで要職を歴任し行政手腕を発揮しました。

　1945（昭和20）年，日本は敗戦という形で戦後を迎えます。その厳しい現実のなかで，戦争の犠牲になり，親をなくし，街頭に放り出された子どもたちを「浮浪児狩り」と称し強制収容している姿を目の当たりにし，深く心を痛めます。そして，代用教員時代に出会い滋賀県に招いた池田太郎◁2，田村一二◁3と，人権を無視され強制収容されている子どもたちを輝く未来を自らの力で築ける子どもとして育てるための教育と福祉のあり方について毎日のように話し合い，それを実現するため近江学園構想を立ち上げます。しかし，児童福祉法もなく，社会全体が貧しいなか，その施設を開設，運営することは非常に困難なことでした。そこで，社会の多くの人々に賛同を求めるとともに，関係機関，近江学園の考えに共感した若い人々の力，さらに自らの家族の協力などを結集することで，近江学園は戦災孤児と知的障害児のための施設として1946（昭和21）年に大津市南郷に創設されました。後年，糸賀はその著書『この子らを世の光に』の中で「不思議な因縁」と述べていますが，糸賀が近江学園を開設して保護と教育に敢然と取り組んだことこそが日本の社会福祉，とりわけ戦後の知的障害者の福祉に光をあてる礎となったと言えます。

2 糸賀一雄の思想と実践

　糸賀一雄の好んだ言葉に「自覚者は責任者である」があります。「自覚」と「責任」という言葉は糸賀の社会福祉実践に一貫して貫かれた思想です。1946（昭和21）年に近江学園を創設し，その後も問題を発見するたびに，その問題に対応する施設を新しく展開し，社会にその問題を提起してきました。糸賀の実践の特徴は近江学園を中心として多産型と評されるように，近江学園では年齢や障害の程度という壁に阻まれて園生の生活や教育が十分に行えないと感じられた

ら，そのことが解決できる施設を次々と開設していった点です。

1950（昭和25）年，重度児のための「さくら組」を学園から分離して年齢制限を受けないように近江学園の後援団体（後に独立して社会福祉法人椎の木会になる）に託すことになりました。1952（昭和27）年，池田太郎を施設長として軽度障害の人たちの生活と仕事の場として信楽に窯業コロニーとしての県立信楽寮を作り，近江学園から白樺組の20名が移って行きました。1953（昭和28）年，成人女子を引き取る保護者の問題や，女子ならではの様々な問題を契機に，青年期になった女子を危険から守り，年齢制限のない職業指導を行う施設としてあざみ寮を私塾の形で開設しました。同年，鉄道弘済会顧問の十河信二氏の力を借りて農業コロニーの構想を持って千葉県に日向弘済学園を開設し，中学の農業に適すると選ばれた男子が近江学園から入所しました。

また，1947（昭和22）年7月に作られた一麦荘を一麦寮と改名し，1961（昭和36）年，一麦寮が財団法人大木会（現・社会福祉法人大木会）によって年齢超過した成年男子のために設立されました。その後，1963（昭和38）年，びわこ学園を開設し重症心身障害児の取り組みを始め，1966（昭和41）年，第二びわこ学園を開設しました。この時代は知的障害児が成人したときに生活の場を支える法律がありませんでした。成人施設を展開することは児童の時期（18歳）を過ぎ施設を出なければならない，多くの問題を抱えるこの人々をどうするのかという社会への問いでもありました。特に重症心身障害児は，知的障害児の施設でも，身体障害児の施設でも受け入れられず，在宅で暮らすしかなかった時代です。近江学園では杉の子組として4名の重症心身障害児を受け入れていました。その実践を通して糸賀は「人そのものの価値」を見出し重症心身障害児の施設建設を国に訴えていきます。その結果できたのがびわこ学園です。このように糸賀は，法制度の無い中で新しい制度を提唱し実践してきた人であり，早くから養護児童と知的障害児の共生，今の統合教育を実践した人でもありました。

３ この子らを世の光に

時代が「この子らに世の光を」と言っていた昭和30年代に糸賀は，障害者に哀れみではなく，誰もが共に磨きあい，光り輝きあえる社会を作ることをめざし，「この子らを世の光に」という理念を軸に，それを実現するための教育と福祉のあり方を世の中に訴え続けました。この言葉は，糸賀が重症心身障害児と向き合い，悩み，自らの心と対峙し，「人とは何か」「生きるとは何か」という問いに出した答えだと言えます。人は社会の中でふれ合いながら成長し，光り輝く存在となる，その一人ひとりの光を大切にする豊かな社会を創造することこそが糸賀の願いでもありました。「この子らを世の光に」の言葉は，障害者福祉の実践一筋に生涯を送り提唱した糸賀一雄の，時代を超えた今日も生き続けるメッセージです。

（石野美也子）

参考文献

糸賀一雄『福祉の思想』日本放送出版協会，1968年。

糸賀一雄『この子らを世の光に』柏樹社，1965年。

糸賀一雄『愛と共感の教育』柏樹社，1969年。

糸賀一雄記念財団『滋賀の福祉を考える』2007年。

Ⅲ 社会福祉に影響を及ぼした人物・思想・実践

15 朝日 茂
――1913-1964年

1 朝日訴訟はなぜ起きたか

　朝日茂は，1913（大正2）年に岡山県津山市京町で生まれ，1936（昭和11）年に中央大学専門部商学科卒業後，会社員として勤務していましたが過労で結核となり，1942（昭和17）年に岡山県早島光風園（現・国立岡山療養所）に入院しました。療養所での生活中は単身かつ無収入のため生活保護法にもとづく医療扶助及び入院患者日用品という名での生活扶助を受けていましたが，「戦後，療養所の民主化運動のなかで思想的に成長し，日本患者同盟の中央委員，岡山療養所の患者自治会の委員長として活動したことのある経歴がしめすように社会の不合理を一歩深く見抜く眼」（小林昭「一点の火花から」国立岡山療養所寮和会パンフレット）の持ち主でした。

　生活保護法成立後，数多くの不服申し立て及び行政訴訟が行われてきました。朝日訴訟は「人間裁判」とも呼ばれ，憲法第25条の理念にもとづいて制定された生活保護法に規定されている生活保護請求の基礎となる保護基準のあり方について，その適法制ないし妥当性をめぐり10年にわたり最高裁まで争われた行政訴訟です。

2 朝日訴訟

　訴訟は1957（昭和32）年8月，朝日の提訴によって開始されました。

　当時，国立療養所で結核療養中の朝日のもとに，1956年8月に送られてきた兄啓一からの仕送り（津山福祉事務所長は長い間音信不通であった兄啓一に対し，1956年7月に月1,500円の仕送りを命じた）を所轄の津山福祉事務所が一部負担（1,500円から日用品として600円を控除した残額月900円を朝日の医療費の一部負担額とした）として取り上げ，それに対する朝日の不服申し立て（1956年8月1日以降，朝日の受けていた生活扶助〔日用品費600円〕を廃止し，生活扶助支給月額600円を控除した残額月額900円を医療費の一部自己負担額とする津山市社会福祉事務所長の保護変更決定を不服とした）が発端でした。また，朝日が県知事に不服申し立てを行ったのは，1956年8月でした。

　県知事への不服申し立ては同年11月に却下され，続いて朝日は12月，厚生大臣に不服申立を行いますが，それも却下されます。

　こうした経過を踏まえ，1957年8月，厚生大臣裁決の取り消しをもとめ，「日

▷1　衣食その他日常生活需要を満たすためには必要なもの。移送などで，原則的に金銭給付，必要な場合は現物給付による。

▷2　「すべて国民は，健康で文化的な最低限度の生活を営む権利を有し，国はすべての生活部面について社会福祉・社会保障および公衆衛生の向上・増進に努めなければならない」と生活権の保障を規定している。

用品費を1,000円に」「現行生活保護基準は憲法25条に違反している」として，厚生大臣を東京地方裁判所に訴えました。

第1審判決では，「社会保障は国民の権利である」と勝訴判決が出され，生活保護基準は大幅な引き上げとなりました。この勝利は生活と権利を守る諸闘争の強いはげみとなり，その輪を広げていきました。

国の控訴により第2審の判決では，朝日側の敗訴となりました。東京高等裁判所は「最低生活費といえども国家予算の都合に左右されないわけにはいかない」という国の主張を受け入れ，「当時の基準はすこぶる低額ではあるが未だ憲法に違反しているとはいえない」という政治権力に従属した判決で，生活保護に対するひきしめが強化される要因となりました。これに対し朝日は最高裁へ上告しました。

朝日はこの判決の結果をまたずして，1964年2月にその生涯を閉じましたが，朝日訴訟闘争は，養子の健二・君子夫婦をはじめ，生活と権利をまもるためにたたかう人々に引き継がれ前進を続けました。

最高裁の口頭弁論では，政府の非人道的な保護行政，貧困な社会保障政策，憲法無視の事実を3日間の法廷で弁論を展開しました。法廷外においても，日本労働組合総評議会（総評），社会保障推進協議会，朝日訴訟中央委員会の三者が実行委員会をつくり，社会保障闘争，最賃闘争，小選挙区制憲法闘争などが結合した「大行進」が1966年9月26日から10月14日までに組織され，朝日訴訟闘争はつよく位置づけられました。

1967年5月24日に出された最高裁の判決では，「朝日茂の死亡によって訴訟は終わった」とし，憲法第25条に対して，「この規定は，すべての国民が健康で文化的な最低限度の生活の営み得るように，国政を運営すべきことを国の責務として宣言したにとどまり，直接個々の国民にたいして具体的権利を賦与したものではない」と解釈しました。具体的権利については，「憲法の規定の趣旨を実現するために制定された生活保護法によってはじめて与えられ，権利の内容は厚生大臣が最低限度の生活水準を権利するにたりると認めて設定した保護基準による」「その基準は厚生大臣の裁量に委されており，当不当の問題として政府の政治責任が問われることがあっても，直ちに違法の問題を生じることは生じない」とし，第2審の判決を支持しただけでなく，それを補強したものでした。

この最高裁の判決によって，朝日訴訟の業績はより多くの人の理解を深めることとなりました。その思想，その理論は，運動の模範として，社会保障闘争や賃金闘争，あるいは権利闘争や憲法闘争，公害訴訟を含む裁判闘争など諸闘争のなかに位置づけられつつ，今日に至っています。

（河井伸介）

▷3 最低生活費算出の理論生計費方式。マーケット・バスケット方式→エンゲル方式→格差縮小方式→水準均衡方式（現在）。

▷4 最低生活費とは，人間の生活ないし労働力の再生産のために最低限度に必要な生計費。生理的生活費だけではなく，文化的生活費も含む。

▷5 1950年結成。日本最大の労働組合連合体。当初は労使協調主義・反共主義を唱え，GHQや経営者団体の支持を受けた。1951年全面講和と再軍備反対を決議し左旋回，安保闘争など大衆運動の中核をなす。

参考文献

朝日訴訟中央対策委員会『朝日訴訟証言録』（第一部），1963年。

小川政亮『権利としての社会保障』勁草書房，1964年。

朝日訴訟運動史編纂委員会編『朝日訴訟運動史』草土文化社，1971年。

第2部　西洋編

Ⅳ 社会福祉の発展過程

1 封建社会の救済とその崩壊

1 農村と都市の救済

　10世紀頃に確立したヨーロッパの封建社会の土台は領主制でした。封建領主は，その経済基盤である土地を排他的に所有し，鞭・法・慣習など政治的，法的な強制を通して農奴を支配し，彼らの剰余労働を封建地代として得ていました。すなわち封建領主である貴族と農業の担い手である農奴が，土地（荘園）を媒介に主従関係を結んで，中世社会のなかで自給自足の小地域社会を形成していました。

　このように1つのまとまりをもった村落共同社会のなかで農業が行われましたが，そこで働く農奴は，共同社会の掟にしたがって耕作し，たとえ自分の保有地であっても自由に耕作することはできませんでした。しかし，連帯意識にもとづく相互扶助が強化され，封建領主による圧政や，疫病・災害など公的問題に対しての取り組みのなかでもその効力は発揮されました。

　農村の農奴は封建領主と村落共同体のなかでの二重の縛りを受けましたが，その代わりにいくつかの生活保障を受けることもできました。たとえば，疫病や飢饉，戦争などが度々起きていた中世社会では，そのことにより彼らの生活は多大な被害を受けましたが，地縁的・血縁的な結びつき共同体的関係による相互扶助により，なんとか凌ぐこともできました。ただ，特別な支援や施策が必要であったのは，働くことができずに共同体とのつながりも得ていない高齢者や障害者，病人・孤児などでした。

　農村が村落共同体を構成単位の基本にしていたのに対して，都市ではギルド[1]がその構成単位となっていました。そこでは労働や技術・経営を統制したり，独占政策によりギルドに所属する人々の利益を保護したりするなどの活動を行っていました。

　このことからわかるように，農村社会に存在していた縛りと相互関係が，中身は違っていても都市のギルドにも存在していました。

　ギルドが行った相互扶助にもとづく救済活動としては，病人の見舞いや寡婦・遺児の保護教育，少女の結婚持参金の負担，葬式代の扶助，救治院[2]，救貧院[3]と呼ばれる救済施設の設立などがありました。

▷1　11世紀から12世紀にかけてヨーロッパの都市において商工業者を中心に結成された組合で，商人ギルドと手工業などを主とする職人ギルドがあった。都市の政治や経済の実権を握るなど力を得たが，17世紀以降の近代産業の発達とともに衰退していった。

▷2　現在の感覚では病院をイメージさせるが，この時代救治院（ホスピタル）とは，宗教的施設として病気の治療というよりは，心身の休養（やすらぎ）を目的としていたと言われている。

▷3　救治院（ホスピタル）と明確な区別はないが，高齢者や児童，病人などで貧民に陥った人たちを収容する施設を言う。

2 キリスト教における救済

　中世封建社会におけるキリスト教救済は，修道院による慈善活動を中心に行われ，加えて高齢者や障害者，病人・孤児など救済を必要とする人々を収容する救治院や救貧院なども設立されていきました。これらの規模は大修道院に相当する非常に大きいものから，数人を収容するのがやっとの小屋程度のものまでさまざまでした。経営のための財源は，寄付，遺贈，バザー，入院料などからなり，特に寄付が大きなウエイトを占めていました。

　しかし，この時代の慈善活動は，救済が必要な人へのその解決・緩和，社会復帰というよりも，神への義務としてなされ，極端に言えば，現世の罪を償い来世における施与者の利益のためのものでした。そのようなことから救済による影響や結果までの考慮が欠け，結果的には濫救的な救済となりがちで，職業的な物乞い者を作る原因になってしまったとも言われています。

　修道院や救治院，救貧院を中心とするこの時代の慈善活動は，たとえば修道院では100を超える修道会に組織されていました。その修道会のなかでも，フランチェスコ会とドメニコ会から構成されている托鉢修道会の活動は特に有名でした。ドメニコ会が学問を中心として社会貢献をしてきたのに対して，フランチェスコ会の活動は中世キリスト教における慈善救済の代表として有名でした。

　修道院の僧侶たちは，自分たちの堕落を一般社会と乖離しているところにその原因を置いたので，富や財産を捨てて，一般社会のなかに入って托鉢で生活しながら，人々への愛と奉仕により信仰と伝道に従事していくようになりました。

3 封建社会の崩壊

　12～13世紀に最盛期に達したヨーロッパ封建社会は，14～15世紀にかけて封建制度の危機と呼ばれる大きな変動期を迎え，政治や社会面，思想・文化の面においても近代社会の諸要素が徐々に現れてきます。政治的には支配階級間の封建的関係であるレーン制国家に代わる身分制国家の時代へと入っていきます。

　封建王政のもとで次第に集権化を進め，支配機構を整えてきた王権は，それを維持するための財政，すなわち租税収入の確保が不可欠となり，そのための課税協賛権を担保する身分制議会の設置が必要となってきます。

　14～15世紀にかけて封建制度の危機とは，黒死病による人口減少，廃村の増大，穀物市場の収縮，労賃の騰貴，領主収入の減退，国際貿易と商業都市の衰退，そして，それらに関連する農民や市民の反乱など一連の現象を指しています。

　ここで注意しなければならないのは，この危機とは，あくまで領主制の危機として，農民・市民層の成長とは区別する必要があり，封建制度の危機は，後の資本主義近代社会への萌芽へとつながっていくのです。　　　　（伊藤秀樹）

参考文献
高島進『社会福祉の歴史』ミネルヴァ書房，1995年。

第2部　西洋編

Ⅳ　社会福祉の発展過程

2　国家介入の2つの形態
──労働者勅令と救貧法▷1

1　労働者勅令とその背景

　1348年のペストの大流行以降，労働力が不足し，農奴制がますます緩和され，ヨーマンと呼ばれる自由な自営農民も生まれてきました。しかし，このことは村落共同体による相互扶助を弱めるだけでなく，貧富の拡大などを生み出す結果となり，農村においても新たな施策が必要となってきました。さらには，ばら戦争による浮浪者の増加，「囲い込み」▷2（第1次囲い込み運動）により農民が土地から排除され浮浪化を余儀なくされ，これが治安上の重大問題となったこと，荘園の解体による貧民保護の停止，ギルドの崩壊により大量の貧民が発生しました。このような問題に対して1349年にエドワード3世が労働者勅令を公布し，農村労働力の確保をめざしました。労働者勅令は，ペストの大流行直後に制定され1351年には制定法となりました。そこでは最高賃金，最低労働時間を治安判事に定めさせ，他方で物乞い，浮浪を禁じ，違反者を厳しく処罰しました。以後，この法は度々改正されており，貧民問題に国家が関心を示したという点では注目されますが，絶対王政以前の初期の立法は労働力不足による封建領主の経営難対策として「封建反動」の性格をもち，救済より抑圧のための法律でもありました。▷3

　このように物乞い者，浮浪者を抑制的に取り締まる労働者勅令による強化政策を進めていきますが，成功せず大衆の窮乏化と物乞い，浮浪者の増加が深刻化していきます。その後も，労働能力をもつ有能貧民が増加してきたこともあり，行政組織による強制課税を財源の柱とする社会的な救貧法が形成されていくことになります。これがM.ドップの「農奴制が終わって救貧法がはじまる」の由縁でもあります。そのねらいは，有能貧民を強制的に労働に就かせることによって浮浪民化するのを防ぎ，治安の悪化を防ぐことにありました。

2　救貧法の萌芽とその展開

　救貧法が法律的系譜としては，労働者勅令にまでつながっていくことは，前述からも大まかに把握できますが，ここでは具体的に労働者条例以後，どのような史的変遷を経て救貧法制定に至ったか，その経緯について述べていくことにします。一般的に救貧法の萌芽と言われているのは，1388年の労働者条例の改正です。

▷1　この2法令は国家による抑圧と保護という共通の性格を備えていた。

▷2　一般に所有者を明確にしたうえで排他的に土地を利用していくことを囲い込みというが，ここでは，農民に農業をさせておくよりも，牧場で牧羊に利用した方が土地を有効利用できるということで実施された第1次囲い込み運動を指す。その結果，土地を追われた農民を多数輩出することとなった。

▷3　高島進『社会福祉の歴史』ミネルヴァ書房，1995年，29頁。

食料品価格などの物価の統制を定めるとともに労働不能な物乞い者と労働可能な物乞い者に分けて，労働不能な物乞い者には鑑札を授けて物乞いを行うことを許可したこの法は，物乞い者が自由に移動するのを禁じるとともに，その近隣に住む人々による救済をねらったものでした。

イギリスにおける本格的な救貧法は，1531年にヘンリー8世のもとで制定された「物乞い者及び浮浪者の処罰に関する法律」が最初であるとされています。この法は，あらゆる浮浪を全面的に禁止するとともに1388年法のように，物乞い者を労働能力の有無によって2つに区分し，労働不能な物乞い者に対しては許可を与えて指定された区域内で物乞いを許可するとともに，許可証を所持しないものや指定された区域外で物乞いをする者は罰せられました。たとえば，労働能力を有する物乞い者は，荷車の後部に付けて引き回ししたうえに鞭で体を打ち，出生地あるいは最近3年間居住していた土地に強制送還し，そこで労働に就く旨を誓約させられました。加えて再犯者は片耳を，3犯者はもう一方の耳を切り落とすなど厳しい規定を設けました。

しかし，1534年にはアン・ブーリンとヘンリー8世の結婚をきっかけに起こったイギリスの宗教改革により，修道院の解散と財産の没収，修道士の追放が行われました。修道院解散そして国土の1/5を占めていたという教会領が没収されたことにより，経済面での影響も強く受けました。当時のイギリスは，「囲い込み」を中心とした農業革命が進行中であり，修道院の解散が国家財政の危機の回避を動機としたにもかかわらず，その財産を手許に留めてさらに有効に利用するだけの余裕は国王には残されていませんでした。1540年代はじめまでにこの財産は売却され，かつてないほどの大規模な土地所有者の変動が生じた結果，浮浪貧民が大量に発生しました。そして，生きていくために泥棒する以外になかった貧民が大量に処刑されました。

1536年の「壮健な浮浪者及び物乞い者の処罰に関する法律」では，物乞いを全面的に禁止して，同時に，彼らに施与することも禁止しました。また，3犯者は重罪犯人として死刑に処すことも決まりました。浮浪と物乞いならびに施与を厳しく禁止し，教区に労働能力を有する物乞い・貧民を強制就労させ，貧窮な児童には徒弟奉公の強制，教会に特設した慈善箱による施与の組織的徴収を行ったこと，抑圧的な管理方法だけでなく救済の方法も導入されたことからも，1536年法により，後のエリザベス救貧法の骨子がほぼ形成されたと言えます。

中世封建社会の救済対象が，労働能力をもたない貧民が主となっていたのに対して，救貧法は，労働能力をもつ貧民の増加が，その生まれてくる背景にあり，農村労働力の確保と旧秩序の維持という絶対王政のなかでの政策であるにもかかわらず，前記のような史的変遷を経て，近代的な救貧制度として進化していくのです。

(伊藤秀樹)

参考文献

小山路男『イギリス救貧法史論』日本評論新社，1951年。
高島進『社会福祉の歴史』ミネルヴァ書房，1995年。

第2部　西洋編

Ⅳ　社会福祉の発展過程

3 イギリス救貧法の成立と展開

① エリザベス救貧法の成立

　無差別の慈善および救済は，物乞い者をかえって増大させてしまうという考えから，労働者勅令以降は，労働能力を有する貧民の救済を抑制する政策をとり，その史的変遷のなかで救貧法が誕生しました。

　1536年法により救貧法の骨子がほぼ形成され，1563年には，浮浪の禁止と貧民の抑制，クラフトギルドに属さない不熟練労働者の賃金を抑制することを目的とした労働者規正法（職人規制法）が制定されました。しかし，物価の上昇により生活が困難となり，農村から都市への人口の流出が増え，それを防止するために農村での居住を奨励しようとしました。

　1572年の「浮浪者の処罰及び貧民と労働不能者の救済に関する法律」では，労働能力をもつ貧民への過酷な待遇が問題視されるようになった背景から，鞭打ちなどの刑罰を禁止し，教区・都市に貧民監督官を置きました。貧民監督官は貧民の人口調査に乗り出し，その数を把握しました。そして教区・都市を単位として，救貧税を徴収しました。この制度の成立により，これまでの寄付などの自発的方法から，強制徴収へと財源確保の方法が代わり，救貧税を支払った者には選挙権が与えられました。

　救貧行政は各地方が個別に行っていましたが，やがて，手に余る教区・都市も出始めていました。そこで，1601年にエリザベス1世によるエリザベス救貧法が制定されました。

　中央集権的な機構をもったこの法は，枢密院を頂点に，国王の手足として地方行政をつかさどる治安判事が無給の名誉職として，かつての宗教的行政単位であった教区の救済の指導監督をまかされました。

　そして治安判事が指導監督する無給の名誉職である貧民監督官を教区の規模に応じて2〜4名ほど選出させました。貧民監督官は実務官として，教区委員と協力して1種の固定資産税（地方税）である救貧税の徴収と救済事務遂行の権限をもっていました。

　また，救貧税を財源として貧民を，①労働能力がある貧民（有能貧民），②労働能力をもたない貧民（無能貧民），③扶養能力なき貧民の児童，の3つに分類し，①の有能貧民には亜麻，羊毛，糸，鉄その他の道具や原料を整えて就労が強制されました。②の労働能力をもたない貧民に対しては祖父母から孫までの扶養

義務を前提として，それが不可能な者に対しては，救貧院あるいは在宅での金品の給付による生活の扶養が行われました。③の扶養能力なき貧民の児童には，就労を斡旋するか，男子は24歳，女子は21歳まで，もしくは結婚までの徒弟奉公を強制しました。また労働意欲のない乞食・浮浪者は犯罪とみなされ治安判事により懲治院または監獄に送られました。

2 救貧法の問題点とその後の展開

エリザベス救貧法は，16世紀に段階を経て発展してきた救貧法の集大成であり，今日もなおイギリス救貧法の基礎であり，近代福祉国家の出発点であるともされていますが，成立過程からわかるように，物乞いや貧民の増加による，治安の悪化を防止することを主眼としていました。

エリザベス救貧法の特徴は，これまで各地の裁量に委ねられていた救貧行政を国家単位で行ったという点にあり，以後，救貧は中央集権化を強めていくことになります。しかし，労働可能な貧民かどうかを判断するための分類の方法やガイドラインなどはなく，貧民監督官の裁量に委ねられていました。そのため，教区によって判断基準が異なることになり，9割以上が労働能力をもたない貧民である地区や，ほぼ全員が労働能力を有すると判断される地区が出るなどさまざまでした。このような恣意的区分は，20世紀初頭まで続くことになります。

エリザベス救貧法制定以降も救貧行政は抑圧的な性格を強め，懲治院は刑務所や強制収容所と変わらない状態となっていました。貧民を病人と区別することなく収容していったので，懲治院では疫病などが流行り，脱走や労働拒否を試みる貧民は後を絶たず，一時的には社会的安定をもたらす効果はあったものの，結果として市民は貧民行政への不満を強め，清教徒革命の中でもその怒りは噴出しました。

これにより絶対王政は崩壊し，救貧行政は枢密院の廃止にともない，教区に委ねられるようになりました。その結果，貧民の教区間の移動により，貧民が移動した教区の救済費負担が増大することから，貧窮の移住者の居住獲得権を規制した定住法が1662年に制定されました。また，革命後に実現した政権はブルジョア政権であり，社会的平等よりも人格的・経済的自由主義の理念を尊重していました。この考えにより貧民をただ救済するだけでなく，労働可能な貧民を労役場に収容して就業させることを意図したワークハウステスト法が1722年に制定されました。しかし，経済的な効果をあげるどころか苛酷な労働と劣悪な処遇，後には孤児や老人，病人や障害者なども収容された労役場の生活は悲惨を極め，"恐怖の家"として恐れられるようになりました。　（伊藤秀樹）

▷1　21歳未満で結婚した場合は，その段階で徒弟奉公はストップする。

▷2　ピューリタン革命とも言う。1642年から1649年にかけて起こった革命で，イングランド・スコットランド・アイルランドと当時のイギリス全土を巻き込み内戦が繰り広げられた。しかし，その後もさまざまな問題が生じ，1660年の王政復古で一応の落ち着きを取り戻した。

▷3　居住地法のこと。Ⅴ-1参照。

参考文献
大沢真理『イギリス社会政策史』東京大学出版会，1996年。

小山路男『イギリス救貧法史論』日本評論新社，1951年。

Ⅳ 社会福祉の発展過程

4 産業革命の影響

1 工場の出現

　18世紀後半から19世紀はじめに，世界で初めてイギリスで生じた産業革命は，当時の社会にどのような変化をもたらしたのでしょうか。ここでは，「工業化社会」の到来という視点から，この変化をながめてみましょう。今日みられるものとは規模及び構造のうえで，大きな隔たりがあるのですが，「工場」(factory) の出現は，産業革命の大きな特徴の一つです。産業革命は，多くの人々にとって必需品である綿織物を，工場で生産するという形態を採ることによって始まりました。紡績部門の生産性は，1760年代のジェニー紡績機，アークライトの水力紡績機の発明によって，飛躍的に伸びました。そして，これら2つを組み合わせて作られたのが，1779年のミュール紡績機でありました。一方の織布部門でも，1787年にカートライトの力織機の発明がなされ，紡績部門の発明，改良に対応した動きが見られたのです。

2 近代的労働者の登場

　綿織物を工場で生産するためには，前述の機械を動かす労働者の存在が不可欠です。しかし，ここに，工場で働く労働者がいないという大問題が発生したのです。「工業化社会」以前の社会では，多くの人々は農業を中心として働いており，そのうえに農作業のかたわら，繊維製品，革製品，金属製品などを，自宅やその作業場で生産していました。彼らの働き方は，主として，季節，天候，その他，伝統や習慣に支配されていました。一方，工場で働くということは，工場主や監督者によって専制的に管理され，時間（時計）に縛られるということであり，何よりも，機械を動かすということが主たる目的となったのです。つまり，工場労働者とは，機械の従属物になることを意味していたのです。このような理由から，当時の工場は，ひどく嫌われていました。そのうえ，初期の綿工場の動力は，大部分が水車によって供給されていたために，工場は，もともと人口が少なく，かつ，都市から離れた川沿いの辺鄙な土地という立地条件を求めざるを得ませんでした。このような制約により，工場で働く労働者を得ることが困難だった初期の工場主は，工場のあるランカシャーなどからはるかに離れたロンドンやイングランド南部から，教区徒弟を労働者として調達したのです。

▷1　18世紀後半から始まった産業上の技術革新とそれにともなう社会，経済構造の変化を指す。イギリス史に限ると，これによって，労働者階級の生活水準が向上したのか，逆に，下落したのかという点に関して，激しい論争が繰り広げられた（T.S.アシュトン／杉山忠平・松村高夫訳『イギリス産業革命と労働者の状態』未來社，1972年。E.J.ホブズボーム／鈴木幹久・永井義雄訳『イギリス労働史研究』ミネルヴァ書房，1998年，参照）。

19世紀になり，蒸気機関の普及，工場規模の拡大などによって，工場は都市に作られるようになり，工場労働者は急速に増加しました。しかし，それによって工場労働の本質が，変わるわけではありません。自分の労働力を時間決めで売る代わりに，賃金という貨幣を得て生活を送るという，近代的な意味での労働者が出現したのです。産業革命は，このように労働者家族の労働と生活に根本的な影響を与えました。他方（同一産業内での競争という側面をしばらく考慮しないとすると），産業革命によって，工場主には新しい機械の導入によって，必ずしも熟練した労働者を必要とはしなくなるという面と，低賃金で働く労働者が多くいれば，必ずしも機械を導入する必要がなくなるという両面の選択をすることが可能となってきました。この両方の選択にとって，うってつけの労働者がいたのです。それが，女性と子どもでした。

　産業革命期は，今日の家族のあり方に大きな影響を与えている「家庭重視イデオロギー」▷2 が形成された時期であると言われています。しかし，現実は，必ずしも，「理想」通りにはなりません。夫が失業や病気で職を失うということは日常的なことであり，その時には，妻や，子どもも6歳にもなれば，喜んで家計を支えるために，工場に出向いていきました。また，工場主からみても，女性や子どものような家計補充型の労働力は従順で，しかも低賃金で雇用することができたので，大いに歓迎される存在でした。おまけに，労働時間の法的規制などは，無いに等しかったのです。このように，この時期，「家族賃金」▷3 の「理想」が強く支持されていたにもかかわらず，現実には，妻や子どもの労働によっても，かれらの生活は支えられていたのです。

3　工業都市の成立と環境の悪化

　工場労働者が都市で急速に増加したということは，工業都市が多く生まれたということを意味します。しかしこの過程は，都市に住む労働者にとって，工場のなかばかりでなく，生活空間でも劣悪な環境を強いられる過程でもあったのです。労働者の集住による劣悪な住宅，上下水道の未整備による公衆衛生面での立ち遅れ，工場からの煤煙・汚水による生活環境の悪化など，どれをとっても，工場労働者の健康と生活にとって，重大な脅威となるものばかりでした。1842年に公刊されたE.チャドウィックの『労働者の衛生状態に関する報告』▷4は，このような当時の現実を鋭く告発した書物として，よく知られています。以上のように，産業革命は，一方での飛躍的な生産力の増大の裏で，劣悪な労働条件・生活条件のなかで生きていくことを余儀なくされた，大量の工場労働者を作り出したのでした。

（藤井　透）

▷2　一家の主は，夫（男）で，夫が稼ぐ賃金で家族を養い，他方，妻（女）は，家事に専念して，夫や家族のために家庭を憩いの場とするという理念で，イギリスでは19世紀以降，中産階級から労働者階級へ広がったと言われている。

▷3　家庭重視イデオロギーと対応している理念で，成人男性の賃金のみで世帯を維持することが可能とされるべきだという理念である。

▷4　Ⅴ-4 側注参照。

参考文献

　エリザベス・ロバーツ／大森真紀・奥田伸子訳著『女は「何処で」働いてきたか』法律文化社，1990年。

　S.D.チャップマン／佐竹明知訳『産業革命のなかの綿工業』晃洋書房，1990年。

　パット・ハドソン／大倉正雄訳『産業革命』未來社，1999年。

　アンソニー・ブランデイジ／広重準四郎・藤井透訳『エドウィン・チャドウィック』ナカニシヤ出版，2002年。

第 2 部　西洋編

Ⅳ　社会福祉の発展過程

5　工場法の成立

1　教区徒弟の状態

　1802年の初めての工場法の成立には，救貧行政が強く関係していました。そこで以下では，はじめに，救貧法と工場法の交錯という視点から工場法の誕生をながめ，それから，19世紀半ばまでの変化を跡づけることにしましょう。

　中世において，地域におけるキリスト教行政の基本単位として機能していた教区は，テューダー朝（1485-1603年）になって，救貧法を施行する行政単位へと変化していきました。救貧法は，地方税である救貧税によって運営されていたために，当該教区に多くの貧民を抱えてしまうことは，救貧税を負担する地元の資産家や地主に，より一層の救貧税負担を強いることになり，彼らから反発を招くことになります。産業革命期になって，教区のなかで貧困児童の処遇に変化がみられたのは，このような事情が強く関係していました。

　Ⅳ-4 で言及されていたように，初期の工場主は，工場労働者を調達するのに，大変な苦労を経験しました。ここで目を付けられたのが，救貧法の下で扶養されていた貧困児童でした。1601年のエリザベス救貧法によれば，救貧法の貧民監督官は，貧困児童を徒弟に出すことができたのです。徒弟とは，もともと，職人の親方の下に弟子入りしてその職種の技能や技術を学ぶ奉公人のことを意味していたのですが，産業革命期の救貧法の下で，貧困児童は，ロンドンやイングランド南部の教区から，はるばる綿工場がならぶランカシャー地方などに，「工場労働者」として派遣されたのでした。◁1

　教区徒弟のこのような処遇は，前述の貧困児童が減れば，教区の負担も減るという救貧税負担者の思惑もあったとみて間違いないでしょう。つまり，教区徒弟の処遇は，綿工場の工場主と教区の利害が，完全に一致した結果であったと言えるのです。しかしながら，それでなくても，親の保護を受けられなかった彼らに，教区徒弟として綿工場で1日約15時間にも及ぶ労働を強制したわけですから，非常に過酷な処遇であったことは言うまでもありません。しかも，工場は辺鄙な土地に建っていたために，彼らの労働条件や生活条件は，外部の人間には容易に知られませんでした。

2　工場法の成立

　18世紀末になって，教区徒弟問題は，伝染性の熱病問題という見地から注目

▷1　初期の工場の動力は，大部分が水車によって供給されていたために，工場は，もともと人口が少なく，かつ都市から離れた川沿いの辺鄙な土地という立地条件を求めざるを得なかった。しかも，地元の住民の多くは，工場を得体のしれない建造物とみなし，そこで働こうとも思わなかった。そこで，工場主は教区徒弟という社会的弱者に目をつけ，かれらを「工場労働者」として，ロンドンやイングランド南部から調達したのである。

を浴びるようになりました。1796年に，マンチェスターの医師であるパーシヴァル博士が，熱病の発生の条件として，教区徒弟が働かされている綿工場の劣悪な労働条件を挙げたことから，一気に社会の関心を集めるようになったのです。このような動きが力となって，1802年に，ロバート・ピール卿によって議会に提出された法案が，「徒弟の健康および品性の保護を目的とする1802年法」として成立しました。同法は，主に，救貧法の教区徒弟に対する処遇を法的に定めているということから，「救貧法の延長」とみることもできますが，条文の上では，必ずしも綿工場ではたらく徒弟だけを対象とした法律ではなかったために，今日では初めての工場法であると言われています。

　同法は，徒弟の労働時間を1日12時間に制限し，深夜業を漸次的に廃止すると定めています。また，徒弟に読み書き算盤を教えること，彼らに年間1揃いの衣類が提供されること，そして彼らは，少なくとも月に1回は教会に通わなければならないとうたわれています。しかしながら，1802年法はほとんど実施されませんでした。少数の例外を除いて，一般に工場主は，自分の工場は自分の意のままにする権利があると信じていましたので，前述の内容が社会によって「強制」されない限り，自発的に守ろうとはしなかったからです。工場法が労働者の最低の労働条件を規定し，それを守らせる法律であるとするならば，それを強制的に守らせる公務員の存在——工場査察官——が不可欠だったのです。

3 工場法の発展

　19世紀半ばまでに，工場法は綿工場から全繊維工場に拡大しました。この過程で，1833年法では初めて工場査察官が任命され，1847年法では，繊維工場で働く女性と14～18歳の少年少女の労働時間が1日10時間に制限されるなど，労働時間短縮という点では，実効ある規定が徐々に整備されていきました。しかしながら，注意してほしいのは，工場法の対象が女性や子どもであり，成人した男性ではなかったという点です。成人した男性は「自由な行為者」であるので，自分の労働時間は自分で（あるいは，自分たちの労働組合によって）決めることができるという理屈から，工場法の対象からは，一貫して除外されていたのです。裏返して言うならば，男性労働者は，「自由な行為者」の代償として，工場法が規定していた工場内での労働時間規制や安全・衛生面での規制から免れ，長時間労働や健康悪化にさらされていたのです。たしかに，工場法が，女性を「劣った労働者」として扱うことで発展した側面は否定できませんが，男性が，「自由な行為者」であるという理屈も幻想に過ぎなかったと言えるでしょう。

（藤井　透）

参考文献

戸塚秀夫『イギリス工場法成立史論』未來社，1966年。

ハチンズ・ハリソン／大前朔郎・石畑良太郎・高島道枝・安保則夫訳『イギリス工場法の歴史』新評論，1976年。

河村貞枝・今井けい編『イギリス近現代女性史研究入門』青木書店，2006年。

D. Fraser, *The Evolution of the British Welfare State*, 3rd, ed. Hampshire, 2003.

Ⅳ 社会福祉の発展過程

6 新救貧法の成立

1 功利主義・自由主義の定着

　18世紀後半から19世紀にかけてイギリスの産業革命は，イギリスの資本家たちに，世界各地から原料を輸入し工業製品を輸出する「世界の工場」としての地位を獲得させました。この頃，イギリスの農村では，穀物需要の増大から地主による耕作地の囲い込み（第2次囲い込み運動）が行われ，土地を失った農民は工場労働者になりました。

　産業革命による技術革新は熟練職人を失業させ，資本家たちは不熟練労働者や女性や子どもを安価な労働力として活用していきました。資本主義経済の確立は，アダム・スミスの『国富論』(1776年)に代表される自由主義的経済政策や，キリスト教倫理である勤労と節約の教え，貧困は個人の怠惰や無能力が原因であるとする功利主義や自由主義の考え方を定着させました。そうした考えは，失業や貧困に陥る人々は能力がなく，性格的に問題があるから個人に責任があるとの価値観を生みました。

2 新救貧法制定までの流れ

　農作物の不作や景気変動による失業者の増大は，資本家にとって，救貧法による救貧税の負担が不満となっていきました。救貧税の重圧から逃れようとしていた資本家たちにとって，T.R.マルサスの『人口の原理』(1798年)は格好の口実を与えるものになりました。マルサスは，貧困の原因は食物の量を上回って人口が増加することだと主張しました。国家が貧困を救済することは，労働者の怠惰を招き，勤労と自助の気持ちを失わせて救貧費の増大を招くと考え，労働者自身の努力と慈善事業を推奨しました。ここに当時の経済活動に対する国家干渉を嫌ったレッセ・フェールと言われる自由（放任）主義の思想がみられます。

　第2次囲い込み運動で広大な土地を所有した地主たちは，農業技術の改良と資本主義経営により多くの富を得た一方で，土地を失った農民は，地主に農業労働者として雇用されたり，都市で工場労働者になる者もいましたが，以前に比べ厳しい生活を余儀なくされました。1830年，イングランド地方では農業労働者の暴動が起こり，こうしたことも新救貧法の成立の要因となりました。

　こうしたなかでチャールズ・グレイ内閣は，救貧法の運用や対策について調

▷1　18世紀のイギリスでは，都市人口の増大やスペイン戦争，ナポレオン戦争の影響によって穀物価格が高騰していた。地主が非合法に土地を収奪した第1次囲い込み運動とは違い，食糧増産のため議会の承認のもと合法的に行われた。

▷2　イギリスの社会学者(1723-1790年)で，「古典派経済学の創始者」と言われる。その著書である「国富論」は経済学の古典である。

▷3　イギリスの古典派経済学者。ケンブリッジ大学を卒業後，1805年から東インド学校の教授になる。

▷4　イギリスの首相(1830-1834年)を務めた。1832年第1回選挙法改正を行った(1764-1845年)。

査検討するために，1832年に「救貧法の行政および実践活動に関する調査委員会」を発足させました。

その後，1834年2月に「救貧法調査委員会報告書」が提出されました。この報告書は，2つの部分で構成されています。第1部は，救貧法のこれまでの流れと法律の運用状況について，第2部は改善策に関するものです。報告書では救貧法の問題点として，救済を受けている者は堕落しているので，その対象は本当に生計手段を欠いている者のみを対象とすればよいと考えました。これは，救済を受けないで生活している最下層の労働者の生活水準より低くなければならないとする「劣等処遇」の考え方を導入したものです。

3 新救貧法の概要

議会は1834年4月，報告書にもとづき新救貧法を成立させました。新救貧法は行政機構の改革を主とするものであり，まず経済の発展によって不揃いで小さすぎるものとなっていた教区を連合させ，教区連合をその行政基礎単位としました[5]。そこに救貧法委員会（Board of Poor Law Guardians）を，中央に救貧法委員（Poor Law Commissioners）とその補佐をして，これと教区連合とをつなぐ補佐委員（Assistant Commissioners）をおきました。新救貧法は，ウェッブ夫妻[6]によれば以下の3つの原則をもっています。

①救済は全国的に統一した仕方でなされること（全国的行政基準統一の原則，Principle of National Uniformity）。
②労働能力貧民の在宅救済を廃止し，ワークハウス入所に限ること（ワークハウス・システム，Workhouse System）。
③すべての救済を実質・外見共に「最下級の自立労働者」の生活・労働条件以下におさえること（「劣等処遇の原則」，Principle of Less Eligibility）[7]。

自助努力を求めて救済抑制をねらった新救貧法が，一部に反対運動がありながらも定着していったのは，慈善事業の発展と，労働者の自助組織の存在があるからです。

産業革命によって富を得た資本家たちは，国家に対し保護主義的な経済政策から自由主義政策への転換を求めました。新救貧法は，救貧のために施しのような賃金補償を廃止しました。この時に定められたのが，スピーナムランド制度です[8]。次に労働者に勤勉と自助努力を求めたところと，中央集権化した救貧行政機能の合理化を推進していったところにおいて効果がみられ，その後の公的扶助のあり方にも影響を与えました。

（村上逸人）

▷5 高島進『社会福祉の歴史』ミネルヴァ書房，1995年，47頁。
▷6 S.ウェッブ（1859-1947年）とB.ウェッブ（1858-1943年）は，2人ともイギリスの経済学者。救貧・労働問題の研究で業績がある。

▷7 前掲書▷5, 48頁。
▷8 V-2 参照。

参考文献

樫原朗『イギリス社会保障の史的研究I』法律文化社，1990年。
小倉襄二・小松源助・高島進『社会福祉の基礎知識』有斐閣，1995年。
高島進『社会福祉の歴史』ミネルヴァ書房，1995年。
岡村順一『新版 社会福祉原論』法律文化社，1998年。
右田紀久恵・高澤武司・古川孝順『社会福祉の歴史』有斐閣，2005年。
金子光一『社会福祉のあゆみ』有斐閣，2005年。

Ⅳ 社会福祉の発展過程

7 民間社会福祉の生成

1 慈善による貧民救済活動

　「工業化社会」以前の中世イギリスでも貧民は存在していましたが、彼らの救済は、キリスト教の教会によって担われていました。主に、貧民の救済に関わる民間の活動や事業を、「慈善」（charity）ないし「フィランスロピー」（philanthropy）と呼びますが、近年のイギリスの研究によれば、「工業化社会」の到来とともに、私的な慈善に関して4つの変化がみられたと言われています[1]。以下では、はじめに、これら4つの変化がよく現れている例として、19世紀はじめのスコットランドでのT.チャーマーズの活動をながめます。次に、今日の民間社会福祉の源流とされる、19世紀後半イギリスで生まれた慈善組織協会（以下、COS）、セツルメント、救世軍の諸活動をみます。最後にこれらの活動が生み出した技術や方法が、現代にどのように受け継がれているのかを解説することにしましょう。

　チャーマーズは教区牧師として赴任した先で、地域住民に対して家庭訪問を行い、貧民家族と親密な関係を結ぶ一方で、家庭礼拝を奨めました。自分自身が多忙な場合は、当該教区を20程度の地区に分け、それぞれの地区に「長老」や「執事」を任命し、彼らにその地区の家庭訪問を任せ、宗教教育の責任を負わせたのです。このような家庭訪問によって、彼は貧民家族の実情を把握し、彼らのために近親者や隣人から寄付を募り、彼らの救済を行う「相互扶助」システムを構築しました。以上のように、チャーマーズらの活動の特徴は、救貧法に頼らず、貧民個々人の性格を矯正しつつ、地域社会による「相互扶助」を強化することで、貧困は克服できると信じていた点に求められます。

2 救貧法体制の動揺と民間社会福祉の登場

　救貧法は、もともと教区単位で実施されていた自治体による公的福祉で、その起源は、少なくとも16世紀にまでさかのぼることができます。工業化の進展とともに1834年に救貧法も改正されましたが、19世紀後半になると、貧困やその他の社会問題に対して、地域単位の救貧法ではもはや対処することが困難であるという理解が広がりました。そこに登場したのが、COS、セツルメント、救世軍でした。これらの活動は救貧法体制に対立するものではなく、むしろそれを前提として、自分たち独自の活動を広げていったという面をもっています。

▷1　第1に、家庭訪問を通して、慈善の贈与者と貧民の間の関係を個別化し、貧民に対して、道徳的に反省をもたらそうとするニーズがひろく強調されるようになった点、第2に、社会単位としての家族を尊重し、重視することが強まった点、第3に、貧民の中の一定の部分——子ども——は、更正が可能であるという確信が広まった点、第4に、慈善だけではなく、他の分野でも、キリスト教の教派間の対立が強まったという点である。(H. Cunningham, and J. Innes ed., *Charity, Philanthropy and Reform, From the 1690s to 1850*, Hampshire, 1998. pp. 6-8.)

また，活動の舞台が，ロンドンのなかでも貧困地帯として知られていた東ロンドンであったということも，共通点として指摘できるでしょう。

1869年に結成されたCOSは，その典型例だと言えます。彼らは救貧行政の厳格化と「慈善の組織化」を進めていきました。これは，彼らの会員が一定の教区で，救貧法の救護委員を兼務していたからこそ可能だったのです。つまり，「公的慈善」（救貧法のこと）と私的慈善が，車の両輪の関係にあったと言えます。彼らは，自分たちの立場を使って，救済を求めてきた貧民のなかから，COSにとって「救済に値する」（deserving）ケースとみなしたケースには，金を貸与したり仕事を紹介しましたが，「救済に値しない」（undeserving）ケースには，救済を却下したり，救貧法に回したりしたのです。COSが「科学的慈善」と言われるのは，このようなケースの分類過程で開発された方法が，今日のケースワーク[2]の原型となる方法だったからです。

COSから飛び出したバーネット夫妻によって始められたのが，セツルメント運動でした。セツルメント運動の拠点は，1884年に，東ロンドンに開設された「トインビーホール」でした。ここで，大学生や中産階級の若者らは地域の貧民と接触し，彼らに教育や文学・芸術活動を提供して，階級間の溝を埋める活動を展開しました。彼らの活動が，今日でいうグループワーク[3]の出発点をなしたと言えるでしょう。救世軍は，W.ブースによって創設されたプロテスタントの伝道団体でしたが，活動が軍隊式であった点が特徴だと言えます。彼らの拠点も東ロンドンであり，そこで簡易宿泊所を運営したり，失業者を郊外の自分たちの土地に連れて行き，労働や農業経験，教育を与えるなど多彩な活動を繰り広げました。

③ 民間社会福祉と福祉国家

20世紀はじめになると，イギリスでは，救貧法とは別体系の公的年金や医療保険，失業保険などの今日的な社会保障制度に近い制度が創設されました。一概には言えませんが，これらの立法にことごとく反対したCOSは，当時の民間団体の態度を代表していたと言えるでしょう。彼らは，チャーマーズが示した貧困理解に共感し，国家立法は貧民の性格を弱めるとして反対しました。ただし，COSやセツルメントの運動によって生み出されたケースワークやグループワークの方法は，今日にも受け継がれ，活かされています。第2次世界大戦後に成立した福祉国家の下では，その「普遍主義」からこぼれ落ちる個人や階層，あるいは地域の再生のために，これらの方法が活用されました。その担い手が福祉の専門職だったのです。

（藤井　透）

▷2　生活や医療問題などを抱える個人が，援助者と協働して問題状況の改善に取り組みながら，種々の福祉サービスの活用を通じて自らの生活の安定や健康回復を図っていけるようにする社会福祉の技術である。

▷3　小集団内部のメンバー相互の関係を援助者が意図的に活用することによって，個々のメンバーの成長やそれぞれが抱えている問題の改善を促す社会福祉の技術である。

参考文献

市瀬幸平『イギリス社会福祉運動史』川島書店，2004年。

W.H. ベヴァリッジ／伊部英男訳『強制と説得』至誠堂，1975年。

G.S. Jones, *Outcast London*, Oxford, 1971.

Ⅳ 社会福祉の発展過程

8 社会保険の誕生

① 自由党の諸改革

　すべての近代的な労働者家族が，継続的に，安定的で豊かな生活を送ることを願っていたことは，間違いないことでしょう。しかし，もし，一家の家計を支える者が，疾病や失業によって現金収入を失ってしまうと，家族を十分に扶養することはできなくなります。19世紀のイギリスに話を限ると，熟練職人や相対的に高賃金を得ていた労働者は，自分たちで友愛組合を組織したり，簡易生命保険会社に加入して前述の「もしも」の時に備えていましたが，非熟練労働者や低賃金労働者に残された道は，スティグマを伴う救貧法に依存するか，あるいは単発的な慈善にすがるしかなかったのです。ところが，19世紀後半になると，男性に限られていたとはいえ，都市だけではなく農村に住む労働者にも選挙権が与えられるようになり，ときの政府は，労働者の疾病や失業問題に対して新たな対策を採ることが迫られるようになりました。

　1906年の総選挙で大勝した自由党は，同年から1914年にかけて，次々に社会・労働立法を制定しました。この一連の改革を，「自由党の諸改革」と呼びます。財源調達の方法から同改革をみますと，公費（税金）負担方式の代表が1908年老齢年金法で，社会保険方式の代表が1911年国民保険法でした。老齢年金法は，年収の制限や過去の犯罪歴によって排除される者もいましたが，70歳以上の高齢者が，週5シリングを最高限度額として「権利」としての年金を受給できることと定めました。1909年に65万人，1912年には93万人が初めて年金を手にすることができ，当時の多くの国民から歓迎されたと言われています。70歳以上であればだれもが年金を受給できるので，もはや救貧法の世話にならなくてもすむ，と多くの高齢者は安心したに違いありません。

② 国民保険法の制定

　他方，1911年国民保険法は，その規模からみて，「自由党の諸改革」を代表する立法だと言われています。同法は，第1部の医療保険，第2部の失業保険，第3部の保険行政機構の規定からなっており，社会保険方式によって財源を調達する仕組みを構築しました。老齢年金法では，年金を受給するために，高齢者が事前に経費を負担する必要がなかったのに対して，国民保険法は，あらかじめ被保険者（保険に加入している労働者）から保険料を徴収し，彼らを雇用して

▶1　労働者階級の中・上層部分が，疾病や埋葬に対して，一定の掛け金を出し合って相互扶助的に備えていた共済組織のことで，19世紀後半には，70万人を超える組合員をかかえた組合もあった。

いる事業主には事業主負担をさせました。そして，もし，疾病や失業というリスクが生じたら，プールされている保険料に国庫負担分をあわせた基金から，疾病や失業期間の間，被保険者に現金給付や現物給付を与えるという仕組みを築いたのです。第2部の失業保険は，実験的な性格をもつ施策で，対象とする産業が機械や製鉄など7つの産業に限定され，およそ225万人の労働者に適用されるに過ぎませんでした。発足当初，関係する産業の失業率が予想より低く，しかも，その後，勃発した第1次世界大戦のために失業者がさらに減ったことにより，失業保険は，しばらくは財政的に安定した状態を維持しました。

他方，第1部の医療保険は，さきに言及したように，友愛組合や簡易生命保険会社など，利害のぶつかる民間組織があったために，制定には難航を極めました。そこで政府は，それらを，公的医療保険の枠組みのなかに「認可組合」として受け入れ，医療保険の管理の一端を担わせることで，彼らを取り込むことに成功したのです。医療保険は，16歳から69歳までの肉体労働者と年収160ポンド以下の非肉体労働者を被保険者とし，彼らから週4ペンスの保険料（女性からは週3ペンス）を徴収し，使用者からも事業主負担として週3ペンスを徴収し，それに国が2ペンスを拠出することで，1,370万人にも上る労働者を，一挙に公的医療保険の対象者にしました。そして実際に，疾病にかかった場合，最初の26週間に関して男性は週10シリング，女性は7シリング6ペンスの疾病給付を受けることができました。また現物給付として，医療給付を得ることもできたのです。

3 社会保険の「権利」

近年の研究では，医療保険に関して，貧困な労働者家族の家計にとって週3ペンスでさえ重い負担であったこと，そして，彼らを雇用している使用者も事業主負担を支払うことに消極的であったために，多くの最も貧困な労働者は，医療給付から除外されていたと言われています。社会保険は，被保険者が事前に保険料を負担しているので，もし，疾病や失業などのリスクが生じても，スティグマを伴うことなく，「権利」としての反対給付を得ることができるという「利点」があると言われる場合が少なくありません。しかしながら，貧困や失業などで払いたくても保険料を払えない場合は，この「権利」が，いわば自動的に消滅することを意味するのです。第1次世界大戦によって一時的に中断を余儀なくされたこのような矛盾は，大戦後にあらわれ，イギリス社会に大きな課題を突き付けることになりました。

（藤井　透）

▶2　パット・セイン／深澤和子・深澤敦監訳『イギリス福祉国家の社会史』ミネルヴァ書房，2000年，100頁。

参考文献
樫原朗『イギリス社会保障の史的研究Ⅰ』法律文化社，1973年。
モーリス・ブルース／秋田成就訳『福祉国家への歩み』法政大学出版局，1984年。
パット・セイン／深澤和子・深澤敦監訳『イギリス福祉国家の社会史』ミネルヴァ書房，2000年。

第2部　西洋編

Ⅳ　社会福祉の発展過程

9　戦争と社会福祉の発展

1　「総力戦」と失業問題

　史上初めての「総力戦」となった第1次世界大戦と第2次世界大戦の間の時期を、一般に（両大）戦間期と呼びます。2度にわたる「総力戦」、そして、1929年の世界恐慌と1931年のヨーロッパにおける金融恐慌などを経験することで、戦間期に、イギリスは政治、経済、社会の構造上の大きな変化を遂げました。経済、社会、生活の多方面に対して、それまでの時代には考えられなかったような国家による介入が強化されたのです。以下では、このような視点から、戦間期イギリスにおける社会福祉の発展と変化を概観し、最後に、1942年の『ベヴァリッジ報告』との関連を見ることにしましょう。

　戦間期を通して、大きな社会問題だと受け止められたのが失業問題でした。1909年の失業保険の制定当時、失業率は低く、しかも第1次世界大戦直後の時期には好況だったために、失業保険の範囲が拡大されました。1920年に、農業または家事使用人と公務員をのぞく、全労働者が対象となる新しい失業保険制度が創設されたのです。ところが制定直後好況は終わりを告げ、失業者が急増しました。この事態に対して、新しい失業保険では対処できないため、政府が採った施策が「規定外の拡張給付」という手段でした。これは、被保険者が保険料の拠出を15週間満たせば、1年に47週間にいたるまで給付を受けることができるという施策でした。

　その後、政府は数々の失業法を制定しましたが、1929年以降の世界恐慌によって、社会保険原理では失業問題に対処することができないという結論に至りました。1934年に制定された失業法が、社会保険原理での失業保険をもちながらも、「失業扶助局」を立ち上げ、ミーンズテスト付きで、保険の適用されない失業者のための無拠出給付である「失業給付」を用意したのは、このような戦間期のきびしい失業問題に対する政策的帰結だったということができます。

2　戦間期の社会保障

　「国家的効率」や「人的資本」という観点から、国民の健康に対して政府の関心が増していったのも、戦間期の特徴の一つと言えます。1919年に保健省が創設され、ここに国民健康保険、地方保健局、そして全救貧行政が統合されることになりました。同年には国民保険法が改正され、被保険者のなかに非肉体労

▷1　景気が落ち込み、需要が減退すると、生産、雇用、所得の減少を伴うが、それにとどまらず、さらに企業倒産や失業が大規模に発生する経済現象のことで、1929年の大恐慌は、最もよく知られた恐慌である。

▷2　資力調査とも言い、社会保障の給付の際、その要件を満たしているかどうかを決定するために、当該世帯の所得や家計状態を調べること。

働者がさらに加えられ，1937年には，14歳から16歳までの若年労働者も医療給付が受けられるようになりました。また，長びく失業に対処するために，拠出ができなくなった者に対しても医療給付が受けられる特別措置が施され，これに備えるために，1935年に失業滞納基金が創設されたのです。

国民保険法から枝分かれした新しい施策が登場したのが，1925年でした。健康保険に，拠出制の寡婦・孤児・老齢年金が付加されたのです。公費負担方式としてはじまった老齢年金は，第1次世界大戦後には対象者が100万人を超え，経費が急増しました。また，この時期に，戦争による少子化の進行も明らかになったのです。1921年の国勢調査によって，イギリスではじめて15歳以下の子どもが減少したことがわかりました。これらの要因によって，年金が，公費負担方式から社会保険方式に転換されることになりました。それと同時に，高齢者に加えて，年金受給者であり，かつ救貧法受給者でもある寡婦や，生活・扶養手段のない孤児に対しても，年金を支給するという施策が結合されたのです。それが1925年法でした。

本格的な「総力戦」である第2次世界大戦に勝利するために，人々は，かつてなかったほどの政府の介入を受け入れました。この介入のなかには，徴兵などのほかに，学校給食やミルクの普遍的な供給など，将来の民族育成を念頭に置いた政策も含まれます。R.ティトマスは，戦時期におけるこのような経験によってイギリス人の間に社会的連帯感が創り出され，それがかれらを平等主義的政策と集団主義的な国家介入の大規模な進展を受け入れようという気にさせたからだと言っています。◁3

③ 『ベヴァリッジ報告』への道

戦後イギリス福祉国家の見取り図を示したといわれる著名な『ベヴァリッジ報告』が公表されたのは，1942年でした。同報告には，「完全に発達した社会保険とは，5つの巨悪（giant evils）に対する攻撃」であるとする重要な一文があります。◁4「欠乏」（Want），「疾病」（Disease），「無知」（Ignorance），「不潔」（Squalor），「無為」（Idleness）が，その「巨悪」です。これまで見てきたように，戦間期イギリスでは，失業問題を除けば，多くの施策が社会保険方式によって運営されるようになりました。また，教育政策や都市計画などの広義の「社会保障」政策も，徐々に進められてきたのです。W.ベヴァリッジが，このような変化を，『ベヴァリッジ報告』の提案のなかで受け止めたということが，5つの「巨悪」の指摘にみることができます。つまり，戦後のイギリス福祉国家は，戦間期と「地続き」で成立したと言えるのです。

(藤井　透)

▷3　キャサリン・ジョーンズ／美馬孝人訳『イギリス社会政策の形成――1830～1990年』梓出版，1997年。

▷4　山田雄三監訳『ベヴァリジ報告』至誠堂，1969年，6頁。

参考文献
樫原朗『イギリス社会保障の史的研究』Ⅱ・Ⅲ，法律文化社，1980年，1988年。
山田雄三監訳『ベヴァリジ報告』至誠堂，1969年。
モーリス・ブルース／秋田成就訳『福祉国家への歩み』法政大学出版局，1984年。
パット・セイン／深澤和子・深澤敦監訳『イギリス福祉国家の社会史』ミネルヴァ書房，2000年。

第 2 部　西洋編

Ⅳ　社会福祉の発展過程

10　福祉国家の成立

１ 『ベヴァリッジ報告』

　1942年11月に発表された『社会保険および関連サーヴィス』と題された『ベヴァリッジ報告』は，戦後の「社会改革」プランを示した政府白書として，国民から圧倒的な支持を受けました。1945年7月に行われた総選挙で，大方の予想に反してアトリー率いる労働党が圧勝したのは，国民が，戦争遂行の責任者だったチャーチルではなく，労働党に対して戦後のベヴァリッジ・プランの実現を託したからでした。『ベヴァリッジ報告』によれば，戦後の「再建」の前にたちはだかる5つの「巨悪」に対する同報告の提案を，戦後の労働党政権がすべて忠実に実現したとは言えませんが，同政権は，「巨悪」に対応した立法を続々と制定し，イギリス福祉国家の土台を築きました。

２ 戦後福祉国家の成立

　「欠乏」に対しては，制定順で，1945年の家族手当法，1946年の国民保険法，国民保険（労働災害）法，1948年の国民扶助法が対応しました。国民保険法は，概ね，W.ベヴァリッジの「社会保険」に対する考え方を受け継ぎ，学校終了年齢を越え，かつ年金受給年齢以下のイギリスに居住する者すべてが被保険者となる「普遍主義」を採用しました。給付を支払うための基金は，被保険者，使用者，そして国からも拠出され，給付として，失業給付，疾病給付，母性給付，寡婦給付，保護者手当，退職年金，死亡補助金が用意されたのです。福祉国家の代名詞でもある「ゆりかごから墓場まで」のすべてのリスクをカバーする社会保険制度が，ここに誕生しました。

　国民保険（労働災害）法は，従来の制度の弱点を正し，適用対象をイギリス本国における労働契約により労働に従事するすべての者に拡張し，就業中に発生した個人的傷害や死亡，そして職業病に対して，傷害給付や年金を支給する制度です。救貧法を最終的に廃止するために制定されたのが，国民扶助法です。同法によって，国民保険法などからも取り残された，すべての者への財政的援助を行う国民扶助局が設置され，ニーズに満たない者に対しては，ミーンズテスト付きで，現金または現物が支給されました。『ベヴァリッジ報告』で「欠乏」の原因の一つと挙げられた「大家族」に関しては，家族手当法が対処しました。同法によって，第2子以降の児童に，基本的に義務教育年齢の上限までの期間

中，普遍的に週5シリングが支給されることになったのです。

「疾病」に対しては，1946年の国民保健サービス法が対応しました。同法は，医療サービスの国営化と国民全体への無料化を実現した画期的な立法でした。ただ同法の成立にあたっては，病院が自治体によって管理されるのではないかといった心配から，医師側に大きな反発が生じました。これらの点に関して一定の妥協が行われることで，同法は，当初の構想とは異なり，病院医療，一般医療及び自治体保健サービスの3部門からなる構造をもつことになりました。とはいえ，個人の支払い能力に関係なく，国民全体が無料の包括的保健サービスを受けられるようになった点などから，同法が戦後福祉国家を代表する立法であるということは間違いないでしょう。

「無知」に対しては，1944年の教育法が対応しました。同法によって，イギリスの教育体制は重要な変更がもたらされ，学校は，小学校，中学校，そしてそれ以上の3つの進級課程に再編成され，義務教育年限が15歳に引き上げられました。

「不潔」に対する対応は，これまでの「巨悪」に対する立法と比べて見劣りがします。第2次世界大戦によって多くの住宅が破壊されたために，労働党政権が，住宅不足の解消という緊急の課題に対処することに追われたからです。このために，1946年土地収用法，住宅法が制定され，公営住宅の建設がすすめられました。また，1946年のニュータウン法，1947年の都市および農村計画法は，戦後イギリスのニュータウン建設を方向づける立法となりました。「無為」に対して求められるのは，完全雇用政策です。戦争が終わって，軍人が復員したり多くの男女が軍需工場から解放されることで，失業問題が再燃するのではないかと心配されました。ところが，目立った立法的処置がなくても，1955年まで失業率はほとんど2％以下の水準を維持し，「完全雇用」が実現されました。

❸ 戦後福祉国家の「合意」

戦後のイギリス福祉国家は，第2次世界大戦によってそれまでのイギリスの世界経済での地位を失った状況のもとで，実現されました。それは，「総力戦」への国民の動員と引き換えに，戦後実現された体制だったと言い換えてもよいでしょう。その限りで，保守党が政権についても福祉国家体制を維持するという，労働党と保守党の間に，戦後福祉国家への「合意」が成り立っていたと言うことができます。しかしながらその「合意」は，インフレーションなど戦後の新しい経済状況のなかで，1960年代以降動揺することになります。そして，1970年代前半のオイルショックなどを機に，戦後福祉国家体制に対する見直しが叫ばれるようになり，1979年に保守党のサッチャーが政権を握ったことから，福祉国家は「解体」の危機に瀕することになるのです。

（藤井　透）

▷1　人口と産業の分散を通して，大都市の過密を緩和するために大都市周辺に計画的に建設された新都市のことである。

▷2　財やサービスの価格が上昇して，一般的な物価水準が上昇する経済現象のことである。
▷3　I-10側注参照。

参考文献
毛利健三『イギリス福祉国家の研究』東京大学出版会，1990年。
毛利健三編著『現代イギリス社会政策史』ミネルヴァ書房，1999年。
山田雄三監訳『ベヴァリジ報告』至誠堂，1969年。
エイベル・スミス／多田羅浩三・大和田建太郎訳『英国の病院と医療』保健同人社，1981年。

Ⅳ 社会福祉の発展過程

11 グローバリゼーションと福祉国家

1 グローバリゼーションとは

　グローバリゼーションは「多様な人々や経済や文化，政治が国際化にさらされ，人々がその影響を日常的に感じることのできるような国際統合のプロセス」◁1 と定義されています。国家間の相互依存性が増加するということです。

　ジョージとウィルディングは，グローバリゼーションの一般的特徴を，①世界の各地域・国家間の相互連携の増大と深化，②情報や文化，金融資本のほぼ統制不可能な流れ，③多国籍企業の権力と活動の増大，④多くの国における不平等深化を伴う経済成長の増大，⑤グローバルな消費文化の形成，⑥海外旅行と移住の増加，運輸手段とコミュニケーションの加速化による時間と空間の圧縮，⑦国外の出来事が自分の暮らしにどのような影響を与えるのかということに関する関心の高まり，⑧政府活動を補充・代替・支援する超国家的政府機関や非政府機関の急激な成長の8つにまとめています。

　グローバリゼーションの傾向が強まるようになった背景としては，次の3つが主な要因として挙げられます。まず，ソビエトの崩壊により資本主義の優越性の証明であるとされ，市場経済にもとづいた世界秩序の確立を促しました。第2の背景には，貿易・金融資本・コミュニケーション費用の大幅な減少をもたらした情報通信技術の発展があります。◁2 第3の背景として，EU，ASEAN，NAFTAなどの地域経済統合体が登場したことであり，そのブロックに所属する国家は自分の権力の一部をその地域経済統合体に委任するようになったことです。

2 グローバリゼーションの社会福祉への影響

　グローバリゼーションは社会福祉の発展を促している面も，社会福祉の削減に寄与した側面ももっています。

　まず，社会福祉の発展に貢献したことについてですが，それは主に国際機構の活動と深く関わっています。国連をはじめ多くの国際機構は，2つの方法を通じて，各国の社会福祉の増進を働きかけています。それは，①援助を必要とする地域や国家に対して，資金などの現金援助と医療サービスなどの現物援助を行うこと，②人権の保障や福祉の向上のために必要な措置を明記した国際的基準，国際条約，国際協定などを定め，より多くの国がその基準を受け入れる

▷1　ジェームス・ミッジリィ／京極高宣・萩原康生監訳『国際社会福祉論』中央法規出版，1999年，29頁。

▷2　たとえば，1920年，ロンドン―ニューヨークの3分間の電話通話料は245ドルであったが，1990年には当時の通貨価値で3ドルにまで下がっている。

ように圧力をかけること，です。

②については，世界人権宣言（1948年），児童権利宣言（1959年），経済的，社会的および文化的権利に関する国際規約（1966年），市民的および政治的権利に関する国際規約（1966年），国連人種差別撤廃条約（1969年），女性に対する差別撤廃条約（1979年），子どもの権利に関する国際条約（1989年）などがあります。国際労働機関（ILO）も各国が社会保障制度の充実化に努力するように，国際基準づくりとその勧告を通じて促し貢献してきました。

もう一方で，グローバリゼーションは社会福祉，特に国家福祉の削減をもたらした側面ももっていますが，それは，グローバリゼーションがいわゆる「新自由主義」の社会文化が深化したことと密接に関わっているからなのです。新自由主義的政策が社会福祉を脅かしていることには，さらに2つの要因があります。その1つは，その政策が必然的に社会的不平等を深化させ，失業と社会的排除のような問題を引き起こしている点，第2は，社会福祉サービスにおいても，個人や家族の責任が強調され，サービス利用の本人負担などが増加している点です。

3 グローバリゼーションと福祉国家改革

グローバリゼーションは福祉国家改革の重要な背景となっていますが，その改革の内容は「公的社会福祉の削減」になっています。たとえば，年金改革は「年金縮小」と同意語として受け止められています。したがって，グローバリゼーションは福祉国家体制に対する脅威といってよいでしょう。

今まで，福祉国家の社会政策は経済政策の歪みを正すような役割を果たしてきましたが，グローバリゼーションがもたらした国家間競争の拡大によって，社会政策が国際競争力の維持に寄与するように要求しています。グローバリゼーションによって，他国の情報はすぐ世界中に伝わりますが，他国の福祉改革がそのまま自国の政策の評価基準になってしまうことが度々あります。福祉改革の内容の大半は福祉の削減ですので，自国もそれを見習って，福祉を削減するようにという圧力になるのです。この現象は「底辺への競争」（a race to the bottom）と呼ばれますが，グローバリゼーションはそうした傾向を加速させているのが現状です。

それに，地域共同体の会員国に対する圧力もあります。ヨーロッパ福祉国家の年金制度を例にみると，EUはその会員国ならびに会員国を希望する国に対して，国家債務に対する統制を強化し，事実上福祉拡大のために他の財源を使うことを禁止しました。1998年までに財政赤字をGDPの3％以下に縮小することを強要したのですが，これによって，会員国は，税金の引き上げの抑制，年金給付の削減などを余儀なくされたのです。

（朴　光駿）

参考文献

朴光駿『国際福祉論』佛教大学，2007年。

ノーマ・ジョンソン／山本惠子・村上真・永井真也訳『グローバリゼーションと福祉国家の変容』法律文化社，2002年。

仲村優一・慎燮重・萩原康生編著『グローバリゼーションと国際社会福祉』中央法規出版，2002年。

Ⅳ 社会福祉の発展過程

12 アメリカの社会福祉

1 アメリカの社会福祉の源流

　1776年のアメリカ独立宣言以来，1935年の社会保障法成立までの約150年間，アメリカには人々の暮らしを保障する制度体系はありませんでした。その背景として，建国の理念に「自由の帝国」という考えがあること，アメリカの伝統的哲学として「自助の伝統」が存在することがあげられるでしょう。自由＝フロンティアは開拓の歴史でした。自由な土地が存在する限り，財産を得る機会があり，誰もが望めば経済的な平等は確立できると考えられていたのです。そのため，社会保障の考え方はアメリカ社会に不要だと考えられてきたのです。

　しかし，ここで大きな転機が訪れます。それが1930年代にアメリカを激震させた大恐慌と，それに伴う大量の失業者の発生です。この大恐慌で国民の経済生活が大打撃を受け，「自由の帝国」「自助の伝統」だけでは社会の仕組みによって発生する諸問題に対処できないことを痛感したルーズベルト大統領は，この恐慌に対処するためにニューディール政策に乗り出しました。1935年の社会保障法はこの政策の一環です。社会保障法が経済保障として構想されていたこと，内容が社会保険と公的扶助から成り立っていることから，アメリカにおける社会保障とは，主に所得保障を意味していることが言われています。

2 アメリカの社会福祉政策

　アメリカの社会保障体系は，社会保険・公的扶助・特定職域制度の3つの柱から成り立っています。このうち，公的扶助が社会福祉という位置づけになっています。その位置づけから社会福祉政策をみると，社会保障法（1935年）を皮切りに，公民権法（1964年），アメリカ高齢者法（1965年），社会保障法タイトルXX（1975年），アメリカ障害者法（1990年）と続きます。さらに，アメリカは公的医療保険制度がなく，民間企業による医療保険が中心となっていることから，1965年の社会保障法改正で，メディケア（65歳以上の高齢者を対象とした公的医療保険）とメディケイド（低所得者を対象とした医療の提供確保）が成立しました。

3 アメリカの社会福祉実践

　民間による社会福祉実践は，ロンドンで1869年から始まった慈善組織協会（以下，COS）の活動を，1877年にガーティーンがバッファロー市で広めたことから

▷1　①連邦営老齢年金保険，②州営失業保険への連邦補助金，③州営公的扶助・社会福祉サービスへの連邦補助金から成る。

▷2　明石紀雄『トマス・ジェファソンと「自由の帝国」の理念』ミネルヴァ書房，1999年，1頁。

▷3　古矢旬『アメリカニズム』東京大学出版会，2002年，6頁。

▷4　政府による経済への介入（積極的な経済政策）として，団体交渉権保障などによる労働者の地位向上・テネシー渓谷開発公社（TVA）などの大規模公共事業による失業者対策・社会保障の充実などの政策が行われた。

▷5　熊沢由美「日本国憲法における『社会福祉』」『現代社会文化研究』NO. 22，新潟大学大学院現代社会文化研究科，2001年，36頁。

▷6　人種，皮膚の色，宗教，性，出身国にもとづく差別を禁止した法律。

▷7　連邦，州，地方政府の協力と責任によって，高齢者が包括的な社会サービスを均等に得られる機会を保障した法律。

▷8　州政府が行う社会福祉サービスのための補助金額を人口比例にもとづいて変更し，補助金の使用にあたっても州政府の大幅な裁量権を認めたもの。

▷9　公民権法では盛り込まれなかった障害者に対する差別を撤廃し，機会の平

始まります。COSは慈善的救済の組織化と貧民の発生の抑制を目的に設立され，慈善団体間の組織化を図ることで漏救や濫救を防ぎ，貧窮の発生を抑えていく活動を行っていきました。そして，その慈善活動が家族に対する援助活動を中心に科学化され，M.リッチモンドが著した『社会診断』（1917年），『ソーシャルケースワークとは何か』（1922年）によって1つの形をみることができました。リッチモンドは，『社会診断』のなかで，「社会的調査──社会的診断──社会的治療」という援助プロセスを示し，『ソーシャルケースワークとは何か』のなかで，「ケースワークは，人間と社会環境との間を個別に，意識的に調整することを通してパーソナリティを発達させる諸過程から成り立っている」ことを示しました。

さらに，1889年にジェーン・アダムズがシカゴ市にハルハウスを設立し，労働者の貧困問題に対して，①労働者を取り巻く制度・環境の改良・整備，②下位の労働階級への十分な教育の普及，③教育による労働者らの意識の向上を目的としたセツルメント運動を実践していきました。ジェーン・アダムズは，ロンドンで1884年に設立されたトインビーホールのセツルメント運動に強い影響受けています。

❹ アメリカの社会福祉教育

アメリカでは，社会におけるソーシャルワーカーの地位や役割が明確です。つまり，ソーシャルワークによる援助が展開できる社会システムが機能しているということです。その重要な要素として，1952年に全米ソーシャルワーク教育協議会（以下，CSWE）が設立されたことが挙げられます。このCSWEには，3,000人以上の個人会員と600以上のソーシャルワーカー養成機関が参加をしています。一般的にアメリカでソーシャルワーカーを名乗るには，このCSWEの認可を受けた大学院を修了して，ソーシャルワーク修士号（以下，MSW）を取得することが必要となります。なお，準専門職として，大学学部を卒業したソーシャルワーク学士（以下，BSW）もいますが，ソーシャルワーカーとして十分な教育を受けてきたと考えられていない風土があります。

大学院のMSW養成は，2年課程でソーシャルワークの知識や専門性を学び，スーパービジョン，マネジメント，プログラム開発等の知識や技術の修得をめざすことが期待されています。ソーシャルワーカーは，さらに，①初級，②中級，③上級，④臨床の4段階になっています。初級はBSW取得者，中級はMSW取得者で実務経験のない者，上級はMSW取得者で2年以上のスーパービジョンを受けたソーシャルワーク実践経験者，臨床は上級者が州の実施するライセンス試験に合格した者と区分されます。　　　　（横山順一）

等を明示した法律。

▷10　仲村優一・一番ケ瀬康子編『アメリカ・カナダ』（世界の社会福祉9）旬報社，2000年，43頁。

▷11　M. E.リッチモンド／小松源助訳『ソーシャルケースワークとは何か』中央法規出版，1992年，57頁。

▷12　住居広士『新版　アメリカ社会保障の光と陰』大学教育出版，2004年，115頁。

▷13　同前書，116-118頁。

参考文献
　M. E.リッチモンド／小松源助訳『ソーシャルケースワークとは何か』中央法規出版，1992年。
　小林清一『アメリカ福祉国家体制の形成』ミネルヴァ書房，1997年。
　明石紀雄『トマス・ジェファソンと「自由の帝国」の理念』ミネルヴァ書房，1999年。
　仲村優一・一番ケ瀬康子編『アメリカ・カナダ』（世界の社会福祉9）旬報社，2000年。
　古矢旬『アメリカニズム』東京大学出版会，2002年。
　住居広士『新版　アメリカ社会保障の光と陰』大学教育出版，2004年。

Ⅳ 社会福祉の発展過程

13 スウェーデンの社会福祉

1 スウェーデンの社会福祉体系

　スウェーデンの社会福祉の方向性は，1928年に社会民主労働党のペル・アルビン・ハンソンが議会演説で取り上げた「国民の家」という表現に集約されます。国民の家という考えは「人びとが助け合って生きるのであり，闘い合うということはない。また，階級闘争ではなく協調の精神がすべての人びとに安心と安全を与えるのである」という形で，スウェーデンの福祉国家の基本的哲学になっています。

　1980年に社会サービス法が制定（1982年施行）され，それまでばらばらに存在していた社会サービスについての諸法律（公的扶助法，児童・青少年社会養護法，アルコール・薬物乱用者ケア法，保育法）が統一され一本化されました。社会サービスは社会的安全の保障をし，生活の平等と積極的参加を促すために存在するという考え方があるため，たとえ所得が低い人であっても十分な社会サービスを受けることが可能になっています。それを可能にしている指標の一つが租税負担率で，収入の49.5％となっています（日本は32.2％）。

　スウェーデンが採った福祉路線は，資本主義でも社会主義でもなく「第三の道」と呼ばれています。完全雇用の達成と，公正な分配・平等・労働市場の安定や福祉を重視するために，社会主義と市場主義を合わせたもので，「福祉社会を作るには経済が強くなければならない」という理論が，高負担高福祉を可能にしています。

2 スウェーデンの高齢者福祉

　高齢者人口の増加による介護資源の不足，好ましくない施設環境，サービス選択肢の不十分さ，専門教育の不十分さが指摘されてきたことを受けて，1992年にエーデル改革が行われました。この改革は，①5万人以上の高齢者医療スタッフがランスティング（日本でいう県）からコミューン（日本でいう市町村）に異動，②保健医療と福祉の統合策として，高齢者保健医療をランスティングからコミューンに委譲，③コミューンに社会的入院費の支払い義務，④改革に伴うコミューンへの財源支援を実施するものでした。この改革によって，サービスが住民により身近なものになったこと，それによってサービスの質が向上したこと，コミューンの経済的負担が軽減されたことが評価されています。

▷1　ハンソンが「良き家庭においては平等，思いやり，協同，手助け等が存在する。この概念をより大きな国民ないし市民の家に適用するならば，市民を特権を持つ者と役に立たない者，支配者と服従者，富者と貧者，飽食者と欠乏者，略奪者と略奪される者とに区分しているすべての社会的・経済的障壁を破壊することを意味する」と演説。
▷2　高島昌二『スウェーデンの家族・福祉・国家』ミネルヴァ書房，1997年，101-102頁。
▷3　藤井威，基調講演「高福祉高負担の枠組みの下での育児の社会化」ESRI 経済政策フォーラム『第18回出生率の回復をめざして──スウェーデン等の事例と日本への含意』2004年。

▷4　老人ホーム等を利用できず，やむを得ず病棟に滞在している状態を指す。
▷5　安全アラームサービスは，緊急通報用ボタンを通じてホームヘルパーに即刻連絡がとれるシステムを言い，移送サービスは，身体機能の低下した高齢者や障害者で普通の公共交通機関の利用が困難な人に，移動の確保を行うサービスを言う。

高齢者ケアサービスの在宅サービスには、ホームヘルプサービス、ナイトパトロール、訪問看護、安全アラームサービス、移送サービス、ディサービス、補助器具サービス、住宅改修サービスの8種類があり、施設サービスには、サービスハウス、老人ホーム、グループホーム、ナーシングホームの4種類があります。

3 スウェーデンの障害者福祉

スウェーデンにおける障害観は環境と結び付いて考えられています。「障害」とは、個人の特性として見なされるのではなく、機能的障害をもった人が不利益のある環境に直面した時に生ずる困難であることを示しています。したがって、障害者福祉の実践者は、公的・私的な諸活動にすべての障害者が接近できるように保証すること、損傷や疾患によって、障害者が不利な立場に置かれることのないように責任を負うことが期待されています。

1982年の社会サービス法は、国民の経済的・社会的安定、生活条件の平等、積極的な社会参加の促進を目的としていて、コミューンは、障害者がコミュニティでの積極的な役割を担うことができ、公的施設等にアクセスできるような方法で、生活の維持を図ることができるように勤めなければならないとされています。

また、1994年から障害者福祉改革が始まりました。この改革で強調された点は、①自己決定、②影響力の行使、③アクセシビリティの強化、④社会参加、⑤改善の継続、⑥人間としての尊厳の重視です。この改革により、1994年に特定の機能障害者に対する援助及びサービスに関する法律、アシスタンス手当法が施行されました。これらの法が整備されたことで、障害者の自立生活に必要な介護の公費助成が確立されました。

4 スウェーデンの児童福祉

スウェーデンの児童福祉は、1982年の社会サービス法の一つに位置づけられていましたが、1998年に教育法のなかに位置づけられ、そのなかで、児童福祉サービスのさまざまな形態が規定されています。たとえば、両親を対象とする育児有給休暇制度及び公共保育サービス制度によって、乳幼児をもつ共働き家庭の就労と生活の基盤づくりをしています。特に特徴的な制度として、両親保険制度があり、両親保険に加入していれば、国籍や就労状態に関係なく180日以上の社会保険事務所の登録で、手当受給の対象となります。

市町村は、就学前の保育所、余暇センターと学校教育に対して責任を有していて、ケアと教育は一体のものとして考えられています。なお、就学前教育から大学まで教育費は無料となっています。

（横山順一）

▷6 ここで言う特定の機能障害者とは、①発達遅滞者あるいは自閉症者、②成人に達した後、身体疾患等で相当以上の機能障害あるいは脳障害を受けた者、③それ以外の者で心身の機能障害が重く日常生活に困難があり、結果として援助及びサービスを必要とする者と規定されている。

▷7 1週間当たり20時間以上の支援が必要な場合は国がその経費を負担し、20時間以下の支援で十分な障害者に関しては地方自治体がその経費を負担することが定められている。

▷8 自治体国際化協会『スウェーデンの地方自治』自治体国際化協会、2004年、95頁。

▷9 ①妊婦手当、②両親手当、③一時的両親手当、④父親の出生休暇手当、⑤育児用勤務時間短縮といった各種支援がある。

▷10 高島昌二『スウェーデン社会福祉入門』晃洋書房、2007年、106-110頁。

▷11 学校の登下校時の前後、夏休み等の休暇中に開かれている。学校教育の補完的役割があり、子どもたちの発達を助け、有意義なレクリエーションを提供している。

参考文献

高島昌二『スウェーデンの家族・福祉・国家』ミネルヴァ書房、1997年。

仲村優一・一番ケ瀬康子『スウェーデン・フィンランド』（世界の福祉1）旬報社、1998年。

自治体国際化協会『スウェーデンの地方自治』自治体国際化協会、2004年。

猿田正機編著『日本におけるスウェーデン研究』ミネルヴァ書房、2005年。

高島昌二『スウェーデン社会福祉入門』晃洋書房、2007年。

第2部　西洋編

Ⅳ　社会福祉の発展過程

14　福祉国家の危機と再編

1　福祉国家の黄金期

　第2次世界大戦が終わった時期から1960年代末〜1970年代初めまでの期間は，しばしば「福祉国家の黄金期」と呼ばれています。

　それは福祉国家制度が量的にも質的にも拡大を続けただけでなく，その財政的負担者である国民の意識の側面においても福祉国家体制への揺るがない支持[1]があったからです。

　当然ながら，この時期に社会支出は急増しました。無論，社会支出の増加にはいわゆる「自然増加分」が含まれていますが，この時期の社会支出の拡大は福祉制度の拡充に伴うものでした。福祉制度の拡充には2つのパターンがありました。1つは福祉制度の対象を拡大することでした。一部の国民（たとえば，低所得者）を対象にしてスタートした制度を拡大し全国民にまで適用する，ということです。国民皆保険の実現に向けて変化していたのです。もう1つのパターンは，新しい社会リスクに対応する形で，福祉制度を新設することでした。このような政策は莫大な財源を必要としたのですが，それは，経済発展によって賄われていました。つまり，福祉拡大の背景には，何よりも経済発展があったのです。

2　福祉国家危機の到来

　1973年の第1次オイル・ショックを機に，世界的不況ないし低成長の時代を迎えました。福祉国家は失業の増加とインフレの進行が並存するスタグフレーションに悩まされました。福祉国家体制は完全雇用を想定した体制でしたが，失業が大量に発生し，しかもその現象が慢性化し，深刻な財政問題に直面したのです。失業の増大は財政収入（所得税などと社会保険料収入）の減少と，もう一方では失業給付などの急増という二重の打撃を与えたのです。政府は福祉国家縮小をめざす制度改革を余儀なくされました。

　このような状況に追い込まれると，福祉国家体制に対する批判がさまざまな側面から行われるようになり，それに対する国民の信頼が失われるようになりました。このような現象を「福祉国家の危機」と呼びます。経済危機の原因そのものが福祉国家体制にあるという批判もされました。

　福祉国家の危機は以上のような経済的側面だけでなく，政治的側面と社会文

▷1　福祉国家に対する国民や政治政党の確たる支持は福祉国家コンセンサス（合意）とよばれている。

化的側面にも現れました。福祉国家体制を指向する政治政党（社会民主党や労働党，社会党など）に対する支持が著しく低下しました。国民の間に政府に対する信頼も低下し，徴税の抵抗も強まりました。

社会文化的な側面においては，一般国民の社会福祉，あるいは社会福祉受給者に対する寛大さが希薄になり，賃金生活者と福祉受給者との不公平の問題や社会福祉不正受給問題も時々過度に強調されるようになりました。

福祉国家体制はこうした批判に対応するすべを失っていました。というのは，現実的に存在する財政危機問題を抜きにしても，福祉国家体制の実績と言えるものが客観的に提示できなかったからです。たとえば，福祉国家体制のもとで，政府は貧困の解消，社会的不平等の改善のために莫大な社会資源を投入したにもかかわらず，貧困はむしろ深化し，社会不平等も改善されていないことが明らかになっています。福祉国家は「市場の失敗」を解決するための体制でしたが，以上の現象は「国家の失敗」を意味することに他ならないとの認識が広まったのです。

3 福祉国家の再編

福祉国家の危機の内容と原因はさまざまな形で現れましたが，多くの福祉国家はその解決をめざして，さまざまな政策修正を実践するようになりました。これが福祉国家再編と呼ばれているものであります。

一概に福祉国家と言っても，福祉の水準，アプローチの方法，そして歴史文化等のさまざまな面において大きな違いがあったので，福祉国家危機に対する対応は多様なものとなりました。しかし，大きく分けると，新自由主義的再編とコーポラティズム（Corporatism）という2つの類型に分類することができます。

コーポラティズムとは「政府──資本──労働の政治的交渉システム」であり，この三者の合意にもとづいて主要政策を推進していく方式の国家体制のことを意味します。雇用主は完全雇用の重要性を認め，労働者は賃金引き上げの要求を節制し，さらにそれを行動で示そうとするシステムのことです。したがって，この再編は福祉国家と混合経済体制を維持する範囲内での再編と言えるものであり，スウェーデンとオーストリアはこの類型の福祉国家再編を行いました。

これに対して，新自由主義的再編は福祉国家に対するより急進的な再編であり，福祉国家への攻撃とも表現されるパターンの再編です。その特徴としては，小さな政府の指向，逆進的租税改革，プライバタイセーションなどが挙げられます。イギリス，アメリカ，日本はこの新自由主義的再編の典型的な例ですが，この類型の改革の結果は，不平等の深化と「福祉の残余的サービス化」（Residualization）をもたらしました。

(朴　光駿)

▷2　福祉国家体制は資本主義体制をベースにしながらも社会主義的要素も取り入れており，資本主義と社会主義の混合という意味で混合経済（Mixed Economy）と呼ばれている。

▷3　プライバタイセーションは社会福祉の国家介入を縮小することを意味するが，具体的には次の3つの形で行われた：①国家供与を縮小すること（たとえば，福祉給付の引き下げ，給付範囲の縮小など），②補助金の削減（サービス利用者負担の増加など），③福祉の民間提供者に対する規制の緩和（民間医療保険の奨励など）。民営化とも訳されている。

▷4　残余的サービス化とは，普遍的な福祉サービスが，一部の低所得者のみを対象にする残余的サービスへと転換することである。

(参考文献)

レーミッシュ・ミシュラー／丸谷泠史ほか訳『福祉国家と資本主義』晃洋書房，1995年。

V 社会福祉をめぐる動向

1 救貧法の運用と地域主義

1 エリザベス女王による救貧対策

　中世封建社会のイギリスでは，浮浪者や乞食といった貧民は，社会の秩序を乱す存在として厳しい取り締まりを受けていました。しかしその効果は，なかなかあがりませんでした。そうした貧民に対処するためにエリザベス女王は，1601年に救貧法を制定し，全国的な規模で救貧行政を行おうとしました。
　救貧法の直接的な運用は，教区を1つの単位とした地域主義で行われました。それぞれの教区には，救済の指揮監督をする治安判事が任命されていました。さらに2～4名の貧民監督官が任命され，救貧行政の実施と救貧税の徴収を行いました。救貧法は，その対象を無能力貧民に制限して，働く能力をもつ貧民と児童を就労させようとしていました。

▷1 V-6 側注参照。

2 市民革命後の救貧対策

　エリザベス女王の時代に確立した絶対王政は，中産階級である独立自営農民や手工業者，そして資本家らに支持された市民革命によって打ち倒されました。
　その後，議会を中心に大きな影響力をもった中産階級らが支持した市民革命による社会の混乱と，国家の抑圧的な救貧対策が緩んだ結果，地方の教区の判断によって救貧税が一層膨れ上がる結果となりました。救貧税の増大は，産業の発展をさまたげるとの理由から救貧税の負担を逃れたいと考えていた中産階級にとって，頭の痛いことでした。さらに貧民対策をとらずに社会のなかで貧民をそのままの状態にしておくことは，社会不安を増すことにつながるため，社会秩序の維持と労働力の確保の面からも放置できない問題でした。
　こうした状況のなかで，貧民対策の一つとして1662年に居住地法が制定されました。この法律は，一定水準以下の収入しか得られない新しい移住者が，将来貧民になり救済する必要がある場合，以前居住していた教区に強制送還できるという内容で，以下のように労働者の自由な教区間の移動を制限するものです。

▷2　中産階級が中心となり，中世封建社会から近代市民社会への変革期に絶対的権力を持つ王政を打破した。17世紀イギリスの清教徒革命や名誉革命がある。

①各教区の治安判事は，移住者が年収10ポンド以下の借地に住もうとするとき40日以内に貧民監督官の訴えがあれば，かつて居住していた教区へ強制的に送還できる。
②上記の規定にかかわらず，居住していた教区の発行した証明書を携帯してい

る時は，収穫期やその他の時期に他の州，教区に働きに行くことができる。

と言うものです。

　救貧法により貧民対策に必要な経費を各教区が負担するため，他の教区から来る貧民を阻止しようとしたためです。

　一方で中産階級は，貧民を発展し始めていた工場制手工業の新たな労働力にしようと考えました。「貧者の有利な雇用」論（S.ウェッブ）は，貧民を雇用して救済費を削減し，国家の富を増大させようとするものです。こうした思想のもと，貧民救済のため雇用の機会を提供する手段としてワークハウスが考えられ，1722年にワークハウステスト法が制定されました。この法律は教区がワークハウスを設置することを認めたため，それ以後の救貧法による救済はワークハウスへの収容に限られることになりました。そのためワークハウスは長時間の激しい労働を課し，「恐怖の家」となって貧民自ら救済を求めづらいものとなりました。さらに多くの教区では，無差別に貧民を収容する一般混合ワークハウスができていきました。ワークハウスは，劣悪な生活と労働環境のもと救済費用の節減のための制度となっていきました。

　中世封建社会は農民や職人にとって甚だしい制約をもたらしましたが，彼らがそれに従順である限りは，自給自足的村落共同体であったため，強固な相互扶助機能により生きていくことは可能でした。当時の国家の態度は，貧民に対して社会秩序を乱す存在として抑圧する一方で，戦争や凶作による貧民の保護をしていましたが，失業は怠惰から生じるという考えは変わりませんでした。

　エリザベス女王は，生産手段を奪われた貧民への対策として，取り締まりと，就業を強制した救貧法の運用を始めました。救貧法は，中央の枢密院と呼ばれる行政組織が貧民の保護と社会秩序の維持を担い，教区を単位とした各地域には，救済の指揮監督をする地方の治安判事と貧民監督官が任命され，教区における救貧行政の実施と救貧税の徴収を行うというものでした。次第に治安判事の権限は強化され司法，救済，経済，行政とさまざまな機能を与えられ有力な階級になっていきました。議会と国王との対立が高まったとき，治安判事は独自の立場をとり，中央による地方の統制は失われていきました。

　社会はスペインとの敵対関係，羊毛工業の不況による輸出の減少，織元の倒産から失業者の増大が問題となっていました。中央の枢密院から地方の治安判事には，商人に織元から織物を買い取ることや織元には織工の解雇を禁じるよう命じましたがうまくいきませんでした。そのため多くの地方で反乱が起き，枢密院は各教区の治安判事に救貧を命じました。そこで各教区では増大する貧民に対応するため，救貧税を増やすことになりました。また，地方行政として行われた救貧行政の内容や程度は，各教区によって異なっていました。

（村上逸人）

参考文献

樫原朗『イギリス社会保障の史的研究Ⅰ』法律文化社，1990年。

小倉襄二・小松源助・高島進『社会福祉の基礎知識』有斐閣，1995年。

高島進『社会福祉の歴史』ミネルヴァ書房，1995年。

古川孝順・松原一郎・社本修編『社会福祉概論』有斐閣，1997年。

岡村順一『新版社会福祉原論』法律文化社，1998年。

右田紀久恵・高澤武司・古川孝順『社会福祉の歴史』有斐閣，2005年。

金子光一『社会福祉のあゆみ』有斐閣，2005年。

V 社会福祉をめぐる動向

2 救貧法の制度的矛盾
―― スピーナムランド制度の場合

① 労働力として貧民を活用

　市民革命以後，イギリスにおける救貧対策は，ワークハウスを建設し劣悪な生活と労働環境のもとで貧民救済を抑制する一方で，貧民を労働力として活用し育成していきました。

　産業革命の頃のイギリスでは，第2次囲い込み運動が進行していました。18世紀後半から19世紀初頭にかけて，イギリス南部の農業地帯では大規模な土地所有制度が進展し，農業においても技術革新と資本主義的経営が行われるようになりました。土地を失った独立自営農民の一部は都市へ出て働く者もいましたが，農民の多くは定住法によって移住することができないまま失業の不安におびえながら，低賃金の労働環境のなかで生活していました。

　1662年に制定された定住法は，市民革命以後に影響力をもつようになった地主や裕福な商人など中産階級の人々が，救貧税の負担をすることが産業や社会の発展を妨げるという考えから定められたものでした。この法律は教区の負担になりそうな，一定水準以下の収入しか見込めないため救済の対象になりそうな人々の教区間の移動を制限しようとしたものでした。

　教区の負担になりそうな人々が，別の教区に居住しようとした場合，貧民監督官が40日以内に訴えれば，定住法により治安判事はそれらの移住者を以前に居住していた教区に強制的に送還することができるようになりました。教区の負担になる人々を制限するようになりました。この法律はその後も修正が加えられ，移住した人が救済を必要とする状況になった場合は，それまで居住していた教区が経費を負担するという証明書を所有していなければ移住できなくなりました。

② スピーナムランド制度の制定

　1795年，イギリス南部のバークシャー州スピーナムランドのペリカン館で，治安判事たちの会議が開催されました。この会議で協議されたことは，貧困に苦しんでいる貧民に対して，必要な援助を与えることでした。それは院外救済として，貧民，労働者とその家族に対して，救貧税から補助金を出すことで生計の維持を図ることを決定しました。

　スピーナムランド制度は，パンの価格と家族の人数にもとづいて計算された

最低生活費を算定して，手当を支給する制度です。たとえ働いている場合であっても生活費が基準の最低生活費より低い場合は，その差額を手当として支給される仕組みです。失業している場合は，基準の最低生活費の全額が，救貧税から手当として労働者とその家族に支給されます。

産業革命期の過渡的救済としてのスピーナムランド制度は，戦争と飢饉による深刻な不況の時期に，救済策としてその影響を低減させた点などにおいて，一定の役割を担っていました。しかし，その一方で，救済費用の増大を招いたことは，救貧法に対する批判を呼び込むことになったと言えます。さらに，当初の考えは真面目に一生懸命働いても，低賃金で貧困に苦しんでいる労働者に対する賃金の補助であったのですが，実質的な意味においては，資本家である雇用者側に対して補助金を出す結果となりました。これによって労働者の低賃金が合理化され，最低水準の金額に固定化されてしまいました。労働者にとっては，受け取るお金が賃金であろうと，救貧税から賃金補助の形で支払われようが，お金に変わりはありません。その結果，労働者の貧困が促進されてしまいました。賃金の補助に依存した結果は，雇用者側と労働者側の双方が勤労の意欲減退と堕落をすることになりました。

K.ポランニーによれば，「教区農奴制が廃止され，労働者の身体の移動の自由が回復された」頃，「産業革命が賃金を得るために働く意志のある労働者を全国的規模で供給するよう要求したのに応じて定住法が撤廃され」，スピーナムランド制度は「誰も飢餓を恐れる必要はなく，そしていかに稼ぎがなかろうと，誰に対しても教区が彼とその家族を養うという原則を宣言」しました。地主たちはスピーナムランド制度をつくることで，定住法の撤廃によって「労働者の身体の移動がもはや拒否できなくなっているにもかかわらず，自由な全国的規模の労働市場を容認することから生じる賃金騰貴を含む地方環境の動揺を」避けようとしていました。地主たち自らは救貧税を負担に感じ，地代や家賃増を借地農や労働者に迫りました。借地農は，スピーナムランド制度により賃金の減額と穀物価格の値上げで消費者に税負担を転嫁しました。

彼はさらに，スピーナムランド制度は「極めて後ろ向きの措置」だとしました。すべての貧民も含めてすべての労働者に一定の救済を与えるため，税を転嫁できない労働者は貧困の渦に飲み込まれるという悪循環を生み，独立労働者らには不満が蓄積していきました。このことは新救貧法において劣等処遇の原則が規定される契機となりました。スピーナムランド制度による地主に対する救貧税の負担は，結果として借地農による労働者に対する低賃金雇用を助け，労働者の窮乏化の要因となりました。労働者は賃金の補助である救貧税に助けられる一方で，家賃の値上げや穀物価格の値上げによって苦しむ状況におかれることになるなど矛盾を抱えた制度だといえます。

（村上逸人）

▷1 K. Polanyi, *The Great Transformation*, 1957, pp. 119, 120-121, 127（＝1975, 吉沢英成・野口建彦・長尾史郎・杉村芳美訳『大転換』東洋経済新報社）。

参考文献

樫原朗『イギリス社会保障の史的研究Ⅰ』法律文化社, 1990年。

古川孝順・庄司洋子・定藤丈弘『社会福祉論』有斐閣, 1993年。

小倉襄二・小松源助・高島進『社会福祉の基礎知識』有斐閣, 1995年。

高島進『社会福祉の歴史』ミネルヴァ書房, 1995年。

古川孝順・松原一郎・社本修編『社会福祉概論』有斐閣, 1997年。

岡村順一『新版社会福祉原論』法律文化社, 1998年。

古川孝順『社会福祉学』誠信書房, 2002年。

右田紀久恵・高澤武司・古川孝順『社会福祉の歴史』有斐閣, 2005年。

金子光一『社会福祉のあゆみ』有斐閣, 2005年。

V 社会福祉をめぐる動向

3 劣等処遇の原則

1 中世イギリスの貧民対策

　中世封建社会の人々の暮らしは、共同体内の相互扶助と教会の慈善活動により支えられていました。なかでも貧困や高齢、病気、障害のある人々に対する保護は、教区の司祭たちの役割でした。

　やがて中世の都市は広がりをみせ、工業や商業が発展し、救貧対策の必要な貧民が増加してきた時代でもありました。15世紀からの絶対王政下のイギリスでは、社会不安を呼び起こす原因として、貧民や浮浪者の取り締まりを行いました。しかし農村から都市への貧民の流入は増加する一方でした。

　この時代の救済制度は、貧民に対して過酷で抑圧的な管理と就労の強制をしていました。または親族による扶養を徹底させて、最低限度のレベルでの救済を行おうと考えていました。

2 劣等処遇の原則

　劣等処遇の原則は、1834年にイギリスの新救貧法において打ち出された救貧行政上の原則です。また、新救貧法は、1601年にそれまでの救貧関係の法律の集大成としてエリザベス救貧法を改正したものです。

　なかでも劣等処遇の原則（被保護者低位性の原則）は、救貧行政の根幹をなしていました。また、劣等処遇の具体的内容は、ワークハウス内での制服の着用、劣悪な食事と食事中の対話禁止、面会の禁止などです。後日、新救貧法の対象者には選挙権のはく奪も行われるようになりました。

　ウェッブ夫妻によると、新救貧法は3つの原則をもっています。

　①全国的統一の原則、②劣等処遇の原則、③ワークハウス・システム（院内救済の原則）です。②の意味は、有能貧民の救済水準は、独立自活している労働者の最低階層の労働・生活状態より実質・外見ともに低いものでなければならない、とするものです。③は、彼らの救済を労役場収容に限り、②の劣等処遇を確実に保証する場とし、その基準を全国的に統一するということです。

　産業革命期に、原生的労働関係が支配していた当時の独立労働者以下の救済は、事実上の人間的な救済を否定し自助を強制することでした。

▷1　川上は「劣等の処遇の原則」の意味は2つあると述べており、怠者に対する懲罰の意味と、経済の自然法則を攪乱しないことである。改正（新）救貧法の、基本的性格は制限的救済という点であると述べている（川上昌子『現代の公的扶助制度と「劣等処遇の原則」』『淑徳大学研究紀要』Vol.9/10, 1976年, 115-124頁）。

3 T.R.マルサスの『人口の原理』

　このような改革を理論づけて支えたのが，T.R.マルサスの『人口の原理』(1798年)です。彼は，人口の増加を抑制するものは，飢餓，戦争，悪疫であり一般的には悪徳と悲惨であると唱えました。生活資料増加力を上回る自然法則のなかに貧困・窮乏の原因があり，救貧は自然法則の結果を拡大して貧困をかえって悪化させると考えて，唯一の有効な積極策は人口の道徳的抑制（個人の思慮による産児制限）しかないと主張しました。人間的救済は思慮と自助の気風を損なうとして，その切り捨てと非人間的・懲罰的処遇を合理化したのです。

　新救貧法は，救済を受けないで生活している最下層の労働者の生活水準より低くなければならないとする「劣等処遇」の考え方を導入したものです。

　議会は1834年4月，報告書にもとづき新救貧法を成立させました。

　自助努力を求めて救済抑制をねらった新救貧法が，一部に反対運動がありながらも定着していったのは，慈善事業の発展と，労働者の自助組織の存在があるからです。後年の慈善組織運動につながっていくものだと考えられます。産業革命によって富を得た資本家たちは，国家に対し保護主義的な経済政策から自由主義政策への転換を求めました。彼ら資本家たちは「働かざるもの食べるべからず」という主張を持っていました。そのため貧民であっても独立労働者として，十分に働くべきだと考えているのです。

　つまり，新救貧法は，救貧のために施しのような賃金補償をやめて，労働者に対してキリスト教的勤勉さと自助努力を求めているわけです。この点については，中央集権化した救貧行政機能の合理化を推進していったので効果がみられました。

　このように新救貧法は，公的な救貧を制限し労働者の自立を促しました。一方で貧民への救済が縮小されたため，私的慈善が各地で展開されるようになりました。産業革命を成し遂げたイギリスは，19世紀には世界の工場としての地位を確立しましたが，労働者たちの生活水準は低いままでした。労働者階級でも比較的高い賃金の熟練労働者たちは，互いを支え合う友愛組合を組織していましたが，周期的に発生した経済不況は，そのたびに多くの失業者を生み出していました。C.ブース，S.ラウントリーらによる貧困調査によって，それまで個人にその要因があるとされた貧困の原因が，社会的なものだということが明らかになりました。19世紀後半には状況は悪化し，貧困と失業が深刻な社会問題になっていきました。国民生活の深刻な社会問題に対して，救貧法の見直しも検討されましたが，解決策として一定の生活を国が保障する社会保険のしくみを取り入れることになりました。

（村上逸人）

参考文献

樫原朗『イギリス社会保障の史的研究I』法律文化社，1990年。

小倉襄二・小松源助・高島進編『社会福祉の基礎知識』有斐閣，1995年。

高島進『社会福祉の歴史』ミネルヴァ書房，1995年。

岡村順一『新版　社会福祉原論』法律文化社，1998年。

右田紀久恵・高澤武司・古川孝順編『社会福祉の歴史』有斐閣，2005年。

金子光一『社会福祉のあゆみ』有斐閣，2005年。

V 社会福祉をめぐる動向

4 貧困調査とその影響

1 人道主義運動の展開

　産業革命後，資本主義経済を確固たるものにしたイギリスは，「世界の工場」の地位を獲得し，ビクトリア王朝に多大な繁栄をもたらしました。中産階級は，産業革命のなかで富と社会的な地位を得ました。労働者階級のなかには低賃金と失業によってその日の暮らしにも事欠く人々がおり，中産階級との貧富の隔たりが進み，失業の慢性化と貧困の増大化が進み，社会不安が広がっていきました。1873年のウィーンの取引所に端を発した世界的恐慌によって深刻な失業と貧困の大衆化と社会不安が一層進みました。

　18世紀末，フランスから人権尊重の思想がイギリスにも入ってきました。その思想が，キリスト教と結びついて人道主義運動が展開されるようになってきました。1833年には年齢制限や労働時間制限，夜業の禁止が盛り込まれた実質的な効果をもつ改正工場法が制定されました。資本主義社会のなかで人道主義運動を進めていくなかで，私的な慈善事業が行われるようになりました。その慈善事業を合理的に組織化する運動が，後の慈善組織化運動につながっていきます。E.チャドウィックの[1]『労働者の衛生状態に関する報告』（1842年）は，貧困が死亡や疾病が原因で発生し，教育は貧困の予防になるという認識を生んだと言えます。

▷1　イギリスの公衆衛生法（1848年）の成立に貢献した。功利主義哲学者のベンサムの弟子である。(1800-1890年)

2 C.ブース・S.ラウントリーの調査

　この頃のイギリスで起こっていた失業や貧困，不衛生，売春，犯罪，児童虐待などの社会的な諸問題に目を向け，事実をもって社会的対応の必要性を説いたのが，「科学的貧困調査の創始者」と呼ばれるC.ブースです。

　彼はイギリスの首都ロンドンにおいて，1886年から1902年にかけて3回にわたる調査を行いました。その報告書『ロンドン民衆の生活と労働』で労働者階級の人々の貧困の実態と原因を明らかにしました（表V-1）。それは，①ロンドンに住んでいる全人口の30.7％が貧困線（週の賃金21シリング）以下の生活状況にあること，②貧困は，飲酒や浪費などの「生活習慣」ではなく，不規則な労働や，低賃金といった「雇用機会」の問題や疾病や多子といった「環境問題」に原因があるという内容でした。また，それに合わせて救貧法による救済理由に関する調査も行っています。救済の理由として最も多いのが，老齢と疾病であ

表V-1　1889年のロンドン市民の階級分類別割合

階級分類	%	%
A.（最低）	0.9	
B.（極貧）	7.5	30.7（貧困）
CとD（貧困）	22.3	
EとF（安楽な労働者階級）	51.5	69.3（安楽）
GとH（中産階級以上）	17.8	

出所：C. Booth, *Life and Labour of the People in London*, Poverty ii., 1902-1903, p. 21.

ることを明らかにしました。

　ブースの調査に続いてS.ラウントリーは1899年にヨーク市において第1回目の調査を実施しました。その結果をもとに1901年に『貧困——都市生活の研究』を著しました。彼によれば，第1次及び第2次貧困線以下の生活状況にあるヨーク市民は，27.84％に達しています。

　貧困調査の結果は大きな反響を生み，ブースやラウントリーの分析の結果は，貧困は性格や能力など個人的な要因ではないことがわかりました。つまり，貧困者のほとんどが，低所得，不定期就労，失業など外部の社会的，経済的要因により貧困状態に陥っていることがわかったのです。

　このように貧困が社会的原因で発生しているのであれば，社会的な政策対応が必要になるということであり，以後，個人を原因としない防貧対策がとられるようになりました。

　学校委員会の家庭訪問員から世帯に関する情報を集めるという間接的面接の方法のブースによるロンドンの調査や，調査員による個別訪問で行ったラウントリーのヨーク市における貧困調査は，全世帯を対象にした全数調査であった点が科学的であると評価されています。

　ラウントリーの調査は貧困を第1次貧困と第2次貧困の2つに分け，貧困の基準である貧困線を設定しました。第1次貧困は，総収入が肉体的健康維持のために必要な最小限度にも足らない世帯で，第2次貧困は収入が第1次貧困線をわずかに上回っている程度で，平常とは異なった支出があると貧困に陥る世帯のことです。第1次貧困線の設定には栄養量を利用しました。成人と子どもの平均的必要栄養量を算定し，食物献立を作成し食費に換算しました。こうして必要な最小限度の食費を算定し，その他に家賃（地方税を含む）や家庭雑費（衣服，灯火，燃料等）から推計した金額をもとに第1次貧困線を設定しました。ラウントリーはこれをもとに貧困調査を行い労働者の生活状況を測定し，生きていく最低限のレベルを示す貧困線を確立しました。

　ラウントリーの調査によって，貧困の原因は社会的要因であることがわかりました。こうした社会的要因による認識やその後の全国規模の老齢貧困者調査の結果，1908年の老齢年金法の制定など，社会保障の立法化を促進したのも大きな功績と言えます。

（村上逸人）

参考文献

阿部實『チャールズ・ブース研究』中央法規出版，1990年。

樫原朗『イギリス社会保障の史的研究Ⅰ』法律文化社，1990年。

小倉襄二・小松源助・高島進編『社会福祉の基礎知識』有斐閣，1995年。

高島進『社会福祉の歴史』ミネルヴァ書房，1995年。

古川孝順・庄司洋子・定藤丈弘『社会福祉論』有斐閣，1993年。

岡村順一『新版社会福祉原論』法律文化社，1998年。

古川孝順『社会福祉学』誠信書房，2002年。

京極高宣『現代福祉学レキシコン　第2版』雄山閣，2003年。

右田紀久恵・高澤武司・古川孝順編『社会福祉の歴史』有斐閣，2005年。

金子光一『社会福祉のあゆみ』有斐閣，2005年。

三友雅夫『社会福祉概論』メヂカルフレンド社，2006年。

第2部　西洋編

V　社会福祉をめぐる動向

5　ケースワークの起源
―― COS 運動

1　慈善活動の広がり

　1850年代から1870年代中頃にかけて，イギリスは飛躍的な経済発展を遂げ，繁栄の時代が続きました。しかし，繁栄は貧富の格差を生み出しました。不幸にして生活に苦しんでいる「貧しい者」に対して，援助の手を差し伸べるのが「富める者」の義務である，という考え方が広がり，多くの博愛者が慈善活動に取り組みました。それは，神への奉仕よりも人間愛への奉仕に，より大きな価値を見出せる時代になったことを物語っています。

　また，このころから，ポーパー（堕民：pauper）という言葉が用いられるようになりました。この言葉には，貧困者（the poor）とは異なり，道徳的あるいは人格的な非難が込められています。すなわち，他人から援助の手を差し伸べてもらうことに慣れきってしまい，自ら努力して仕事を探し，貧困から自立しようとする強い意志や向上心のない人々への非難です。ポーパーは，多くの慈善団体を訪問しては多くの援助を受けて，それに甘えた生活を送っていました。相互の連携がなく共通のルールもない慈善活動は，慈善を与える者の同情心を満足させるだけで，本当に救済を必要する人々に援助の手を差し伸べることなく，ポーパーを増やすだけでした。▷1

▷1　柴田善守『社会福祉の史的発展』光生館，1985年，62-63頁。

2　COS の成立

　慈善活動は，本当に救済を必要する人を助けることなく，多額の費用が使われており，乱給漏給という危険な状態でした。1868年，ユニテリアンの牧師 H. ソウリが慈善活動の統一の必要を説き，これをきっかけに慈善組織協会が設立しました。正式発足は1869年4月で，当初は「慈善的救済の組織化と貧困者抑制のための協会」（Society for Organizing Charitable Relief and Repressing Mendicity）でしたが，翌1870年から単に COS と称することになります。COS に独自の思想と方法を確立して慈善活動の基盤を築いたのが，2代目の有給の専任書記官 C.S. ロックです。▷2 ロックは，社会を「自活する個人で構成させる集合体」と考えます。したがって，その社会で自活することのできない者は，性格に問題があり道徳的に堕落した状態，すなわち，不測の事故に備えて倹約と貯蓄に努める先見性，飲酒や不摂生をいましめる自制心，怠けることなく勤勉に働く善良心が欠けた状態にあるとみなされます。このように，貧困を個人の性格上

▷2　COS の代表は，初代（1870-1875年）は C.B.P. ボーザンケット，2代目（1876-1914年）は C.S. ロック。ロックの時に COS の基盤ができあがったと言われている。

の問題と考えるロックは，慈善を「個人の活力を高め，性格を改善し，道徳心を育ませ」「誰かに頼ることなく，自立・自活の生活へと導く」活動と考えていました。このようなロックの考え方は，COS の慈善活動に強い影響を与えました。[3]

③ COS の展開──ケースワークの源流

COS は慈善団体の協力と連携を原則とし，合併を目的としたのではありません。組織体制をみると，中央本部をおき，次に地域をいくつかの地区に分割して，地区ごとに地区委員会を設置します。救済の対象者を決定するのが地区委員会の仕事です。地区委員会へ救済が申請されると，地区事務所で面接が実施され，申請面接記録が作成されます。この記録にもとづいて訪問調査が実施され，申請者の性格や生活の様子を詳しく調査し，訪問調査記録が作成されます。この記録にもとづいて，救済に値する貧困者であるかどうか，救済はどのような内容と形で与えられたら良いか，などが決定されます。

救済が決定されると，地区委員が定期的に貧困者の家庭を訪問して信頼関係を築き，それぞれの家庭の事情に応じて必要な金品援助や相談・助言・指導を行い，生活の自立を援助します。これは友愛訪問と呼ばれ，グラスゴーの牧師T. チャマーズが行った方法を採用したものであり，貧困者に対して対等の人間として暖かく接し対応する，という考え方が現れています。1885年にCOSでは，この方法をケースワークと呼ぶことにしました。地区訪問員が残した膨大な数の調査記録票は，ケースワークの発展に大きく貢献することになりました。[4]

④ COS の限界──対象者の選別

ところでCOSは，救済の対象を「救済に値する貧困者」と「救済に値しない貧困者」すなわちポーパーとに分け，前者は慈善事業（民間福祉），後者は救貧法による事業（公的福祉）が担当するように位置づけました。これが「平行棒理論」という考え方です。ケースワークによる援助の効果，すなわち自立への可能性が最初から見込めない者は，申請は拒否されるか救貧法に回されることになりました。したがって，COS は最初の10年間は，いかなる年も申請者の半分以上を援助したことがありませんでした。このように救済の対象を限定するCOSに対して「すべてのものはきょうだいであり，いかなる状況にあろうとも，救済することができる」というキリストの教義を忘れたという批判，貧困を個人の人格や道徳心の問題とし，社会の問題として位置づけることができなかったという批判がありました。[5]

（田邉泰美）

▷3　小山路男『西洋社会事業史論』光生館，1978年，172-174頁。市瀬幸平『イギリス社会福祉運動史』川島書店，2004年，146-149頁。

▷4　小山路男，前掲書▷3，175頁。柴田善守，前掲書▷1，63-64頁。市瀬幸平，前掲書▷3，158-159頁。

▷5　小山路男，前掲書▷3，174-176頁。柴田善守，前掲書▷1，63-65頁。

参考文献
小山路男『西洋社会事業史論』光生館，1978年。
柴田善守『社会福祉の史的発展』光生館，1985年。
市瀬幸平『イギリス社会福祉運動史』川島書店，2004年。

V 社会福祉をめぐる動向

6 地域福祉の起源
―― セツルメント運動

1 貧民街ホワイトチャペル地区への赴任

　セツルメント（settlement）という言葉には，「ある土地に移住し開発する」という意味があります。この言葉のもつ意味を社会福祉の世界で実践し，「地域福祉」の起源となったのが，S.A.バーネットの活動です。

　1873年3月，バーネットは妻のヘンリッタと一緒に，ロンドン東部地域の貧民街ホワイトチャペル地区聖ユダ教会の司祭に就任しました。当時のイギリスは，貧富の格差が大きくなった時代でした。ロンドン東部地域は貧民街でイースト・エンド，西部地域は富裕者街でウエスト・エンドと呼ばれていました。この2つの地区は，異なる価値観と生活様式をもつため交流もなく，相互に懐疑と不信感をもち，理解し合うことはありませんでした。しかし，教会は，貧民に対して憐れみの気持ちで金品を提供するだけでした。このような教会の対応に不満をもち，教会の説教よりも地域に出て具体的な行動を起こし，問題の解決に取り組まなければならないと決意したバーネットは，オックスフォード郊外の閑静な教区への司祭就任を断ります。そして，「最悪の教区」といわれた聖ユダ教会へ赴任したのです。

2 S.A.バーネットの実践

　まずバーネットは，長らく行われていなかった教会礼拝を復活させました。また閉鎖されていた教区学校を開いて子どもたちに教育を受ける機会を提供しました。さらに貧民の救済にも取り組みました。慈善組織協会（以下，COS）ホワイトチャペル地区委員会の委員と救貧法の救貧委員に就任します。無差別の慈善や院外救済を抑制するために，家庭訪問をして貧民の生活事情を把握し，自立に必要とされる適切な支援を提供しました。しかし，貧民街の状況に大きな改善はみられませんでした。そこでバーネットは，貧困を文化（教養）の問題として考え直しました。すなわち，ウエスト・エンドの富裕で教養のある住民がイースト・エンドに住み込み，住民（貧民）と友人となって相互の理解に務め，貧民の教養を高めること，その結果貧民の精神生活が向上し，貧困からの自立が可能となり，街全体が良くなる，と考えたのです。

▷1　救貧法の財源は教区を単位とする救貧税であったが，教区の人口は小規模であった。当時の教区数は1万5,000と推測されるが，17世紀初めのイギリスの人口が約500万人とされているので1教区あたりの平均人口は300人強になる（朴光駿『社会福祉の思想と歴史』ミネルヴァ書房，2004年，59頁）。

▷2　小山路男『西洋社会事業史論』光生館，1978年，171頁。柴田善守『社会福祉の史的発展』光生館，1985年，66-67頁。市瀬幸平『イギリス社会福祉運動史』川島書店，2004年，172頁。

▷3　小山路男，前掲書▷2，171-172頁。柴田善守，前掲書▷2，67頁。市瀬幸平，前掲書▷2，173頁。

3 A.トインビーとの出会い

　バーネットは妻のヘンリッタとともに，母校であるオックスフォード大学を訪れます。そこで彼は，「学生たちが先頭になって貧民街に住み込み，貧民の友人になって欲しい。貧困を撲滅し，一人ひとりが相互に愛し合うひとつの社会を実現して欲しい」と訴えると，多くの学生がホワイトチャペル地区を訪れるようになりました。そのなかに A.トインビーもいました。優れた人格と才能をもち学生たちから慕われていたトインビーは，卒業後，大学教員のかたわら，学生のリーダーとしてバーネットの活動を支援しました。しかし，1883年3月，30歳の若さで帰らぬ人となりました。そこで，トインビーの遺志を継ぐために，社会問題の研究と社会改良の活動を推進する「トインビー記念事業」が計画され，募金運動が開始されました。そして，1885年初春，聖ユダ教会の近辺にセツルメント館が完成し，トインビー・ホールと命名されました。

4 トインビー・ホールの事業展開——COS からの訣別

　大都市貧民街に建築されたトインビー・ホールは，大学生や卒業生が住み込み，貧民と友人になり一緒に生活して理解を深め，教育によって社会を改良していく（貧困の撲滅）活動の拠点となりました。しかし，バーネットは教育活動だけでは貧困問題を解決することは不可能であり，社会環境の改善が必要であることを今までの活動から把握していました。貧民街の実態，たとえば職業紹介，教育水準，住宅環境，公衆衛生の問題を調査し，住民の福祉を増進し安全を確保するための具体的な計画を立案し実施することにも取り組みました。それは，貧困を個人の問題としてだけではなく社会の問題としてもとらえており，社会改良活動の実践を意味します。一方，COS は従来の主張を変えようとせず，「救済に値するもの」とそうでないものを区別し，慈善の濫用をさけ貧民の自立更生を強いるだけでした。バーネットは COS の考え方についていけなくなり，1886年に COS の全国組織から脱退をしました。

　このように，トインビー・ホールは，住み込み活動家が貧民と信頼関係を築き，教育による自立の道を援助する一方で，社会調査によって社会問題の実態を明確にし，具体的な解決策を提案して世論に訴え，国からの関与（政策立案）を求めるという，社会改良運動の拠点でもありました。ここに，地域福祉の源流を見ることができます。戦後のイギリス社会保障政策の立案者 W.ベヴァリッジもトインビー・ホールの住み込み活動家でした。

（田邉泰美）

▷4　柴田善守，前掲書▷3，66頁。市瀬幸平，前掲書▷2，175-178頁。

▷5　C.ブースの社会調査は，トインビー・ホールの住み込み活動家の協力を得て実施された。トインビー・ホールは調査クラブを作り，積極的に社会調査を実施した。

▷6　小山路男，前掲書▷2，187頁。市瀬幸平，前掲書▷2，185頁，190頁。

参考文献
小山路男『西洋社会事業史論』光生館，1978年。
柴田善守『社会福祉の史的発展』光生館，1985年。
市瀬幸平『イギリス社会福祉運動史』川島書店，2004年。

V 社会福祉をめぐる動向

7 失業の発生と救貧法委員会

1 失業の原因把握

「失業」(unemployment) が，資本主義社会にとって避けられない結果であると同時に，その存立条件をなしているという理解は，19世紀半ばに，マルクス主義者の経済分析によって明らかにされました。エンゲルスの『イギリスにおける労働者階級の状態』(1845年) とマルクスの『資本論』第1巻 (1867年) は，その代表的な著作です。しかしながら，イギリスでは，彼らの政治的影響力が弱かったうえに，この2つの著作の英語版が刊行されたのが1887年と遅かったために，ながらく前述のような失業理解は浸透しませんでした。むしろ，救貧法によって貧民が処遇されていたために，失業も貧民の個人的，道徳的欠陥によるものであるという理解が，ながく社会を支配していました。1880年代には，「失業者」問題という言葉で失業問題が表現されるようになりましたが，その言葉からもわかるように，依然として，失業の責任は，失業した個人の性格にあると考えられていました。(マルクス主義的な理解とは異なるものの) 失業が経済，社会の構造や変化から生み出されるという理解は，19世紀から20世紀の世紀転換期になって，やっとイギリスでも浸透し始めるようになったのです。その大きなきっかけになったのが，1905年から1909年にかけて行われた王立救貧法委員会による調査と報告書の公表でした。

2 王立救貧法委員会に対する評価

王立救貧法委員会は，イギリスにおける貧民救済の法律のはたらきについて検証することを目的として設置され，それにふさわしく救貧行政や労働問題にくわしい専門家の委員から構成されていました。しかし，最終的に，1つの報告書にまとめることができず，「多数派報告書」[1]と「少数派報告書」[2]に分けて公表せざるを得なくなりました。前者をまとめるのに中心的な役割を果たしたのが，ボーザンケット夫人ら慈善組織協会 (以下，COS) の委員で，一方，後者は，ウェッブ夫妻によってまとめられました。王立救貧法委員会に関しては，報告書が1つにまとめられていたら，当時の社会政策や福祉政策に大きな影響力を与えることができたはずなのに，ウェッブ夫人の強引な政治主義によって，報告書が2つに分かれてしまったとする評価が定着しつつあります[3]。これは，彼女が，報告書をフェビアン協会[4]の宣伝に使いたかったのだという見方なのです。

---

[1] ボーザンケット夫人らCOSのメンバーや地方自治庁の上級官吏，宗教家によって署名された報告書で，貧困に対処する主な制度として，「人道化」された救貧法を提唱した。

[2] B. ウェッブ，G. ランズベリーら社会主義者や労働組合主義者によって署名された報告書で，全体として，「救貧法の解体」をめざした。

[3] 王立救貧法委員会報告書が分裂したことについては，同委員会が「被救済状態」(pauperism) の原因とその処遇に関して，同じ原則を共有していなかった委員たちの寄せ集めであって，よって，最初から，改革の正しい方向についても同じ見解を共有していなかったとする，ウェッブ夫妻自身による評価が1960年代あたりまでは，通説であった。つまり，ウェッブ夫妻によれば，報告書が2つに分裂したのは，最初から運命づけられていたという評価であった (S. and B. Webb, *English Poor Law History*, Vol. II part II, London, 1929, 1963. p.548.)。

[4] 1884年に，イギリスで創設された中産階級による社会主義組織で，自治体改革や社会立法などによって，漸進的に社会改革を進めることをめざした。ウェッブ夫妻は，同協会の指導的な人物であった。

ここで細かな点に踏み込むことはできませんが、これまでの評価が、ウェッブ夫人の政治主義を批判するあまり、あたかもCOSの委員が王立委員会で「公平」で「客観」的な分析をしたかのような主張をしている点に、偏りが見られます。COSの委員も、ウェッブ夫人に劣らず、きわめて政治主義だったのです。実際に、どの程度、報告書が異なっていたのか、失業や労働市場の組織化に限定して、比較してみましょう。

３ 少数派報告書の失業問題への接近

両報告書とも、当時の失業問題のなかでも特徴的な、「慢性的不完全雇用者」（「多数派報告書」）といわれる臨時労働者らの問題に注目したり、15歳までは学校に行かせるべきだ（「多数派報告書」）、あるいは工場法の改正によって、15歳以下の少年の雇用は禁止されるべきだ（「少数派報告書」）とするなど、表現は異なりますが、少年労働の改善に対して似たような主張をしていました。さらに、全国的な規模での公的職業紹介制度の創設を提言したり、公的失業保険制度の創設を主張しつつも、既存の労働組合による失業給付を配慮して、政府による強制的ないしは総合的な失業保険の設置には反対している点など、多くの重要な共通点を指摘することもできます。

ただ、「少数派報告書」にあって「多数派報告書」にはない注目すべき提言があったのです。それが、労働力の需要の組織化「10年計画」でした。「10年計画」は、現実の産業循環的な不況に対処するために、政府がこの時期を、「労働の失業があるだけ、資本の失業もあるのだ」という立場に立って、10年間にわたって政府によって公共事業を組織し、失業者を雇用するという計画でした。つまり、失業者をこの間の不況の時期に、植林事業、港湾整備、土地改良事業に従事させ、不況を乗り越えさせるという壮大な社会実験といってもいい提言だったのです。

王立委員会の議長を務めたハミルトン卿は、「多数派報告書」に署名をした後次のように語りました。「実際家として、一世代〔30年〕のなかで、実現しないようなどんな提案にも、署名する気にはなれなかった」と。たしかに、「少数派報告書」には、政府が本腰を入れても、簡単には実現しそうにない提言がみられました。にもかかわらず、ときの自由党政府が受理した「多数派報告書」の線に沿って、「自由党の諸改革」を断行したかと言えば、そうとも言えないのです。たとえば同改革のなかで、世界ではじめて失業保険制度が創設されました。そこでは、両報告書のそれとは大きく異なり、対象とする産業を7つの産業に限定しながらも、そのなかでは失業保険を強制的な適用としたのです。資本主義社会にとってアキレス腱ともいえる失業問題に対して、20世紀初頭の時点では、ほんのささやかな取り組みが始まったに過ぎなかったのです。

（藤井 透）

▷5 「救貧法の解体」をめざしたウェッブ夫妻は、1909年以降「救貧法解体運動」を展開するとともに、自由党もしくは保守党に、少数派報告書を実現させようと働きかけた。他方、COSの委員も、多数派報告書で、救貧法体系の中での慈善団体の重要性と役割を明確化したので、自由党による1911年の国民保険法に反対し、同報告書の実現のために、保守党に働きかけた。

▷6 S. and B. Webb, *The Public Organisation of the Labour Market: Being Part two of the Minority Report of the Poor Law Commission*, London, 1909. p.342.

▷7 Jan, 14th, 1910, *Morning Post*.

参考文献

大沢真理『イギリス社会政策史』東京大学出版会、1986年。

J. Harris, *Unemployment and Politics*, London, 1972.

A. M. McBriar, *An Edwardian Mixed Doubles*, Oxford, 1987.

V 社会福祉をめぐる動向

8 ビスマルクの社会保険

1 ドイツ帝国の成立と社会主義者鎮圧法

　ドイツは，近隣諸国との対立を繰り返す一方，内部でも小邦分立の状態が長く続き，イギリスやフランスに比して，統一国家の形成が遅れていました。1861年にプロイセンの首相になったO.ビスマルクは「鉄と血」，すなわち工業力と軍事力によりドイツ統一を達成しようとしました。1864年，プロイセンはオーストリアとともにデンマークとの戦争に勝利し，また1866年には対オーストリア，1870年には対フランスとの戦争にも勝利し，これらの勝利を通じて，1871年に「ドイツ帝国」として統一されました。

　ドイツ統一とともに，ヨーロッパにおいて後進国であったドイツは，19世紀後半から産業化を急速に押し進めたため，労働条件が悪化し，労働者の生活はきわめて深刻な状況におかれていました。こうしたなかで労働運動とこれに連動した社会主義運動が高まりをみせ，その勢力を拡大していきました。これに対し，鉄血宰相とよばれたビスマルクは，社会主義政党とそれに近い組合を「帝国の敵」と呼び，社会主義運動を壊滅させるため社会主義者鎮圧法（1878年）を制定しました。

　この鎮圧法の正式名称は，「社会民主党の破壊的行動防止のための法律」というものでしたが，その取り締まり対象は社会主義運動だけでなく，一切の労働組合運動や芸術・文化運動も厳しく制圧し，政治結社・労働組合・芸術文化団体が活動禁止処分を受けました。

　しかし，ビスマルクのこうした弾圧策は，結局において完全な失敗に終わりました。まさに「糠に釘」でした。それは社会主義運動を壊滅させることができないばかりか，かえって労働運動あるいは社会主義運動を高揚させ，新たな前進をもたらしました。このような事情から，いまだ社会主義に染まってない労働者を帝国に引き寄せ，労働者と国家の融和を図るために，ビスマルクは1881年に労働者災害保険法案を議会に提案することにしました[1]。しかし，この法案は議会で否決されてしまいました。

2 カイゼルの詔勅と社会保険立法

　こうした議会の一連の動きにくじけることなく，ビスマルクは1881年，ヴィルヘルム皇帝を動かし，「ドイツ社会政策のマグナ・カルタ」として知られるカ

▶1　古瀬徹・塩野谷祐一編『ドイツ』（先進諸国の社会保障4）東京大学出版会，1999年，16頁。

イゼルによる「詔勅」を出させることにしました。この「詔勅」には，「社会的害悪を救済するには，単に社会民主党的な暴挙を鎮圧するだけでは足りない。進んでまた労働者の福祉をも積極的に増進する策をとらなければならない」と述べられており，これをバネにして，ビスマルクは議会に粘り強く働きかけ，世界に先駆けて社会保険の立法化を進めていきました。ここに社会秩序を維持するために国家が経済過程・労使関係に積極的に介入する政策がとられたことになります。これが社会主義者鎮圧法の「ムチ」に対する「アメ」，すなわち「鞭と飴」（Peitsche und Zuckerbrot）の政策であり，当時のドイツ社会政策の典型とされたものです。

▶2　近藤文二『社会保険』岩波書店，1963年，92頁。

ビスマルクの社会保険はこうした課題に応えるもので，1883年の疾病保険法，1884年の災害保険法，1889年の老齢・廃疾保険法を基本的内容として実現されました。

まず最初に成立した疾病保険は，鉱工業に使用される一定範囲の労働者の傷病について，業務上・業務外を問わず，13週間に限って療養とそれにもとづく休業への給付を行うもので，その財源は2/3を被保険者，1/3を事業主負担とすることを主な内容とするものでした。この疾病保険は1884年12月1日に実施されましたが，これが世界最初の社会保険ということになります。日本における最初の社会保険立法として1922年に制定された健康保険法は，このビスマルク疾病保険法の影響を受けたものとして知られています。

また全額事業主負担で業務上の災害に対して補償を与える災害保険は，災害発生後14週目から療養費を，同じく14週目から稼働能力なき者には年金を支給し，その遺族には遺族年金や埋葬料を支給することにしていました。

これら両保険に遅れて成立した老齢・廃疾保険は，それ以外の疾病と70歳以上の老齢者に対して年金を給付するもので，その対象は業種を問わず16歳以上の全労働者でした。

3　ビスマルク後のドイツ社会保険

これら社会保険は，ドイツ特有の「社会政策」の一環として実施されましたが，ビスマルク社会保険は団結権及び労働者保護立法の敵対物として位置づけられ，イギリスに見られる社会保険の自主的・前進的な性格とは異なって，その反動的な性格は否定しがたいところです。1890年の議会で，社会主義鎮圧法の期限延長は大差をもって否認され，同法は廃止されることになりました。そしてビスマルクは退陣しましたが，ドイツ社会保険はビスマルク失脚後も発展を遂げ，1911年にはそれまで不統一であった関連諸法規を体系化して統合を図るため帝国保険法を制定し，社会保険の運営を監督する統一官庁が設立されるとともに，サラリーマンを対象とする職員保険法が実現しました。

▶3　土穴文人『社会政策制度史論』啓文社，1990年，168頁。

（田畑洋一）

第2部　西洋編

V　社会福祉をめぐる動向

9　アメリカにおける社会保障法の成立

1　ニューディール政策

　第1次世界大戦後のアメリカは，1920年代を通して好況を謳歌しましたが，その繁栄が長く続くことはありませんでした。アメリカ資本主義は1929年10月24日に始まる株式市場の崩壊によって恐慌に突入していきます。この恐慌の影響はアメリカのみならず，1930年代には各国に広がっていき，これを克服しようと各国がそれぞれに対応を図っていくことになります。アメリカの社会保障も1930年代の大恐慌とそれがもたらした失業や貧困などの社会問題に対処すべく，連邦政府が展開したニューディール政策の一環として誕生しました。

　アメリカでは1933年に，H.フーヴァー大統領の後を継ぎ「忘れられた者」（政府から顧みられない者たち）のための政策実現をめざしたF.D.ルーズベルトが第32代大統領に就任します。恐慌とそれに続く資本主義経済上未曾有の大不況に直面したアメリカにおいて，当時の大統領であったフーヴァーのとった措置は，きわめて消極的なもので，国民が新しい政治を求めたのは当然のことであったと言えます。就任早々，ルーズベルトは「100日議会」を開き，その目標を救済，復興，改革とし，連邦政府が早急に実施すべき対策として，多くの公共事業の立ち上げとそれへの労働者吸収，救済事業のための州への補助金交付などを行いました。これがいわゆる「ニューディール政策」です。

　アメリカは，地方分権主義の伝統と個人責任の強い国でありますが，ニューディール政策は，失業者及び貧困者救済政策のために，連邦政府が国民生活や経済過程に介入し，一定の役割を果たすことを明らかにしたものとして画期的でした。しかし，それらは緊急的，応急的な対策であり，恒久的な制度の構築が求められていました。そこでルーズベルトは，労働者の経済的，社会的立場を強化する施策を導入し，失業者については，雇用を提供するための努力を継続しました。また失業者以外の社会的弱者については，生活保障に関する施策を提案し，1934年6月に労働省長官を委員長とする経済保障委員会を設置しました。委員会の最終報告では，失業者，貧困者，高齢者，貧困母子家庭などへの制度創設の必要性が示されています。この制度は当初，「経済保障法案」と呼ばれていましたが，その後「社会保障法」と改められ，翌1935年8月に成立しました。ただし，同法の成立過程では「自助」の侵害と非難されるなど，ルーズベルトの提案以来，運用に至るまで1年余りを要しています。

▷1　ルーズベルトは，就任後即座に臨時議会を招集し，さまざまな法律・制度を成立させていくが，これを就任後100日の間（1933年3月9日～6月16日）で行ったため，「100日議会」と呼ばれている。

2 アメリカ社会保障法

　アメリカ社会保障法は，社会保険，公的扶助及び社会福祉事業の3部門から構成されていました。社会保険には老齢年金保険と失業保険が含まれ，公的扶助には高齢者扶助，視覚障害者扶助，被扶養児童扶助の3つが，また社会福祉事業としては，母子保健サービス，児童福祉サービス，肢体不自由児サービスの3つが認められていました。なお，アメリカ社会保障法は，社会保障という用語を法制度上の名称として正式使用した最初のものとして有名ですが，同法は先進諸国の社会保障に比し，以下の異なる特徴があると言われています。

　第1の特徴は，アメリカ社会保障法が社会保障にとって不可欠な医療保障を制度化せずに成立したという点です。当初，経済保障法案として議会に提出された際には，政府管掌の医療保険の制度創設が計画されていました。しかし，医師会の強い抵抗にあったことなどにより，ルーズベルトは，最終的に医療保険以外の制度だけで社会保障法の成立を図ることとしました。この結果，アメリカ社会保障法には，その後の法改正で高齢者等のための医療保険（メディケア）と低所得者のための医療扶助（メディケイド）が追加されることにはなりますが，これは特定制度であり，一般の人々を包括する普遍的な医療保障が欠如したものとして存在することになりました。

　第2は，失業保険の給付に要する費用に労働者の拠出や国庫負担がないという点です。失業保険の拠出は，使用者と州政府のみで構成する制度として設けられています。なお使用者の拠出には，「メリット料率制度」が適用され，使用者にインセンティブを与えていますが，失業した労働者の事後的な生活保障という点において，十分とは言えない制度となっています。

　第3に，老齢年金保険は完全準備方式をとっており，私的保険的な性格が強いという点があげられます。

　第4に，公的扶助はその対象から一般生活困窮者を除外し，特定の属性をもつ集団を受給根拠としているという点が挙げられます。

　第5は，一般救済が連邦政府の枠外におかれていることです。社会保障法を構成する3部門に含まれる制度のなかで，連邦政府が直接管理経営するのは老齢年金保険のみで，他はいずれも連邦が州の実施する諸制度に補助金を支給することとなっています。そのため州によって内容が異なり，地域格差がみられるという状況が生じています。

　このように世界で初めて社会保障という用語を法制度上，正式使用したアメリカ社会保障法による生活保障システムの創出は画期的なことでしたが，同法には，生活問題解決に対する自助努力と地方分権主義という伝統が色濃く残り，しかも医療保障の欠如，適用範囲の狭さなど，包括的な社会保障制度という意味での「社会保障」の法制度としては不十分なものでした。

（山下利恵子）

▷2　メリット料率制度（経験料率）とは，雇用者の雇用実績によって雇用者に異なる失業保険税が適用されるというものである。

参考文献

　中村優一・一番ケ瀬康子編『アメリカ・カナダ』（世界の社会福祉9）旬報社，2000年。

　藤田伍一・塩野谷祐一編『アメリカ』（先進諸国の社会保障7）東京大学出版会，2001年。

　社会保障研究所編『アメリカ社会保障』東京大学出版会，1993年。

V 社会福祉をめぐる動向

10 イギリスにおける社会保障の成立

1 『ベヴァリッジ報告』の背景

　資本主義国での社会保障が制度として体系化され，内容もある程度正確になるのは，1942年にイギリスで『ベヴァリッジ報告』が発表されてからです。第2次世界大戦中の1940年5月，イギリスではチャーチルを首相とする戦時連立内閣が成立しました。激しくなる戦況のなかで，国民に対し，「戦後の社会改革についてなんらかの約束」を公表すべきであるとして，1941年1月に戦後再建問題委員会を設置しました。つまり，政府は，戦争に勝利するために国民の一致団結した協力で全力を集中させなければならず，そのためにも戦後の社会保障計画を国民に示す必要がありました。

　そして，この委員会が取り上げることになっていた社会保険及び関連サービスに関する現行制度の全面的検討を行うための委員会が設けられました。その委員長に任命されたのが，失業問題の権威者でケインズ理論家であるW.ベヴァリッジでした。この委員会は，1年間の調査研究の後，1942年11月に報告書を政府に提出，12月にこの報告書が公表されました。これが，「社会保険および関連サービス」(Social Insurance and Allied Services) という報告書であり，一般には『ベヴァリッジ報告』と呼ばれています。

2 『ベヴァリッジ報告』の内容

　この報告書は，戦時中には戦争への国民の協力を確保し，さらに，戦後に予想される失業，困窮の増大，労働運動の革命的高揚などによるイギリス資本主義の体制的危機を回避し，経済を発展させることを目的としていました。

　『ベヴァリッジ報告』では社会の発展を拒む「5つの巨大悪（窮乏，疾病，無知，不潔，失業）」への広範な社会政策の必要性を強調し，これら社会悪のうち窮乏に対する攻撃の手段が社会保障であるとしました。さらに，社会保障を所得保障に限定し，この社会保障が適切に行われるためには，以下の3つの前提が必要であるとしています。それは，第1に15歳以下の児童（もしくは全日制教育を受けている場合は16歳以下の児童）に対して児童手当を支給することであり，第2に疾病の予防・治療ならびに労働能力の回復を目的とした包括的な保健及びリハビリテーションを社会の全員に提供することでした。そして，第3に雇用を維持すること，すなわち完全雇用を達成することでした。これら3つの前提に

もとづいて，社会保障計画は「基本的なニードに対する社会保険，特別なケースに対する国民扶助，基本的な措置に付加するものとしての任意保険」の3つの方法の組み合わせで実施されるとし，このなかで社会保険が最も重要で主要な方法であると位置づけています。

さらに，社会保障の主要な方法としての社会保険について，次の6つの基本原則を挙げています。第1に均一額の最低生活費給付，第2に均一額の保険料拠出，第3に行政責任の統一，第4に適正な給付額，第5に包括性，第6に被保険者の分類（被用者，その他の有業者，主婦，その他の労働年齢にある者，労働年齢に達しない者，労働年齢をすぎた退職者という6つの区分）です。

このように『ベヴァリッジ報告』による社会保障計画は，広く国民を対象とし，「ゆりかごから墓場まで」の保障をめざしており，一般的な社会保険と医療サービス，児童手当，それに国民扶助を含めた諸制度の総合的な体系によって窮乏の克服をめざす革新的な内容をもっていました。

3 ベヴァリッジ体制の確立と限界

1945年5月にドイツが降伏し，戦時連立内閣は終わりを告げました。それに代わって誕生した労働党の政権となって以後，短期間に諸法が制定されました。1946年7月に国民保険（業務災害）法，8月に国民保険法，11月に国民保健サービス法，そして1948年に国民扶助法が制定され，ここに，ベヴァリッジを父祖とする福祉国家が誕生することになったのです。

しかし，イギリスでは1947年からの経済危機により1949年にポンド切り下げが行われ，1950年の朝鮮戦争の勃発に際しては，巨大な軍事費負担を余儀なくされました。そのため，社会サービス費の抑制を目的に，1951年に国民保健サービスでの患者の一部負担を導入しました。翌年には2度にわたり一部負担を拡大したため，国民保健サービス法の生みの親であるベヴァン労働相が「大砲か，バターか」という言葉を残して辞任による抗議をしました。こうして，ベヴァリッジ体制の重要な一角である国民保健サービス法による医療保障の無料化の原則は，制度発足後わずか3年ほどでその原則を転換せざるを得なくなりました。

また，ベヴァリッジ体制における国民の生活安定策の中心は，均一拠出・均一給付の原則による社会保険を適用することによって，最低限の所得を保障することでした。しかし，均一拠出主義にもとづく保険料は低所得者層が負担し得る水準に合わせざるを得ず，物価や賃金の上昇に応じた給付の改善が困難でした。そのため，均一拠出を所得比例拠出に変更せざるを得なくなりました。

他方では，所得比例給付が1960年に年金給付，1966年に失業保険給付，傷病手当給付及び寡婦給付等において導入され，均一拠出・均一給付の原則が完全に崩壊しました。このようにベヴァリッジ体制は，その成立からわずか20年足らずで，基本的な理念の転換を迫られることとなりました。 　　　（大山朝子）

▷1 全国民に対してすべて税財源で病気の予防，治療，治療後のリハビリテーションまでの包括的な医療保健サービスを保障しようとした制度。

(参考文献)

樫原朗『イギリス社会保障の史的研究Ⅰ』法律文化社，1973年。

山田雄三監訳『ベヴァリッジ報告』至誠堂，1975年。

足立正樹編著『各国の社会保障』法律文化社，1988年。

柴田嘉彦『世界の社会保障』新日本出版社，1996年。

金子光一『社会福祉のあゆみ』有斐閣，2005年。

第2部 西洋編

V 社会福祉をめぐる動向

11 福祉国家体制のソーシャルワーク

1 戦時におけるソーシャルワーク

イギリスでソーシャルワークの役割とその重要が国民に知られるようになった契機は，第2次世界大戦時における市民防衛対策（疎開）です。政府の対応は，疎開の受け入れ先の確保が優先され，疎開者の心身のケアやサポートまで配慮が行き届いていませんでした。都市からさまざまなニーズを抱えた疎開者を受け入れた地方の町村はその対応に困惑し，政府やロンドン市議会に援助を要請しました[1]。

そこで，ロンドン市議会は，学校ケア委員会に支援を担当してもらうことにしました。学校ケア委員会とは，学校の健康診断で治療が必要とされた子どもの家庭を訪問し指導するボランティアを組織する学校ソーシャルワーク組織のことであり，委員長の多くはソーシャルワーカーでした。最初は4人のソーシャルワーカーがロンドン議会から派遣され，その成果を確認した政府は，ソーシャルワーカーの任用を勧告しました。そして30名のソーシャルワーカーが任用され，彼（女）らは「地方福祉官」と呼ばれました[2]。

2 ソーシャルワークに対する国民の信頼

全国各地に派遣された地方福祉官の活躍により，ソーシャルワーカーは非常時の一時的な期間だけ雇用されるのではなく，正規の職員として雇用する必要があると考える地方自治体もいくつか出てきました。戦時に家屋や家族を失った市民に必要とされているのは，住む場所の提供だけでなく，個人や家族への精神的なサポートや心のケアでありケースワークである，という考え方が，政府や地方自治体職員の間に広がってきたのです。これまで，ほとんど市民社会の表舞台に立たず，その存在が忘れられていたソーシャルワークが，戦時における市民生活の危機を救いました。この実績は，政府，地方自治体，市民に対して，ソーシャルワークは市民生活にとって必要不可欠な制度・機能であることを，認めさせることになったのです[3]。

3 福祉国家体制のソーシャルワーク

戦後の社会福祉計画に大きな影響を与えたのが，1942年に発表された『ベヴァリッジ報告』です。『ベヴァリッジ報告』以降，いくつかの法案が立法化されま

▷1 モーリス・ブルース／秋田成就訳『福祉国家への歩み』法政大学出版局，1984年，476-477頁。津崎哲雄『ソーシャルワークと社会福祉』明石書店，2003年，20-21頁。

▷2 津崎哲雄，前掲書▷1，22頁。

▷3 同前書，23頁。

表V-2 1948年における地方自治体社会福祉サービス

所轄中央官庁	内務省	保健省	
地方自治体部局	児童部	福祉(サービス)部	保健部
主な法的根拠	1948年児童法 1933年児童青少年法	1948年国家扶助法 第3条および第4条	1946年国民保健医療サービス法第4条 (とくに26, 29項)
主なフィールドワーク職員	児童主事	福祉主事	精神衛生福祉主事
主な所掌業務	正常な家庭生活を奪われた児童及び裁判所から委託された児童のケア, 措置, 養子縁組, 親権代行	老人や病弱者の居住施設・家のない家族のための臨時宿泊所の提供, 視聴覚障害者の福祉の促進, 民間福祉団体への援助, 老人ホームの登録, 資産の管理, 埋葬	疾病の予防, 病人のケアおよびアフターケア, 家族的援助の提供, 母子とくに未婚の母とその子供のケア, 知的障害児(者)のケア
主なサービス	スーパービジョンを伴う里親委託・ファミリーグループホーム・乳幼児居住保育施設・児童ホーム等による代替家庭の提供, アセスメント・センター及びレセプション・センターの提供, 家族ケースワークの実施	老人ホーム, リハビリセンターを含む家のない家族のための援助・宿泊施設, 障害者の登録, 視覚障害者教育教員派遣, 職業訓練センター, ホームワーカー・スキーム, 休暇旅行提供, 各種クラブ, 助言及び情報提供	ホームヘルプ・サービス, 保育所, 母子生活支援施設, 精神疾患者及び知的障害者のためのホステル, 職業訓練センター, 作業療法士及び精神衛生福祉主事の派遣, 保護施設, チャイルド・マインダーの登録, 若干の児童相談業務

＊ Dr. Muriel Brownによる1977年度LSE講義(パーソナル・ソーシャルサービス計画)資料の一部加筆。
出所：津崎哲雄『ソーシャルワークと社会福祉』明石書店, 2003年, 46頁を一部修正。

したが，次の3つの法律がソーシャルワークの発展に大きな影響を及ぼしました。1つ目は1948年制定の国家扶助法です。本法により救貧法が廃止され国家扶助委員会が設置されました。そして，金銭給付に関しては国家直営の公的扶助委員会へ，福祉サービスの提供は地方自治体(福祉部，児童部)へと分離されることになりました。地方自治体に雇用されたソーシャルワーカーは，対人援助サービスに限定して仕事を行うことになりました。2つ目は1946年制定の国民保健医療サービス法です。本法より保健医療は公共サービスとなり，ほとんど無料で受けられることになりました。このような保健医療サービスの国営化は，医療ソーシャルワークという新しい職務を生み出すことになりました。3つ目は1948年制定の児童法です。行政組織が統一され，専門職に相応しいソーシャルワークを行える環境が地方自治体に生まれました(表V-2)。こうして多数のソーシャルワーカーが地方自治体に雇用され，地方自治体ソーシャルワークの基盤が整えられたのです。

とくに児童部は保健部や福祉部と比べて，フィールド・ソーシャルワーカーの専門性が重視されました。それは児童部長に児童ケアの専門職経験者の任用が義務づけられたこと，ソーシャルワークの伝統を持つ内務省が監督省庁であったこと，などが挙げられます。その結果，児童部は保健医療の専門職の支配から抜け出して，独自のソーシャルワーク専門職性を高めることができました。こうしてイギリスの地方自治体ソーシャルワークの確立は，まず児童部から始まったのです。

(田邉泰美)

▷4 伊藤淑子『社会福祉職発達史研究』ドメス出版, 1996年, 160-166頁。津崎哲雄, 前掲書▷1, 47-50頁。
▷5 津崎哲雄, 前掲書▷1, 50頁。

参考文献

モーリス・ブルース／秋田成就訳『福祉国家への歩み』法政大学出版局, 1984年。
伊藤淑子『社会福祉職発達史研究』ドメス出版, 1996年。
津崎哲雄『ソーシャルワークと社会福祉』明石書店, 2003年。

第2部　西洋編

V　社会福祉をめぐる動向

12　ソーシャルワークの発展1
──シーボーム改革と地方自治体ソーシャルワークの誕生

1　ソーシャルワークの発展とシーボーム委員会設置の背景 ◁1

　第2次世界大戦後，ソーシャルワークとみなされる活動範囲は広がりました。三大社会立法（1946年の国民保健医療サービス法，1948年の国家扶助法，1948年の児童法）の成立により救貧法は一掃され，社会福祉サービスは地方自治体の保健部，福祉部，児童部により提供されることになりました。ところが，ソーシャルワークの専門性が高められる環境にあったのは内務省の管轄である児童部だけでした。保健部や福祉部（いずれも保健省管轄）は，保健医療関係の専門職が優先される職業構造のなかで，ソーシャルワークを発揮する場所がありませんでした。

　児童部のソーシャルワークの発展に貢献したのは，1948年から始まる児童法改正です。それは，戦後大きな社会問題となった，非行や少年犯罪に対する政府の取り組みでした。一連の児童法改正のなかで，非行や少年犯罪の予防には，幸福で安定した家族生活の維持が何よりも重要であり，多様な家族のニーズに対応することができる家族福祉サービスの確立が必要である，という声が高まってきました。これらの声を検討するために設置されたのが，シーボーム委員会です。シーボーム委員会が設置された背景は，児童福祉の領域で家族福祉サービスの必要性が認められたこと以外にも，①利用者の多くは相互に関連する複雑な問題を抱えているので，サービスを調整する必要があること，②保健部や福祉部のソーシャルワーカーの専門性を高める必要があること，③ソーシャルワーカーの間に，専門職として共通の考え方や援助技術を築こうとする動きが出てきたこと，などが考えられます。◁2

2　シーボーム委員会の勧告──全般的ケース担当方式と地区チーム

　これらの問題に対して，シーボーム委員会は，「児童部と福祉部を統合し，さらに教育，保健，住宅各部局の一部の機能を持ち合わせた新しい部局である社会福祉部（Social Service Department）を設置して（図V-1），ニーズをもつすべての国民が必要時にサービスを受けられること」を勧告します。ここで重要なのがジェネリシズムという考え方と地区チームというシステムです。ジェネリシズムとは，雇用されている職域，対象とする利用者が違っていても，すべてのソーシャルワーカーに共通する，技能，知識，方法が存在する，という考え方です。したがって，従来は利用者の範疇別にケースを担当する特殊専門的ケース

▷1　イギリスで地方自治体ソーシャルワークの確立に大きな貢献をはたしたのは，1968年にシーボーム委員会が提供した報告書（正式には『地方自治体社会福祉サービスと関連社会福祉サービスに関する調査委員会報告書』のことであり，委員長の名前をとってシーボーム報告とよばれる）と，その勧告を法制化した1970年の地方自治体社会福祉サービス法（シーボーム改革）である。

▷2　津崎哲雄『地方自治体ソーシャルワークとは何か』英国ソーシャルワーク研究会，1998年，6-7頁。

図V-1　地方自治体社会福祉部の行政機構

```
                    社会サービス部長
                    Director of S.S.
                          │
                    社会サービス次長
                    Deputy Director of S.S.
         ┌────────────┬────────────┬────────────┐
    収容サービス課長   教育・訓練課長   フィールド・ワーク課長   病院ソーシャル・
    Assistant        Assistant        Assistant              ワーカー
    Director of      Director of      Director of
    S.S.             S.S.             S.S.
    i/c              i/c              i/c
    Residential      Training         Field Work
    Services                          Services
```

児童／老人／障害者／フィールド・ワーク訓練／収容サービス訓練／児童・家庭ソーシャル・ワーク／老人ソーシャル・ワーク／身体障害者ソーシャル・ワーク／精神障害者ソーシャル・ワーク／施設管理 Resource Services

地域班 Area teams
地域ソーシャル・サービス主任
Area S.S. Officer
Principal Social Worker
Seneior Social Workers
Social Workers

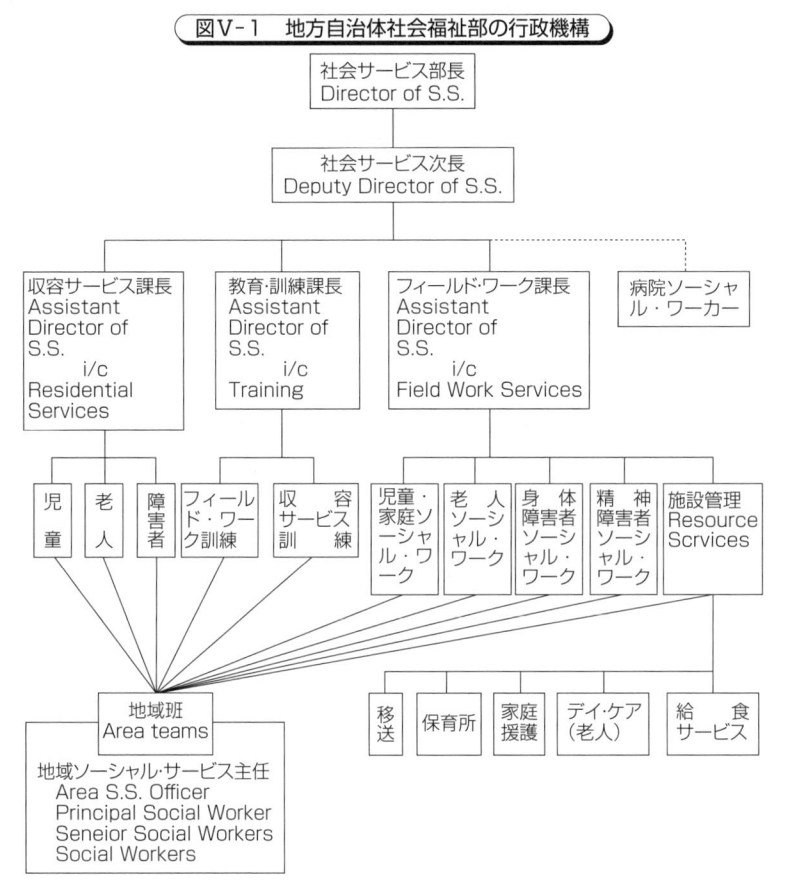

移送／保育所／家庭援護／デイ・ケア（老人）／給食サービス

出所　杉森創吉『福祉サービス開発と職員計画』誠信書房，1981年，146頁。

担当方式（スペシフィック・ソーシャルワーク）でしたが，社会福祉部では1人のソーシャルワーカーがすべての利用者を対象とする全般的ケース担当方式（ジェネリック・ソーシャルワーク）に変更されます。

　地区チームとは，人口5万から10万規模を単位に地区を割り，各地区に地区事務所長及び10名前後のソーシャルワーカーが配属されるシステムのことです。身近なところに地区チームを配置し，利用者のニーズに敏感かつしなやかに対応することを目的とします。いくつかの自治体ではさらに規模を小さくし，2万人程度の居住地区を対象とする小地区チーム構造が導入されました。小地区チームでは，地区事務所長ではなく上級ソーシャルワーカーが統括責任をもち，少なくとも3名のソーシャルワーカーと1名のソーシャルワーカー助手から構成されます。その結果，ソーシャルワーカーは利用者との接触がはるかに容易になるばかりか，コミュニティのニーズをより深く理解する機会に恵まれることになりました。

（田邉泰美）

▷3　津崎哲雄『ソーシャルワークと社会福祉』明石書店，2003年，114-120頁，159-168頁。

参考文献
杉森創吉『福祉サービス開発と職員計画』誠信書房，1981年。
小田兼三『地方自治体と対人福祉サービス』相川書房，1996年。
津崎哲雄『ソーシャルワークと社会福祉』明石書店，2003年。

第2部　西洋編

V　社会福祉をめぐる動向

13　ソーシャルワークの発展2
――バークレイ報告書とその後のソーシャルワークの展開

1　バークレイ報告書が提出された背景

　1982年5月，イギリスの全国社会事業研究所から，バークレイ報告書『ソーシャルワーカー』[1]が出版されました。政府の要請により1980年10月に18名の委員で組織された独立委員会の報告書です。報告書は統一見解をまとめることができず，バークレイ委員長をはじめ14名が署名した多数派報告，ハドレイ委員ら3名が署名した少数派報告（ハドレイ少数派報告），ピンカー委員1人だけの署名による少数派報告（ピンカー報告）が提出されました。

　当時，イギリスは経済不況のどん底にあり，福祉に対する国民の要求は増え続けているにもかかわらず，提供できる資源は限られていました。バークレイ報告書は，経済の成長が望めない時代にあって，「ソーシャルワーカーはどうあるべきなのか」という確認作業だったのです。

2　バークレイ報告書の内容

　多数派報告は，シーボーム報告書で勧告された，ジェネリック・ソーシャルワークと地区チームを評価します。すなわち，個人や家族のニーズは，1人のソーシャルワーカーによって担当されるべきであり，ニーズの充足にあたっては，コミュニティのネットワークとの連携が必要である，という考え方です。多数派は，このような考え方をさらに推し進め，ソーシャルワーカーが「社会的ケア計画」と「カウンセリング」を統合し，コミュニティで生活する利用者に対応するという「コミュニティ・ソーシャルワーク」というモデルを提案します。したがって，ソーシャルワーカーは，ケースワーク，グループワーク，コミュニティワークという援助技術を巧みに活用し，利用者に対する個別支援から家族，親族，近隣の人々などによるインフォーマルなネットワークの開発と連携まで責任を負うことになります。ハドレイ少数派報告は，多数派報告の「コミュニティ・ソーシャルワーク」をさらに徹底させ，「近隣に基盤をおくソーシャルワーク」というモデルを提案します。シーボーム報告書で提案された地区チームが担当する範囲を人口5,000人から8,000人程度にさらに小さく分割し，ソーシャルワーカーは地域住民と協力して，相互援助のネットワークを近隣レベルで作り上げる責任を負います。ピンカー報告は，現在のケースワークを中心とするソーシャルワーク・モデルは健全であり，あえて「コミュニティ・ソー

▶1　Barclay Committee, Social Workers: Their Role & Task. Bedford Square Press 1982（＝1984，小田兼三訳『ソーシャルワーカー』全国社会福祉協議会）．

シャルワーク」や「近隣基盤ソーシャルワーク」に移行する必要はない。それはソーシャルワーカーに過大な期待をかけることになり，かえって専門性の低下を招くことになる，と主張しています。

③ バークレイ報告書とその後のソーシャルワークの展開

　バークレイ報告書は，ソーシャルワーカーの役割と任務について，明確にできませんでした。それは，社会福祉を取り巻く環境の厳しさを表しています。政府は，「福祉の領域では，希少な資源が有効に利用されておらず，投資に見合う成果が得られていない」と批判を強めました。そして，1988年2月に『グリフィス報告』が提出されます。委員長グリフィス卿はスーパーマーケットの経営者であり，企業経営のノウハウを福祉の領域に持ち込もうとします。具体的には，社会福祉部にケアマネジャーを配置し，財源の有効な活用を管理させること，そしてサービスの提供にあたっては，民間団体や営利企業さらにインフォーマルなネットワークを積極的に活用することなどが提言されました。

　このような『グリフィス報告』の提言は，1990年制定の「国民保健医療サービス及びコミュニティケア法」によるコミュニティ・ケア改革で実現します。同法では，企業が商品の「企画と販売」を分けているように，社会福祉部もサービスの購入者部門と提供者部門に分離されます。購入者はニーズのアセスメントやサービスの契約，提供者は対人援助（サービスの提供）の責任をもちます。ここで重要な役割を果たすのが，ケアマネジャー（購入者）の存在です。ケアマネジャーは利用者のニーズを正確にアセスメントしてケアプランを作成し，ケアプランの各部分を担当できるサービス提供者のなかから費用や内容を検討し，最良であると判断したものと契約を結ぶことになります。

　このようにサービスの購入部門と提供部門を分離することは，合理的かつ効率的なシステムと言えます。ケアマネジャーは決められた予算の範囲で，利用者の希望を尊重して自由にサービスを契約できる利点があります。しかし，いくつかの問題も抱えています。1つは，社会福祉部はサービス購入者としての役割が中心となり，サービス提供者としての役割は民間団体や営利団体そしてインフォーマルなネットワークの背後に後退していくこと，すなわちサービスを提供する第1の責任が弱められていくことです。社会福祉部はサービスを提供するための条件整備役（enabler）に徹することになります。もう1つは，「個人や家族のニーズは，1人のソーシャルワーカーによって担当されるべきである」というジェネリシズムが解体されることです。専門的資格をもつ熟練ソーシャルワーカーの多くはケアマネジャーに移動することになりました。ケアマネジャーは限られた予算に配慮しながらニーズをアセスメントしサービスを契約することが仕事の中心となり，対人援助技術としてのソーシャル（ケース）ワークの専門性は失われつつある状況に陥りました。

　　　　　　　　　　　　　　　　　　　　　　　　　　　　（田邉泰美）

▷2　小田兼三『現代イギリス社会福祉研究』川島書店，1993年，185-191頁，361-399頁。

▷3　A Report to the Secretary of State for Social Service by Sir Roy Griffiths, Community Care: Agenda for Action, HMSO, 1988（＝1989, 小田兼三訳『コミュニティ・ケア』海声社）.

▷4　吉原雅昭「英国における『グリフィス論争』が我々に問うもの」『日本の地域福祉』第3巻，1990年，7-22頁。

参考文献

Barclay Committee, Social Workers: Their Role & Task. Bedford Square Press 1982（＝1984, 小田兼三訳『ソーシャルワーカー』全国社会福祉協議会）.

A Report to the Secretary of State for Social Service by Sir Roy Griffiths, Community Care: Agenda for Action, HMSO, 1988（＝1989, 小田兼三訳『コミュニティ・ケア』海声社）.

第2部　西洋編

Ⅴ　社会福祉をめぐる動向

14　社会福祉サービスの発展と福祉専門職
——ソーシャルワーク認定資格（Dip.SW）の確立に至るまで

1　専門職の始まり

　イギリスのソーシャルワーク専門職の確立において、大きな役割を果たしたのがY.ヤングハズバンドです。1929年に母校ロンドン政治経済大学の教員となり、ソーシャルワーク専攻学生の教育にあたります。そして1947年に『ソーシャルワーカーの雇用と研修に関する報告書』をまとめました。その報告書で彼女は、「ソーシャルワークは戦時中にその重要性が認められ、新たな専門職として国民に受け入れられつつあるが、適切な教育を受けた人材が全く不足している。アメリカのように大学教育レベルでソーシャルワーカーを養成し教育する課程を設置する必要がある」と訴えます。その結果、大学卒業者を対象とした、イギリスにおける最初のジェネリック・ソーシャルワーカー養成課程が完成しました。同課程はロンドン政治経済大学の応用社会科に1954年に設置され、他の大学にも広がっていきました。◁1

2　専門職への道——ソーシャルワーク認定資格（CSW）

　大学レベルでのソーシャルワーカー養成課程は拡大しましたが、地方自治体が求めているソーシャルワーカーの数には到底及びませんでした。それどころか、地方自治体の福祉部や保健部の職員に対しては、公式の教育研修が何も存在しておらず、新規採用者もほとんど無資格でした。この状況が続けば、福祉部や保健部は無資格の職員によって構成される唯一の地方自治体部局になってしまうおそれが出てきました。

　1956年に地方自治体の保健部や福祉部で働いているソーシャルワーカーに関して調査する委員会が設置され、ヤングハズバンドは責任者として任命されました。その調査をまとめたものが、『地方自治体保健・福祉サービスにおけるソーシャルワーカーに関する委員会報告書』（1959年）です。その報告書では、大学以外（大学の学位授与を行わない）での2年制のソーシャルワーク養成課程の設置が勧告され、受け入れられました。そして、この養成課程を管理運営する中央福祉研修協議会（CWTC）が設立され、養成課程の修了者にはソーシャルワーク認定資格（CSW）が授与されることになります。入学資格は、中等学校（高校も含む）以上を卒業していること、ソーシャルワーカーとしての実務を経験していること、が条件となります。◁2

▷1　E.L.ヤングハズバンド／本出祐之監訳『英国ソーシャルワーク史1950-1975・上』誠信書房、1984年、409-411頁。津崎哲雄『ソーシャルワークと社会福祉』明石書店、2003年、170-183頁。

▷2　本出祐之監訳、前掲書▷1、411-413頁。伊藤淑子『社会福祉職発達史研究』ドメス出版、1996年、173-183頁。津崎哲雄、前掲書▷1、184-187頁。

③ 専門職の確立——ソーシャルワーク認定資格（CQSW）

　シーボーム改革により社会福祉部が新設され，異なる部局で働いているソーシャルワーカーは統合されました。すなわち「援助対象となる利用者にかかわらず，すべてのソーシャルワーカーに共通する技能や方法そして知識が存在する」というジェネリック・ソーシャルワークの確立です。それに伴い，領域ごとに分かれて資格認定を行っていたさまざまな団体が統合され，中央ソーシャルワーク教育研修協議会（以下，CCETSW）が新設されました。そして，さまざまな専門職資格も全領域共通のソーシャルワーク認定資格（以下，CQSW），すなわちジェネリックな専門職資格に統合されました。

　したがって，CQSW 資格は，CCETSW が認定した養成課程を履修したものであれば，大学卒業者であるか否かにかかわらず与えられます。さらに専門性を高めるために，資格取得後の教育機会を保障する認定後研修（PQS）が整備されました。また CCETSW は，施設ケアや在宅ケアの管理職もソーシャルワークの一部であることを認め，施設管理職や在宅サービス管理職のための資格であるソーシャルサービス資格を制度化しました。CCETSW は，（フィールド）ソーシャルワーカー（以下，CQSW）と施設・在宅ケアサービス管理専門職（以下，CSS）の人材養成に積極的に取り組みました。

④ 専門職の発展と変化——ソーシャルワーク認定資格（Dip.SW）

　CCETSW は1980年代に入って，CQSW と CSS という２つのソーシャルワーク認定資格のあり方について，再検討する作業に入りました。CCETSW は1987年に，CQSW と CSS を一本化させた新たなソーシャルワーク資格（以下，Dip.SW）の新設を提案します。当初は３年制の養成課程を構想していましたが，財源の理由から２年制の養成課程となり，1994年に CQSW と CSS は統合されることになりました。Dip.SW 養成課程の特徴は，実践能力の育成が重視されたこと，養成教育は教育機関と実習機関の共同作業であることが明確にされたこと，反差別教育が重視されたこと，です。

　しかしながら，Dip.SW はバークレイ報告書の多数派が主張するコミュニティ・ソーシャルワークという考え方に強く影響を受けており，利用者の個別支援から社会的ケア計画まで幅広い能力を求めています。しかし，ソーシャルワーカーが受けもつ仕事の範囲をここまで広げてしまうと，ソーシャルワーカーの役割と任務が専門職に相応しい内容をもつものとして認められるのか，という問題が出てきます。地方自治体のなかでも，児童虐待や精神保健など，高度な専門性が必要とされる分野では，利用者別の特殊専門的ケース担当方式（スペシフィック・ソーシャルワーク）に変更したところもありました。

（田邉泰美）

▷3　CCETSW は2001年に廃止され，その役割と業務は総合ソーシャルケア協議会（GSCC）に引き継がれた。GSCC は営利部門も含めたすべての社会福祉サービス従事者の教育研修，資格認定，職業倫理などを管轄する独立した法定団体である。

▷4　小田兼三『現代イギリス社会福祉研究』川島書店，1993年，312-323頁。伊藤淑子，前掲書▷2，182-192頁。津崎哲雄，前掲書▷1，190-203頁。

▷5　小田兼三，前掲書▷4，323-328頁。伊藤淑子，前掲書▷2，208-210頁。伊藤淑子「社会福祉と専門職」田端光美・右田紀久惠・高島進編『イギリス』（世界の社会福祉4），旬報社，1999年，200-207頁。津崎哲雄，前掲書▷1，239-243頁。

【参考文献】
　E.L.ヤングハズバンド／本出祐之監訳『英国ソーシャルワーク史 1950-1975・上』誠信書房，1984年。
　小田兼三『現代イギリス社会福祉研究』川島書店，1993年。

V 社会福祉をめぐる動向

15 福祉多元主義の台頭

1 福祉多元主義とは

　一般に「福祉多元主義」(welfare pluralism) とは，福祉のサービス・資源の供給について，複数の異なった供給主体が存在することを考慮し，その長所を組み合わせて利用者のニーズを充足すべきであるという考え方を意味します。私たちの生活上のニーズを充足してくれる資源の供給主体としては，本人，家族，近隣，NPOなどの民間非営利組織，国や地方公共団体，営利企業などがあります。イギリスでは，①インフォーマル部門，②公的部門，③ボランタリー（民間非営利）部門，④民間営利部門の主要4部門に整理されることが一般的です。

2 福祉多元主義台頭の背景

　この考え方は，1970年代以降，各国において強い影響力をもつようになりました。その背景には，「福祉国家の危機」があります。戦後，西ヨーロッパでは，公的部門を中心とする巨大なシステムが構築されました。やがて，国の経済が停滞するようになると，福祉国家を維持していくことが財政的に困難になってきました。また，公的な福祉制度を運用するための多くの規制やルールが存在することから，効率が悪かったり，人々のライフスタイルや価値観の多様化に対応できていないといった問題が指摘されるようになりました。さらに，「社会的弱者の保護」といった理由で「利用者」の意見や主体性が無視され，専門家によるコントロールが強まっている，一律に同じサービスが行われ選択の自由がない，といった批判や反発も出されるようになりました。また，福祉国家が充実することによって，「自助の精神」「家族の価値」「近隣の互助精神」が失われ，「福祉依存」が拡大するといった批判が根強くあります。

3 福祉多元主義の展開

　そこで，公的部門以外の長所を評価し，これらの最適な組み合わせを実現しようとする考え方が台頭するようになります。福祉国家が拡大するなかで，公的部門がニーズの充足に大きな役割を果たすようになっていきましたが，その間も，家族やボランティアが消滅したわけではありません。また，民間の非営利組織は，福祉国家登場以前からさまざまな自発的な活動を通じて，制度的な福祉では対応できないようなニーズへの対応を行ってきました。

▶1　ボランタリー部門の将来について，イギリスの『ウルフェンデン報告』(1978年) では，硬直的な公的部門や，組織化が十分ではないインフォーマル部門など多元的な仕組みのなかで，援助を求める者とボランティアとの橋渡しなど補完的，先駆的，仲介的な役割を果たすべきであるとしている。(J. F. Wolfenden, *The Future of voluntary of organisations: report*, Croom Helm, 1978.)

4 福祉多元主義と福祉改革

1970年代末から福祉国家を批判する立場に立つ政権の多くが，民間の営利部門やボランタリー部門を活用することによって，福祉改革を進めてきました。たとえば，福祉サービスなどの領域に「市場原理」を導入し，そこに多元的なサービス供給主体が参入すれば，競争によってコストが下がり，サービスの質が向上する，また利用者の選択の幅も広がるという長所だけが強調されるようになりました。

また，このような改革が進行すると，公的部門の役割自体が変容することがあります。たとえば，イギリスのコミュニティ・ケア改革の基盤となった『グリフィス報告』では，ケアサービスの購入者と提供者を分離し，地方自治体の役割は，ケアの直接供給者である必要はなく，個人のニーズのアセスメントにもとづいて必要なサービスを営利・非営利を含む多元的な供給主体から購入すればよいとされました。このような多元主義的な仕組みにおいて管理的な役割に特化した公的部門（自治体）は，条件整備団体と呼ばれることがあります。公的部門の役割は，直接的なサービス供給ではなく，多元的な供給主体の管理やコーディネーターへと変容するということです。

しかし，このような福祉改革は，必ずしも成果を挙げているわけではありません。質の悪い民間営利のサービス提供者が新規参入し問題が発生したり，多元的なシステムを維持・管理するためのコストが高くつくこともあります。また，民間の供給主体が存在しない地域では公的部門が役割を果たさざるを得ません。地域の力に過度な期待をかけることにも慎重であるべきでしょう。

5 福祉多元主義の今後

近年，日本においても，NPOなどの民間非営利団体が行政や個人・家族にできない役割を果たしていることが評価され，市民生活のなかで位置づけられるようになっています。また，地域生活を維持するための援助において，フォーマルな資源とインフォーマルな資源を組み合わせる重要性が説かれています。このように，利用者の主体性や市民参加を重視する立場や，公的部門以外の役割や独自性・長所を活かそうとする立場から福祉多元主義を評価する声がある一方，福祉多元主義の考え方は，公的部門・公的な福祉制度の削減を正当化する論理を提供していることに注意しなければなりません。そもそも，多元主義における各部門の役割は，代替的な関係にないことにも注意しなければならないでしょう。特に，公的部門は，ナショナルミニマム・生存権保障の役割を担っており，安易にこの役割を他部門に委ねることは許されません。このような本来の公的部門の役割が担保されたうえで，他部門の長所がミックスされる形が求められていると言えます。

（所めぐみ）

参考文献

J. F. Wolfenden, *The Future of Voluntary Organisations : report*, Croom Helm, 1978.

V 社会福祉をめぐる動向

16 社会福祉サービスの民営化

1 民営化とは

　民営化（privatisation）とは，公的組織や事業体を民間組織に転換することを言います。鉄道，電気，電信電話，水道，郵便などの国有企業や公営企業を民間企業に転換したり，売却したりすることがその典型例です。日本においても，1980年代以降，電電公社や国有鉄道などが民営化されてきました。小泉政権下の郵政民営化も記憶に新しいところです。公的なサービスである社会福祉サービスの領域でも民営化の波が押し寄せています。

2 民営化の背景

　20世紀後半以降，社会福祉サービスの領域に民営化が進められている背景としては，戦後の福祉国家への批判があります。もともと，福祉国家の成立過程は，「国有化」「公有化」と理解することができます。19世紀において，民間慈善組織が担っていた福祉活動が，福祉国家が整備されるなか，「公的なサービス」として位置づけられ，公的機関の職員が担当するようになりました。

　その後，福祉国家の硬直的・官僚的・家父長主義的側面に対して，「個人の主体的な側面の重視」「選択の自由の重視」「サービスの質向上のための競争の必要性」などが主張されるようになりました。また，福祉国家の財政的危機に対する批判から，「市場の方が効率的」「競争でコストが下がる」といった主張が展開されるようになります。そして，福祉国家の改革の手段として民営化が浮上するようになったのです。

3 民営化のかたち

　ところで，民営化といっても多様な形態があります。まず，生活インフラ（電気，ガス，水道，鉄道など）に関する公営企業・事業体を民間営利企業に転換するのと同じように，公的部門に属している福祉サービスの供給主体を，民間組織に転換するものです。公立の保育所や高齢者施設を民間法人化したり，既存の民間組織に移管するような場合がこれに当たります。

　次に，公的部門のサービスの「外部委託化」も広い意味で民営化と考えることができます。学校給食，ゴミの収集など，直接，公的組織がスタッフを雇用してサービスを実施することをやめ，民間の業者に委託契約して行うような場

合がこれに当たります。公設民営でサービスを行うような場合も，これと同じカテゴリーに分類できます。

このほか，市場原理や民間組織の経営手法を公的サービスに導入し，「民間組織のように運営される公的組織」を作るような場合や，民間企業を社会福祉の提供の仕組みのなかに参入させ，公的なサービス供給主体と併存・競争させる環境を整えること（市場化・準市場化）も，広い意味で民営化と考えられます。

4 社会福祉サービスの民営化の問題点

社会福祉サービスの民営化を行うことで，福祉国家の問題点は解消されるのでしょうか。かつては民営化を進めることで，「コスト意識が高まる」「競争で質が向上し，値段が下がる」といった効果があるとされてきましたが，現在では，その弊害も指摘されています。たとえば，利益が期待できる部門にサービスが偏重し，少数者にとって不可欠であっても大多数が必要としない不採算部門の切り捨てが行われるといった問題や，供給主体の独占化や寡占化によって，結局，利用者の選択の幅が広がらないという点も指摘されています。また，一般の市場のように過度に競争が強調されることにより，社会福祉サービスの提供者同士の協力関係や連携が失われるなどの問題もあります。さらに，契約確保のために民間組織の独自性が喪失することなども考えられます。

5 社会福祉サービスの特性と民営化の限界

社会福祉サービスの民営化を議論する場合には，一般の民間企業が展開している市場における消費財・サービスと，社会福祉サービスとの差異について認識することが必要になります。社会福祉サービスの特性として，人を通じて個別・パーソナルなサービスが提供される点が挙げられます。コストの削減や利用者に安くサービスを提供することは，福祉現場の労働者の雇用環境とトレードオフの関係にあることに注意しなければなりません。

また，社会福祉のサービス提供者は，生活や生命に直接関わるサービスを提供していることから，「不採算」を理由に，安易に事業から撤退することは許されません。サービス利用者の生活や生命に大きな影響を与えることになるからです。日本の介護保険制度でも，民間営利企業を参入させ，競争で質を高め，サービスの供給量を確保することをめざしましたが，近年，不正事業者が摘発されています。コムスン事件は記憶に新しいところです。結局，介護報酬の引き上げや補助金の増加など公的な資源を投入したり，公的に質の管理をしなければサービスをめぐる状況はよくならないことが明らかになっています。民間企業との契約のためのペーパーワークが増加したり，質の悪い民間企業をチェックするための管理コストがかかる点などを考えると，民営化への過大な期待は禁物と言えます。

（所めぐみ）

参考文献

N.ジョンソン／青木郁夫・山本隆訳『福祉国家のゆくえ』法律文化社，1993年。

藤村正之『福祉国家の再編成』東京大学出版会，1999年。

第2部　西洋編

V　社会福祉をめぐる動向

17　社会福祉主体としての NGO・NPO

1　NGO, NPO とは

　NGO, NPO と言われる組織は，政府・行政組織ではない民間組織であり，かつ営利を目的としない民間非営利組織です。日本では前者の NGO（non-governmental organization＝非政府組織）は，海外での活動を主に行う民間非営利組織を指して，また後者の NPO（non-profit organization）は，国内での活動を主に行う民間非営利組織を指して峻別されることが一般的です。

2　イギリスにおけるボランタリー組織（Voluntary organization）

　イギリスでは，民間非営利組織のことを NPO ではなく，ボランタリー組織というのが一般的です。ボランタリー組織のなかで代表的なのは，チャリティ組織といわれる民間非営利の公益組織です。ボランタリーな組織には，チャリティ組織のようなフォーマルな組織ではない，つまり公共性や公益性が必ずしも明確ではなく，コミュニティのなかでインフォーマルな活動や相互扶助的な活動を行っているものもあります。その規模，構成，活動の範囲も多様です。これらすべてをボランタリー・コミュニティ組織（voluntary and community organization）と総称することもあります。

3　福祉国家におけるボランタリー組織の位置

　戦中・戦後，福祉国家体制が構築されるにつれて，ボランタリー組織がそれまで担ってきた機能の多くを国が担うようになっていきました。しかし，ボランタリー組織は，その独自の役割と機能を福祉国家体制のなかでも引き続き担うことが期待されていました。首相や閣僚のなかには，C.アトリー首相のように世界最初のセツルメント運動の拠点であったロンドンのトインビーホールでの活動経験をもつ，ボランタリー・アクションの積極的支持者がいました。またウェッブ夫妻は，福祉国家体制とともにボランタリー組織が活動し続けることの重要性を説いていました。彼らは，福祉国家とボランタリー組織との関係について，①平行棒と②繰り出し梯子になぞらえて説明しています。前者は，国家とボランタリー組織は，別々の社会的ニーズに対応していくというアプローチを表し，後者は，すべての国民に保障されている国による基本的なサービスに上乗せする形で，ボランタリー組織はサービス等を提供するというアプ

ローチを表し，後者を推奨していました。『ベヴァリッジ報告』で知られるW.ベヴァリッジも1948年に『ボランタリー・アクション』と題する報告を発表しており，福祉国家が成立しても，民間活動の活発さと豊富さが維持され力強いボランタリー・セクターがなければ，自由で豊かな国とは言えないと主張しています[1]。イギリスにおいては，このように福祉国家や専門職の役割が拡大していくなかでも，国家とボランタリー・セクターとの関係のあり方が問われてきました。

▷1 W. Beveridge, *Voluntary Action : A report on methods of social advance*, George Allen and Unwin, 1948, pp.8-10.

4 政府との関係における問題点

非営利組織は，政府から独立・自立している (independent) ことが本来は望まれます。しかしながら，多くの非営利組織は政府からサポートと資金を得ています。ボランタリー組織の役割や国・行政等との関係について検討した『ウルフェンデン委員会報告』(1978年) は，ボランタリー組織は将来の社会福祉サービスの発展のために重要な役割を担いうること，その役割を果たせるよう政府は長期的な戦略をもち，財源を確保することを要請しました。しかし長期的な戦略が政府から出されることはありませんでした。

1980年代，保守党サッチャー政権による公共支出抑制策と公共サービスの民間化・市場化は，1990年代コミュニティ・ケア改革において政府とボランタリー組織との関係を「契約」にもとづくものへと変化させ，地方政府は「条件整備をする者」(enabler) としての役割を担うこととなりました。ボランタリー組織は営利組織と同様，自治体との契約のもと，サービス提供者としての役割を担うことになりました。プロジェクトや活動への自治体からの補助金によるサポートは，この新しい契約にとってかわられ，他の組織と競争して，よりよいサービスを決められた期間や条件で提供することが期待されました。ボランタリー組織のなかにはそのような競争や契約にそぐわないものもあり，また開発性の側面へのサポートが後退したと言えます。

こうした状況下，全国ボランタリー組織協議会 (NCVO) は1996年『ディーキン報告』を公表し，今後10年間のボランタリー・セクターはその社会的・政治的な役割を果たすよう，政府は経済効率性ではなく多様性と独自性に視点をおき，対等なパートナーシップを構築することの重要性を強調しました。そして1997年に労働党が18年ぶりに政権復帰をし，ボランタリー組織やコミュニティ重視の政策を展開，「契約文化からパートナーシップ文化」への転換を図ることを掲げ，政府とボランタリー・セクターの間の協定である「コンパクト」を締結しました。しかしコミュニティ・ケア領域では契約にもとづく関係は変化しておらず，その多様性，フレキシビリティ，革新性，非官僚性，近寄りやすさ等の特徴が競争のなかで発揮できるのかという点において，ボランタリー組織による工夫とそれが発揮可能な条件整備が求められます。

（所めぐみ）

参考文献

N.ジョンソン／田端光美監訳『イギリスの民間社会福祉活動』全国社会福祉協議会，1989年。

田端光美『イギリス地域福祉の形成と展開』有斐閣，2003年。

Ⅵ 社会福祉に影響を及ぼした人物・思想・実践

1 自由主義の思想・運動家

1 自由とは

　自由主義と一言で聞いてしまうと，何のことだかわからなくなってしまいます。現代に生きる私たちは，自由なファッションを着こなし，好きな音楽を聴き，好きな人と住むことが当たり前になっています。しかし，ここで取り上げる「自由主義」とは，異なる点がいくつかありますから，少し整理してみます。

　もし，強力な支配者がいて，その人物の気分によって逮捕され，拷問を受けたりする社会だったら，そんな社会には住みたくありません。また，その支配者やその手先によって，自分の職業を決められたら嫌でしょう。日本でも，江戸時代には士農工商という身分制度が存在していました。そうした横暴な君主の支配に対して，ヨーロッパ，特にイギリスの思想家たちは，「自由」という権利を国民がもっていると考えました。

　ここで言う「自由」とは，第1に国王であっても，法に則った裁判を通さなければ，罰することができないという「人身の自由」(生命の自由)。第2に，身分から解放される「自由」。第3に，自分が働いて得た財産は自分の物になるという「財産権」という自由。この3つの「自由」を「自然権」と表現します。

2 自由をめぐる思想

　この「自由」の考え方は，T.ホッブスの「社会契約論」という思想に立脚したもので，「古典的自由主義」(Classical liberalism)とも呼ばれています。この思想をもとに理論を展開していった思想家の代表例として，J.ロックや，J.S.ミルらが挙げられます。

　まずロックは，王権神授説を否定し自然状態を「牧歌的・平和的状態」とし，公権力よりも個人が優位に立つと主張しました。政府が権力を行使するのは国民の信託(trust)によるもので，もし政府が国民の意向に反して生命，財産や自由を奪うことがあれば抵抗権をもって政府を変更できると考えました。

　次にミルは，自由とは個人の発展に必要不可欠なものという前提から議論を進めています。ミルによれば，私たちの精神的，道徳的な機能・能力は筋肉のようなもので，使わなければ衰えてしまうものです。しかし，もしも政府や世論によっていつも「これをやれ。あれはするな」と命令されていたら，人々は自らの心や心の中にもっている判断する力を行使できません。ですから，本当

に人間らしくあるためには，個人が自由に考え，話せる状態が必要なのです。ここで，ミルの主張（功利主義）はその提唱者であるJ.ベンサムとはたもとを分けています。簡単に述べると，ミルの功利主義は，快楽に（ベンサムが唱えた量的なものよりも）質的な差異を認め精神的な快楽に重きを置いたものなのです。

さて，初期の自由主義は王政のイギリスで主張されたもので，必ずしも民主主義を主張するものではありませんでした。先述の「自然権」とは政治的権利はともかく個人の権利として，国王であろうとも犯すことのできない最低限の権利を論じるものでした。これは，気ままな国王によって処刑されることもあった時代に対する国民の反発ともいえます。その後のフランスなどの革命思想において「民主主義」「平等主義」「共和主義」「世俗主義」などの要素が先に述べられた3権利の維持には不可欠であるとの主張が加わりました。個人の自由の尊重，市場経済の承認などの価値観を主張する思想とも言えます。

前者の最初期の自由主義をもって古典的自由主義という場合はレッセ・フェール（放任される自由）を強調する思想となり，個人主義の哲学・世界観にもとづく市場経済社会と，政治体制として最小限の政府（小さな政府）を理想とする「夜警国家」を主張します。古典派自由主義経済学は，利己的に行動する各人が市場において自由競争を行えば，その意図せざる結果として（「見えざる手」），公正で安定した社会が成立すると考える思想です（例，アダム・スミスの国富論）。これは経済的自由を重視する立場から，経済自由主義や市場自由主義とも呼ばれています。こうした思想は，当時の人々には，国王の支配から解放されて，より住みよい社会が実現すると歓迎されていました。

３ 社会権の誕生

しかし，社会福祉の発達史からいえば，「個人の自由」「市場経済の承認」は，「資本家」と，その「資本家」に雇われ生計を立てる「労働者」という身分制度に代わる「階級制度」を生み出しました。

この流れから言えることは，初期の自由主義のもとで認められる自由とは，「資本家」が自由に労働者を雇って，自由に低賃金で長時間働かせる自由を意味するのです。その結果，労働者階級の人々は，国王の横暴から解放されましたが，新たに登場した「資本家」に自由を制限されることになったのです。

かつて，「貧困」は物の不足が原因でしたが，「低賃金」による「貧困」に取って代わられたのです。当然，「労働者階級」からの批判が出されました。

一方で，後者の後期の自由主義の場合，放任される自由という観点とは逆に，政府によって保護される権利という観点に立ち国民の生活水準を守る保護主義という観点が生成されました。これを，「自由権」に対して「社会権」と言います。この「社会権」の一分野が「社会福祉」なのです。

（三浦辰哉）

参考文献

高島善哉『アダム・スミス』岩波書店，1968年。

J.S.ミル／塩尻公明・木村健康訳『自由論』岩波書店，1971年。

高島善哉『アダム・スミスの市民社会体系』岩波書店，1974年。

J.S.ミル／川名雄一郎・山本圭一郎訳『功利主義論集』（近代社会思想コレクション05）京都大学学術出版会，2010年。

A.スミス／水田洋監訳，杉山忠平訳『国富論』（全4冊）岩波書店，2000-2001年。

VI 社会福祉に影響を及ぼした人物・思想・実践

2 都市スラムと社会福祉
―― イースト・エンドの場合

1 ヘンリー8世の失政

　1782年頃，フランスやドイツの旅行者たちは，イギリスの街に城壁も門もないことにとても驚きました。その頃のヨーロッパでは，どこの街でも城壁で守られていたからです。

　だから，イギリスが平穏であった，というわけではありません。かつてはイギリスにも城壁はあったのです。しかし，ヘンリー8世の強行な宗教改革によって，修道院は解体され，教会のもっていた財産は豪族（ジェントリー）や国王の手に奪われ，多くの城下町が廃墟となっていった結果だったのです。また，もう1つ，ヘンリー8世の行った事があります。それは，当時，貧困者の唯一のより所であった教会を解体したことによって，貧困者たちを路頭に迷わせてしまったことです。

2 ロンドンのスラム街の様子

　その一方で，ロンドンでは16世紀初頭には6万人しかいなかった人口が18世紀初頭にはなんと10倍近い50万人にまで膨れ上がり，当時のイギリスの総人口の10人に1人がロンドンに住むことになったのです。そして都市化の進んだロンドンでは，道路の舗装や街灯の設置，水道設備も進みましたが，そうした都市化の恩恵を受けることができたのは，ウエスト・エンドに住んでいたブルジョアたちだけでした。

　では，貧困者たちの暮らしぶりはどうだったのでしょうか。ロンドンに貧困者たちが大量に流入してくるようになったのは，エリザベス女王の時代でした。前述した，修道院が解体されて身を寄せる場所を失った貧困者や，農地を奪われた農民が，職を求めてロンドン市に流入したのです。

　そのような明日の生活にも困るような貧困者たちは，ロンドンという都市でどのように生活していたのでしょうか。まず考えられることは，お金がありませんから土地を買うこともできませんし，アパートを借りることもできないことは明らかです。彼らは，ブルジョアたちが住むウエスト・エンドとは逆のイースト・エンドに住居を求めました。イースト・エンドは，ウエスト・エンドに住むブルジョアたちのための食料である牛や羊などの解体所のある，臭くて不潔な，およそ人間が住むのには最も居心地の悪い場所でした。しかし，家を奪わ

れ，農地も奪われて貧困化した人々にとっては，唯一住むことのできる場所だったのです。こうして，1660年頃には，イースト・エンドは約5万人もの貧困者が住む大スラム街になったのです。

ウエスト・エンドで，あれほどまでに行き届いていた道路の舗装や水道設備，下水道などはイースト・エンドには全く無縁のものでした。食肉工場から腐った肉や汚物が川に流され，糞尿などもそのまま流れ込んでいました。そのため，毎年のように赤痢が流行して，この地区の子どもの半分が5歳になる前に死んだと言われているほどです。

また，生活苦からイースト・エンドの人々は，どんな手段を使ってでもお金を手に入れようとしました。たとえば，ある者は下水道に入り落ちているコインを拾い集めました。この行為は，時として下水道があふれて溺死する危険をも伴っていましたが，それでもわずかなコインを目当てに下水道に入る人々は後を絶ちませんでした。

では，そのような生活に追われた人々は，どのようにそのストレスを解消したのでしょうか。イギリスには，今もこんな言葉が残っています。「1ペニーで酔っぱらい，2ペニーで死ぬ」。この言葉は，当時のイースト・エンドの飲み屋に掲げられていたジンという酒の広告です。当時のジンという酒は，税金がかからず貧しい人でも容易に購入できました。ただし，その質は粗悪なもので，多くの貧困者の体と精神を蝕んでいました。わずかでもコインが手に入ればジンを口にして，生活の憂さを晴らしました。飲んではけんかをしたりという状態がはびこり，治安は悪化の一途をたどったのです。

さらに，ジンの害を決定的にしたのは母親たちでした。彼女たちはわずかばかりの金を稼ぐために働きに出かけましたが，生まれたばかりの，またはほんの幼児期の子どもを家においていくために，ジンを飲ませ，寝かしつけて働きに出かけるという習慣が一般化していたのです。

3 セツルメント運動の萌芽

こうしたイースト・エンドに光明が差し込むようになったのは，産業革命後，オックスフォード大学卒業間もないA.トインビーという若者が足を踏み入れてからのことです。彼と彼の仲間であるE.デニソンらとともに，貧困の研究と貧困者たちとの労働に時間を費やしました。彼らは，研究をし，貧困について討論を繰り返しました。そこに，バーネット夫妻らが加わりました（ヘンリエッタはサミュエルの妻です）。サミュエルもヘンリエッタも社会的には裕福でしたが，社会改革に興味をもっており，オクタビア・ヒルも行動をしていました。

こうした若い力が，やがてセツルメント運動としてイースト・エンドの人々の生活を変えていく原動力となったのです。

（三浦辰哉）

参考文献

角山榮・川北稔『路地裏の大英帝国』平凡社，2001年。

第2部　西洋編

Ⅵ　社会福祉に影響を及ぼした人物・思想・実践

3　オクタビア・ヒルと社会事業実践

1　オクタビア・ヒルの夢――住宅福祉による平等な社会の実現

　オクタビア・ヒル（以下，オクタビア）は，住宅福祉を通じて大都市の貧困問題に取り組んだ女性であり，住宅管理と住宅管理人養成の開拓者です。住宅管理とは，家賃の支払いを管理するという狭い意味ではなく，訓練を受けた女性住宅管理人が借家人（貧困者）と信頼関係を築き，彼らの生活問題を支援しながら，責任ある人間としての自立を促すという意味があります。それは，隣人愛に支えられた平等な社会を作ろうとする彼女の理想と深い関係があります。というのは，隣人愛を培う場所は家族ですが，家族が身を寄せ合って生活する住宅環境が整っていなければ，隣人愛を培うことはできません。貧困者の尊厳ある自立は家族の安定をもたらし，安定した家族で培われえた隣人愛は平等な社会を実現する，とオクタビアは考えます。[1]

▶1　松平千佳「オクタヴィア・ヒルの社会改良観――Charity Organisation Societyに与えた影響を中心に」『キリスト教社会福祉学研究』第35巻，2002年，64頁。E.モバリー・ベル／平弘明・松本茂訳『英国住宅物語』日本経済評論社，2004年所収の中島明子の「解説」353-354頁。

2　キリスト教社会主義の影響

　このような彼女の考え方には，キリスト教社会主義の影響が考えられます。すべての人間は平等であり，仲間であり，隣人です。助けを必要とする人の苦しみを自分のことのように感じ（共感），その人のために行動する（他愛）ことが大切であり，すべての人間がそのような生き方をする社会こそが理想の社会である，と考えます。隣人愛は，身分や財産そして人種によって差別されることはありません。隣人愛によって結ばれた社会は，互いに無制限に親切な行為を行う社会であり，ささえあいと助け合いに満ちた社会です。彼女は，貧困者をフェロー（Fellow）ととらえます。フェローとは，仲間であり，隣人であり，互いに平等であることを現しています。[2]

▶2　松平千佳「オクタヴィア・ヒルの社会改良観――ソーシャルワークの起源としての地区訪問活動を中心に」『キリスト教社会福祉学研究』第36巻，2003年，49-50頁。

3　オクタビアの実践――住宅管理

　オクタビアの住宅管理は，1865年の春，ラスキンより資金提供を受けロンドンのセント・メアリールボーン地区に3つの住宅が購入されたことから始まります。購入された住宅の衛生状態は最悪でした。住人（借家人）たちは高い家賃の支払いに窮し，生活習慣もすさんでいました。住人たちは家主を信用せず敵意をむき出しにしていました。オクタビアは，最も大きな敵意を受ける家賃の集金という仕事を始めることで，住人たちの信頼を勝ち取り，彼らの住宅（生

活)水準を向上させようとしました。というのは，貧困者が尊厳ある個人として自立するのであれば，彼らに課せられた責任すなわち賃貸は毎週きちんと支払うべきであると考えたからです。オクタビアは，家賃の集金を名目に住人を家庭訪問しました。家賃の支払いは厳格で，滞納した者は退居させられることもありました。一方，管理者の責任として住宅環境の改善に取り組みました。

このような彼女の姿勢により，住人と信頼関係を結ぶことに成功しました。信頼関係ができると次の段階，住人の生活をより良くする活動に移りました。住居の修繕などが必要なときは住人を雇ったり，年長児童にも有給で住居の廊下などを清掃する仕事を与え，家賃収入が住人に戻されるよう心がけました。帳簿も公開して家賃の使い道を明確にし，子どもが安全に遊べる場所や保育所も兼ねた集会所を建設し，園芸や絵画展を開くなど，住人の生活の質の向上にも努めました。何よりもオクタビアが喜んだのは，住人同士が互いに助け合い，話し合いを通じて問題を解決しようとする連帯意識が生まれたことです。

4 オクタビアの実践——COSとの連携

オクタビアが住宅管理活動を行っていたセント・メアリールボーン地区に最初の慈善組織協会（以下，COS）地区委員会が設置されると，オクタビアの実践が適用されました。オクタビアの実践に共鳴した多くの中産階級の女性が彼女のもとに集まってきており，オクタビアは彼女らを住宅管理ワーカーとして，またCOSの地区訪問員として教育し養成に努めました。同地区では救済委員会が設置され，救済の申請にあたっては，COSの作成した報告書と地区訪問員が作成した報告書の2つを当委員会が審査し，救済の必要性とその内容を判断しました。オクタビアはCOS地区委員会のメンバーであり，また当地区で住宅管理活動を行っていることから，救済委員会のメンバーに選ばれ，慈善組織の連携に努めました。さらに，公的機関である救貧法委員会とも連携を築き，貧民救済官とケース記録の交換を行えるようにしました。それは訪問員の活動を組織化し，訪問員の貧困者への接し方，すなわち対人援助技術の向上を目的としていました。

5 オクタビアの実践——その評価

オクタビアの住宅管理は，住宅管理人が貧困者と対等に接し友愛関係を築くことで，彼らの自尊心を培い生活の自立を促すこと，そして良い家庭生活を誇りとしその維持を願う気持ちをもたせること，さらに連帯や共同，助け合いなどの意識を芽生えさせ，平等な社会を実現することを目的としていました。彼女のこのような実践（住宅管理）は，家族ケースワークの始まりとして，また住宅問題を手がかりとした社会改良活動として，理解することができます。さらに，住宅管理の分野で女性の就労機会を高めることにもなりました。（田邉泰美）

▷3▷4 志賀英・真田園子「オクタビア・ヒルの住宅活動と当時のイギリス社会とのかかわり」『日本女子大学紀要——家政学部』第26号，1979年，56-59頁。松平千佳「ヴィクトリア時代の女性と社会改良運動——オクタヴィア・ヒルの場合」『キリスト教社会福祉学研究』第28巻，1995年，15-16頁。松平千佳「オクタヴィア・ヒルの社会改良観——ソーシャルワークとしての住宅管理の視点から」『キリスト教社会福祉学研究』第34巻，2001年，62-64頁。

▷5 松平千佳，前掲論文1，65-70頁。

参考文献

E・モバリー・ベル／平弘明・松本茂訳『英国住宅物語』日本経済評論社，2004年。

志賀英・真田園子「オクタビア・ヒルの住宅活動と当時のイギリス社会とのかかわり」『日本女子大学紀要　家政学部』第26号，1979年。

松平千佳「オクタヴィア・ヒルの社会改良館——ソーシャルワークの起源としての地区訪問活動を中心に」『キリスト教社会福祉学研究』第36巻，2003年。

第2部　西洋編

Ⅵ　社会福祉に影響を及ぼした人物・思想・実践

4　イギリス理想主義と社会福祉への影響

1　近代自由主義の修正の流れ

　近代自由主義（古典的自由主義）は，個人には自らの意思によって自由に行動できる基本的権利がある，という考え方にもとづいて成立したもので，歴史的には封建制度のもつ身分的束縛から個人を解放しようとする理念としての役割を果たしました。近代自由主義は国家そのものを個人の自由実現の最も大きな障害としてみなし，したがって，国民の経済生活に対する国家の介入には断固反対したのです。いわゆる「夜警国家」が近代自由主義の理想的な国家像だったのです。

　ところが，特に18世紀から始まった産業革命の副産物として，さまざまな社会問題が発生し，19世紀の後半になると近代自由主義の矛盾と弊害が明らかになり，それを修正しようとする動きが強まりました。その修正の流れは大きく2つに分けることができます。1つは，近代自由主義の堅持していた国家の不介入主義は間違いであり，社会的に弱い立場におかれている国民大衆を保護するためには，積極的に介入することこそ真の国家の役割であるという考え方です。この時流はイギリス理想主義（British Idealism）と呼ばれています。もう1つの流れは，近代自由主義の伝統を維持しながらも，自由主義の理論そのものを再構成し，個人の自由と国家の統制は互いに矛盾するものではなく，法的な制約のない自由は真の自由を制約する結果をもたらすので，それを防ぐための国家の介入は必要であり，それは自由主義の理念を損ねるものではないという考え方です。この時流は「新自由主義」（New Liberalism）と呼ばれています。

2　オックスフォード学派──T.H.グリーンの思想

　イギリス理想主義は主にオックスフォード大学を中心に，大学教授や知識人たちによって形成されたのでオックスフォード学派（Oxford School）と呼ばれています。その代表的人物としてはB.ジョエット，T.H.グリーン，B.ボーザンケット，H.アスキス，そしてA.トインビー等が挙げられます。なかでも，代表的な思想家はグリーンです。

　オックスフォードの道徳哲学教授であったグリーンは，オックスフォード出身の多くの思想家や政治家に多大な影響を与えた人物です。彼は自由という観念を再検討し，国家の存在理由を解明しようとしました。

▷1　国家の役割は，夜，泥棒から国民の財産を守り，外国の侵略から国を守ることに限定されるべきであるという考え方である。国家がその他の国民生活領域に介入しなくても，神様の「見えざる手」によって経済はうまく運用されるようになると考えられた。

▷2　この新自由主義は20世紀後半に現れた新自由主義とは異なるので，注意が必要である──Ⅵ-6参照。

グリーンは，人間にとって至高の価値は人間らしい生活を保障すること（グリーンはこれを「人格の成長」と表現していました）であるとみなしました。しかし，現実社会においては，その人間らしい生活の実現を妨害するさまざまな要因が存在していますが，そのような障害要因を取り除くことが国家の積極的役割であるということです。たとえば，人間らしい生活を確保するためには児童期の教育が欠かせないことですが，しかし，そのためには多くの教育費（直接費用であれ間接費用であれ）がかかります。当然，経済能力のない家庭の子どもは教育が受けられないのです。したがって，国家は児童の人間らしい生活の実現を制約する障害物を取り除くという目的をもって義務教育を実施しなければならず，それこそ国家の存在理由であるということです。

3 社会福祉発展への貢献

イギリス理想主義はいわゆる「自由党改革政策の時代」の前夜に形成された思潮です。当時労働者を支持基盤とし，成長していた自由党は社会改革を標榜していましたが，その自由党にとってグリーンの理論は，国家介入政策を理論的に裏づけるものになりました。彼は1881年自由党会議で「自由立法と契約の自由」と題する講演を行いましたが，それは積極国家の理論と政策を提案したもので，自由党の政策転換に大きな影響を与えました。自由党は1891年労働立法や社会保障政策を積極的に導入するという目標を明らかにした「ニューカッスル綱領」を採択しましたが，その綱領が自由党社会改良政策の根拠となったので，社会保険制度の導入などの自由党社会改革立法の成立はグリーンの貢献であると言っても過言ではありません。

一方，社会福祉実践の発展，とりわけセツルメント運動においてもオックスフォード学派の貢献は大きいものでした。

後日，トインビー・ホールの館長としても活躍したW.ベヴァリッジもオックスフォード学派の影響を受けた人物です。この社会実践には，オックスフォード大学の教授であったJ.ラスキンという人物の大きな貢献がありました。彼は，肉体労働の重要性を喚起するために，学生たちとともに道路工事をしたりしましたが，トインビーはラスキンのこのプログラムにも参加していました。彼はセツルメント運動の重要な思想的支柱であったのです。

実はラスキンの貢献は，セツルメント運動の範囲をはるかに越えています。彼の業績は19世紀中葉以後の多くの社会改革に関わっていますが，「社会改革に関する近代的試みのほぼすべてが，直接的であれ間接的であれ，ラスキンの教えと先駆的事業にその起源をもつといっても過言ではない」と評価されています。

(朴 光駿)

▷3 グリーンは国家による財産権制限の理論的根拠を提供した。彼によると自由権としての財産権保障の理念が財産所有者のみに利益を与えるならば，財産のない多数の社会的弱者の人格の成長を保障するためには財産権の制限が不可避である，とされた。

▷4 1906年から1914年までの自由党執権期のことをいう。この時期にイギリスで社会保険制度がはじめて導入される等一連の改革政策が行われた。学者によってはこの時期を福祉国家の起源とみる者もいる。

▷5 K.マーティンほか／堀経夫・大前朔郎監訳『イギリス社会思想家伝』ミネルヴァ書房，1978年，242頁。
▷6 オクタビア・ヒル（Ⅵ-3参照）の貧困地域住宅事業に資金援助をしていたのもラスキンである。

（参考文献）
日下喜一『現代政治思想史』勁草書房，1977年。
朴光駿『社会福祉の思想と歴史』ミネルヴァ書房，2004年。

第2部　西洋編

Ⅵ　社会福祉に影響を及ぼした人物・思想・実践

5　ベヴァリッジ・ケインズ理論と社会保障思想

1　社会保障の成立と経済政策

　福祉国家の核心的制度は社会保障，なかでも社会保険制度です。この社会保険制度は，社会福祉の分野だけでなく，国民生活の経済的側面に甚大な影響を与える制度です。たとえば，公的年金（保険）制度は労働時間，引退時期の決定，貯蓄などの領域に影響を与える一方で生産性や出生率，賃金水準の変化によって影響を受けます。失業（雇用）保険は労働誘引，職業訓練，失業率などと相互に関連しています。失業率の増加は失業保険財政を圧迫します。

　国家財政の側面においても，社会保険はきわめて重要な制度になっています。福祉国家において，社会保障支出は国家財政の最も重要な部分を占めています。年金制度の初期段階に積み立てられる巨額の年金基金は，国家経済を考慮しながら運用され，その運用の仕方は，また経済領域，金融領域に大きな影響を与えます。要するに，社会保障制度は経済政策と密接に関わっていて，その経済的側面に対する考慮が欠かせないものです。

▷1　V. George, Social Security : Beveridge and After, 1968, RKP, p.1.

　社会保険制度が初めて現れたのは1880年代です。公的扶助制度は16世紀末までさかのぼります。社会保障制度の個別構成要素は早い時期から発展したのですが，「社会保障は1930年代初の経済不況の産物」と言われるように1つのシステムとしての社会保障が確立されたのは，資本主義経済が危機に陥った1930年代以降です。社会保障の発達が戦間期の不況を背景にしている事実そのものが，社会保障と経済政策との密接な関わりを物語っています。

2　W.ベヴァリッジとJ.M.ケインズ

　社会保障成立の歴史をみると，社会保障制度を国家経済運用と関連づけながら設計しようとした考え方を発展させた人物のなかで注目に値するのは，W.ベヴァリッジとJ.M.ケインズという2人です。この2人は互いに協力しながら福祉国家成立に決定的に寄与したのです。

▷2　救貧法委員会には職業紹介所の創設が提案されていたが，それはベヴァリッジの影響によるものであった。

　ベヴァリッジは『ベヴァリッジ報告』が最も知られていますが，もともと，失業問題の専門家でした。そのことが評価され，あの1905-1909年救貧法委員会にも参加していました（正式の委員ではありません）。1909年に『失業』という名著を出版しており，失業という経済現象の分析を通じて，社会保障にアプローチしたというわけです。

180

社会保障思想の観点からみて，ベヴァリッジが貢献したことは，断片的制度として存在してきた社会保障の諸制度を総合的にシステム化し，すべての社

表VI-1　ベヴァリッジの社会保障システム構想

五つの巨悪	社会保障システム
欠乏	社会保険
疾病	医療サービス
無知	教育サービス
不潔	住宅サービス
無為	雇用サービス

出所：筆者作成。

会的リスクに対処できる包括的社会保障システムを構築したということです。つまり，表VI-1に示されているように，ベヴァリッジは生活保障を脅かすリスクを5つに類型化し，それぞれのリスクに対応する5つの社会保険・サービス体系をもって1つの総合的社会保障システムを作り上げたのです。

3　ケインズ理論と社会保障

ベヴァリッジの友人であった経済学者のJ.M.ケインズは，こうした社会保障システム構想に賛同し，『ベヴァリッジ報告』の立法化のためにも尽力していました。ケインズは「ケインズ革命」として知られるほど，経済学の分野で革命的なパラダイム転換をもたらした人物です。

ケインズは戦間期の資本主義国家の大不況——つまり資本主義の自己回復能力の完全な喪失——を目撃し，「供給が自ら需要を創り出す」というJ.B.セー（フランスの経済学者，1767-1832年）の理論の誤りを指摘し，資本主義体制には自己調節能力がないこと，自由放任主義的資本主義の修正のためには国家介入が必要であることを力説したのです。

▷3　セーの法則（Say's Law）と言われる。

社会保障と関連してみると，ケインズ理論の最も核心的要素は完全雇用です。ケインズは，雇用量は有効需要によって決定されるとみなし，そのためには有効需要（国民の消費，企業と政府の投資）を拡大することが不可避であるとし，特に政府の公共事業に対する投資は雇用を増やす有効な方法であることを主張しました。その理由でケインズ主義が需要重視の経済学（Demand-Side Economics）と呼ばれています。実際に，彼の提唱した不況対策として公共投資政策は，アメリカのニューディール政策を通じて，その効果が立証されました。「最小限に支配する政府が最もよい政府」というアメリカ伝統的な考え方の修正が不況の克服につながったのです。

ケインズ理論においては，政府は市場経済に積極的に介入する調整担当者の役割を果たすものとみなされます。また，所得再分配のための税制政策も強調されます。完全雇用の達成と維持を第1の目標とする経済政策の基調は戦後福祉国家体制の基礎をなしていました。その重要性を提起したこと，社会保障を経済政策と関連づけたことはケインズ理論の大きな業績です。経済的にはケインズの完全雇用，社会的にはベヴァリッジの社会保障からなる国家体制は「ケインズ主義福祉国家」と呼ばれています。

（朴　光駿）

参考文献

田口富久治編著『ケインズ主義的福祉国家』青木書店，1989年。
京極高宣『福祉の経済思想』ミネルヴァ書房，1995年。
W.H.ベヴァリッジ／伊部英男訳『強制と説得』至誠堂，1975年。

第2部　西洋編

Ⅵ　社会福祉に影響を及ぼした人物・思想・実践

6 新自由主義の思想・思想家

1　新自由主義の意味と内容

　新自由主義は1970年代末以降，地球資本主義の深化，グローバリゼーションの進行に伴って形成された資本主義的市場秩序のことを指す言葉ですが，実は新自由主義という言葉が19世紀末，社会福祉に対する国家介入主義を意味するものとして使われていたことがありました。前者は「Neo Liberalism」，後者は「New Liberalism」と表記されます。

　新自由主義の研究者D.ハーヴェイは，1980年前後の時期は，現在の時点でみれば「歴史的転換期」であったと述べています。彼は，中国の鄧小平の登場，イギリスのサッチャー政権（Thatcherism），アメリカのレーガン政権（Reagonomics）の誕生に注目しています。サッチャー政権は労働党からの政権交代，レーガン政権は民主党からの政権交代から誕生していて，イギリスの保守党やアメリカの共和党は，もともと市場主義を志向する傾向をもっていましたので，福祉国家の抜本的な見直しが一時的な政策動向として見直されていたということです。しかし，その後労働党や民主党への政権交代があったものの，こうした傾向は続きました。つまり，それは政権交代による一時的な現象ではなかったのです。1980年前後が新自由主義の世界的潮流の始まりであった，ということでしょう。

　新自由主義の社会経済政策運用における最も重要な基調の一つが規制緩和です。福祉国家は，労働者が実質的に弱い立場に置かれている存在であることを認め，労働を保護する目的でさまざまな規制を資本や企業に課してきましたが，労働条件などの規制緩和によって労働の柔軟化が進み，その結果，非正規労働の増加，不平等の深化などの深刻な問題をもたらし，新たな社会福祉的課題を生んでいます。

2　M.フリードマンと「選択の自由」

　M.フリードマンはアメリカの経済学者で自由主義経済学者として知られています。ノーベル経済学賞を受賞した彼の思想は，著書『選択の自由』に表れていますが，それには「小さい政府」への指向が明確に表れています。フリードマンは理想社会の前提である経済的自由と政治的自由の実現は，小さい政府の体制によってのみ可能であると力説したのです。国家からの干渉を最小限にする小さい政府は，企業の投資・技術革新を促進することによって商品の必要

▷1　Ⅵ-4 参照。

▷2　デヴィッド・ハーヴェイ／渡辺治監訳『新自由主義』作品社，2007年。

▷3　新自由主義にとって，不平等は民間活力を引き出すための条件としてみなされている。つまり，不平等は解決しなければならない社会問題ではなく，新しい社会づくりのための戦略ということになる。

需要を創出するとみていたのです。

フリードマンは、福祉政策の掲げた目標は高貴なものであったにもかかわらず、その結果は失敗の繰り返しであったとし、その根本的理由は、福祉国家支出には費用を節減しようとするインセンティブが存在していないことにあると指摘しました。彼は表Ⅵ-2を使って福祉支出の浪費的性格を説明しています。彼によると、福祉支出のほとんどは「他人のお金を自分のために使う」（組み合わせⅢ）ケースであり、根本的に費用節減のインセンティブが存在せず、それが財政破綻の原因であると主張しました。

財政再建のためには不況の克服よりもインフレの抑制の方が最重要課題であるとし、政府支出の削減にもとづく減税によるインセンティブの刺激が必要とされました。[4]

表Ⅵ-2　福祉支出浪費の真因

誰のおカネか	誰のためか	
	自　分	他　人
自　分	Ⅰ	Ⅱ
他　人	Ⅲ	Ⅳ

出所：M.フリードマン・R.フリードマン／西山千明訳『選択の自由』日本経済新聞社、1980年、277頁。

3　F.ハイエクの思想

F.ハイエクもフリードマンのようにノーベル経済学賞の受賞者ですが、彼はよりイデオロギー的な側面から新自由主義を主導したと考えられています。サッチャーはハイエクの思想に強く惹かれていたと言われていますが、彼の著書『隷従への道』は、「競争」こそ人間の活動を調整する唯一のものであり、国民生活に対する国家の干渉は国家権力の肥大化をもたらし、国民を国家の隷従状態に導くことを主張したのです。大きな政府が隷従への道につながるという、彼の多少極端なまでの考え方には、ナチズムの体験がその背景にあると言われています。

ハイエクは、国民生活に対する国家の干渉に反対しましたが、国民活動を調整できるのは競争しかないと言い、自由主義とは物事をあるがままに放任することを主張するものではなく、競争を最大限に活用しようとする立場であると力説しました。人間には社会を計画する能力がないという考え方は、人間の経済計画に対する信念が前提にされていたケインズの考え方とは対比されるものです。

ハイエクの著作、たとえば『隷従への道』は1944年に刊行されたものですが、戦後の福祉国家黄金期にはそれほど注目されませんでしたが、福祉国家危機以降再評価されるようになったのです。特にサッチャーは自分の福祉国家見直し政策の正当性をハイエクの思想に求め、ハイエクの著作を熟読していたと言われています。

（朴　光駿）

▷4　このような考え方は供給重視の経済学（Supply-Side Economics）とよばれるが、レーガン政府の政策に大きな影響を及ぼした。完全雇用を重視するケインズの考え方とは対照的である。

参考文献

M.フリードマン・R.フリードマン／西山千明訳『選択の自由』日本経済新聞社、1980年。

フリードリヒ・ハイエク、谷藤一郎・谷映理子訳『隷従への道』東京創元社、1992年。

デヴィット・ハーヴェイ／渡辺治監訳『新自由主義』作品社、2007年。

Ⅵ 社会福祉に影響を及ぼした人物・思想・実践

7 イギリスにおけるコミュニティ・ケアと脱施設化

① イギリスにおけるコミュニティ・ケア

イギリスでは障害者や高齢者などを支援するコミュニティ・ケア政策が取り組まれています。コミュニティ・ケアは知的障害の領域での動きから始まり、徐々に精神障害や児童、高齢者の領域にも広がっていきました。

19世紀以前のイギリスでは知的障害者へ支援の仕組みはほとんどなく、ほとんどの人が家庭やコミュニティで生活をしていました。しかしコミュニティの衰退や優生学思想等の障害についてのさまざまな見解の影響を背景に、援助を受けられずコミュニティで生活できない人が20世紀初期までに増加し、家族と暮らせない知的障害者は、コミュニティから隔離された巨大な施設で、その生涯を終えざるを得ませんでした。

20世紀前半に知的障害領域でコミュニティ・ケアが限定した形でみられましたが、1957年に「精神病と精神遅滞に関する王立委員会」の報告書において「コミュニティ・ケア」という用語が用いられ、巨大で老朽化した施設（病院）での長期間にわたる収容生活の影響の問題と、国の政策と地方自治体の義務について言及されました。1960年代に入り、政府は精神病院のベッド数を半数まで削減する方針を打ち出す等、コミュニティ・ケア政策の展開を始めました。

この当時、社会学者のE.ゴフマンの巨大施設が生み出す没個性化と非人間化への影響の問題を指摘した著作が注目され、またいくつかの病院で入院患者への虐待が行われていたことが明るみになりました。障害者の親たちによる運動等もこの頃から行われるようになり、人々の関心を引くようになりました。コミュニティ・ケアへの政策転換の理由として、施設中心ケアへのあり方の見直しが行われ、施設ケアのあり方を変化させる動きも始まりました。1971年には『知的障害者のためのよりよいサービス』という政府白書が出され、知的障害者の施設（病院）ベッド数を削減し、脱施設化とコミュニティ・ケアの推進を明確化しました。

② ノーマライゼーション

イギリスにおける「脱施設化」は、地域社会から隔離されている大規模の病院（施設）等収容型のケアではなく、地域社会のなかにあって、従来の施設よりも小規模な施設ケアやグループホーム等への移行と在宅サービスの整備等によ

▷1 E.ゴフマン／石黒毅訳『アサイラム――施設被収容者の日常世界』誠信書房, 1984年。

り進められました。こうして施設サービスの地域社会への再配置は進められたものの、そのサービスの性質の改革のためには、よい実践を発展させるための理論モデルが必要でした。

地域社会のなかで役割や社会関係をもち自分らしく暮らすこと。誰にとっても当たり前（ノーマル）のことが、障害や病気等を理由に実現できないとしたら、その社会をノーマルに変えていく必要があります。1950年代に北欧で生まれたノーマライゼーションの思想・原理は、その後、さまざまな国において政策や実践に影響を与え、その考え方についての議論がなされ、発展してきました。イギリスでは、1970年代中後期に知的障害の領域においてより良い実践のための理論・原理として取り入れられ、やがてコミュニティ・ケアにおける主要な理念となっていきました。[2]

③ 脱施設化をめぐって

障害当事者らや関係者による厳しい施設ケア批判がある一方で、コミュニティ・ケアへの転換を完全な「脱施設化」とするのではなく、コミュニティ・ケアの考え方に沿った施設ケア、つまりコミュニティ・ケアか施設ケアかの二元論ではなく、コミュニティ・ケアにおける施設ケアの可能性を活かすことを主張する人々もいました。[3] そこには、地域生活を可能にする社会資源等が十分に整備されないままで施設を閉じ、入所者をそこから退所させることのみをもって脱施設化とするのではないという考え方がありました。脱施設だけで終わらない、コミュニティにおける生活の可能性を広げノーマライゼーションを実現するための諸課題について、施設ケアのあり方や質の向上も含めた改革が進められてきました。

④ コミュニティ・ケア改革

1990年の「国民保健サービスおよびコミュニティ・ケア法」の制定と施行により、精神、知的、身体障害者や高齢者などに対する保健医療サービスと社会福祉サービスの制度が大きな変革を迎え、コミュニティ・ケアが本格化しました。ノーマライゼーションなどの考え方の影響や当事者・関係者らの影響があったことはすでに述べた通りですが、イギリスにおいてコミュニティ・ケアへの本格的な改革が行われた理由には、さまざまな政策的動機があり、福祉サービスに民間供給と、効率化を追及する福祉の混合経済（供給の多元化）システムが導入されました。サービス等選択の尊重やケアマネジメントによる必要かつ効果的なサービスの提供、サービスの質の改善等も取り組まれていますが、ノーマライゼーションの実現は、政策の活用と必要な改革とともに実践レベルでの関係者の取り組みの継続と発展にかかっていると言えます。[4]

（所めぐみ）

▷2 ヘレン・スミス, ヒラリー・ブラウン編／中園康夫・小田兼三監訳『ノーマリゼーションの展開』学苑社, 1994年。

▷3 レイモンド・ジャック編著／小田兼三・杉本敏夫・斉藤千鶴・久田則夫監訳『施設ケア対コミュニティケア』勁草書房, 1999年。

▷4 1997年に労働党が政権をとってから、ソーシャルインクルージョン（社会的包摂）の考え方を柱とした社会政策が展開されている。つまり障害者など社会的に弱い立場にある人々に関わる問題をソーシャルイクスクルージョン（社会的排除）の問題としてとらえ、その対応をしていくものである。障害者のための政策のキー概念として、最近ではノーマライゼーションに代わってよく用いられている。

（参考文献）

小田兼三監訳『英国コミュニティ・ケア白書』中央法規出版, 1991年。

平岡公一『イギリス社会福祉と政策研究』ミネルヴァ書房, 2003年。

第3部　東アジア編

第3部 東アジア編

Ⅶ 東アジアの社会福祉

1 異質性・共通性に富む東アジアの社会福祉

1 福祉発展水準の異なる東アジア

　東アジア（East Asia）とは，アジアの東部地域のことです。「東アジアサミット」という言葉のように広い意味で使われる場合もありますが，一般的には中国，台湾，韓国，朝鮮民主主義人民共和国，日本が含まれる地域として認識されています。東北アジア（Northeast Asia）ないし北東アジア，極東（Fareast）という地域区分と類似ですが，北東アジアといった場合には，ロシアの沿岸部地域の州も含まれるのが一般的です。東アジアの国々はそれぞれ独自の文化をもっていますが，いずれも中国の影響を受けていて，「漢字文化圏」「儒教文化圏」として1つの地域単位としてみなされることもあります。

　中国，韓国，日本の3国は経済発展や社会福祉発展において大きな格差がある地域で，異質性に富んでいる地域です。中国は1949年の新中国誕生以来，社会主義国家体制を維持してきました。社会保障はソビエトモデルをいち早く導入しました。1978年に改革開放政策を取り入れ，急速な経済発展を成し遂げていますが，社会福祉に関する課題も多く抱えています。韓国はOECD加盟国にはなっていますが，経済の面においても社会福祉の面においても，OECD諸国の平均水準からみると，かなり遅れています。したがって，日本を入れたこの3国は，国家体制，経済発展の水準，社会福祉の完成度において異質的要素を持っていると言わざるを得ません。しかし，少子高齢化の傾向や速度など，社会政策に影響を及ぼす多様な環境変化についてはほぼ同様な経験をしていて，社会福祉の発展パターンにも少なくない共通性がみられます。

2 東アジア内外からの関心の高まり

　1990年代に入ってから，東アジアの社会福祉に関する研究が東アジア内外において活発に行われるようになりました。それ以前，日本や韓国での福祉国家研究は北欧や西ヨーロッパの国々と比べて自国の遅れている点を指摘するか，そうした福祉先進諸国の政策の示唆・教訓を提示するような研究が主流になっていましたので，東アジア重視の研究は新しい傾向と言えるでしょう。また，西洋社会からの関心も高まっていますが，そのなかには，この地域の福祉に何か共通する特徴があるのでは，という動機からの研究もあれば，東アジアの経験から政策的教訓を得ようとする研究もあります。また，東アジアの社会福祉

▷1　いわゆる「ASEAN（タイ，インドネシア，フィリピン，マレーシア，シンガポール，ブルネイ，ベトナム，ラオス，ミャンマー，カンボジアの10カ国）＋3（中国，韓国，日本）」にインド，オーストラリア，ニュージーランドの3国が加わった16カ国からなる地域協力体制。

研究者同士の交流も最近盛んになり，共同研究の成果も出始めています。その背景には何よりも，20世紀末に東アジア地域が急激な社会変化を経験し，福祉のパラダイムの転換とも言える大きな変化がみられたということがあります。中国においては社会主義市場経済への体制転換が推進され，主要な福祉制度の抜本的改革が行われました。韓国の場合，1997年の経済危機を契機に社会保障体制が大きく発展しました。日本でも，低成長時代にそなえた新しい福祉体制づくりが進められ，社会福祉が大きく変わってきています。

また，脱商品化，福祉レジーム，経路依存性など，各国の多様な福祉現象の比較分析を可能にした有用な概念的道具が開発されたことも，そして，エスピン-アンデルセンの研究をはじめ福祉国家類型化研究が国際的に注目されるようになったことも，東アジア福祉の比較研究の活性化の要因と思われます。

❸ 東アジアの社会福祉の多様性と共通性

最近，西洋社会においても東アジアの社会福祉に対する関心が高まりつつある雰囲気のなかで，日本を含む東アジア国家の社会福祉をある種の共通性を持っているものとしてとらえようとする研究もされています。たとえば，C. ジョーンズは儒教文化の特徴に着目し，東アジア国家（中国は含まれていない）に共通的にみられる現象として，①経済領域において政府と大企業が国家の方針を決めていること，②政治領域には，説得と強要による合意が行われていること，③福祉領域においては，家族経済中心の福祉国家，の3点を特徴に挙げています。

しかし，このような研究観点は，研究方法の緻密性の問題を別にしても，東アジアの個々の国家の特殊性を無視し，この地域全体の福祉に西洋社会とは異なる形の社会福祉が存在しているという考え方，しかも，その福祉の姿は西洋社会の福祉よりは遅れているという考え方にもとづいているので，それは「福祉オリエンタリズム」に他ならないという批判もなされています。

東アジア国家には，西欧社会とは異なる共通的特徴とともに，東アジア文化のなかでそれぞれの国がもっている社会福祉の独自性があるという認識を持つ必要があります。つまり，西洋社会福祉と東アジア社会福祉の対比とともに，東アジア国家間の社会福祉を対比してみること，その2つの観点を堅持することが求められると考えられます。

（朴　光駿）

▷2　エスピン-アンデルセン，岡沢憲芙・宮本太郎監訳『福祉資本主義の三つの世界』ミネルヴァ書房，2001年。

▷3　C. Jones, *The Pacific Challenge : Confucial Welfare States*, Routledge, 1993.

▷4　西欧社会からみた，アジアのイメージは「オリエンタリズム」と呼ばれている。サイードによると，西洋社会には「東洋社会を西洋世界とは異なるある種の共通的特質を持つ世界としてみなし，しかも西洋社会に劣る異質的ものとして規定するような姿勢」が歴史的に存在していると考えられる。サイードは，そのような姿勢をオリエンタリズムと表現している。Said, Orientalism, 1978（＝1993，板垣雄三他訳『オリエンタリズム上・下』平凡社）。

（参考文献）
大沢真理編『アジア諸国の福祉戦略』ミネルヴァ書房，2004年。
大泉啓一郎「東アジアの少子高齢化と持続的経済発展の課題」『アジア研究』Vol.52 No.2, 2006年。
朴光駿『国際福祉論』沸教大学，2007年。

Ⅶ 東アジアの社会福祉

2 東アジアの価値・文化と社会福祉

1 文化の影響力

　ある国家の社会福祉の発展過程を理解するためには，文化の影響力を考慮しなければなりません。経済・社会状況や政治的状況などの要因も欠かせないものですが，経済や政治そのものの根底には文化的影響が常にみられるので，文化の理解なくして社会福祉制度の本質は理解できません。

　たとえば，スウェーデンの平等主義的福祉国家政策の背後には，伝統的に平等主義的な社会文化があったし，日本の初期社会保険には，その前身として，家族主義文化を反映した企業中心の共済制度があり，民間企業に勤める者が加入する職域保険と，農業者，自営業等が関係する地域保険に大別される制度の内部構造は，数十年を経過した今日に至るまで基本的に継続しています。それは現在の社会保険制度の構造が日本文化，日本的土壌の産物であることを意味しています。また，日本の1966年の出生率は1.58であり，1965年の2.14，1967年の2.23に比べるととても低いのですが，その年が「ひのえうま」の年だということがその理由だそうです。これも文化の影響力を示す1つの例と言えます。

　中国伝統文化の特徴の一つであるとされる人間関係優先主義は，新中国誕生以来，社会主義理念に反するものとされ徹底的に抑圧されましたが，たとえば，改革解放政策以来，宗族組織が急増していることなどは文化のしたたかさを示すものでしょう。

2 福祉の発展と関わる東アジアの文化

　東アジア文化の特徴を要約するのは難しいことですが，社会福祉の発展という観点からみたときに，「家族主義の文化」と「知識重視の文化」という2つの文化が注目に値すると考えられます。というのは，前者は国家福祉の発展を遅らせる要因として，後者は福祉や生活の質を高める要因として考えられるからです。

　まず，東アジア国家においては，それぞれの国の経済的レベルに比べて社会福祉のレベルが相対的に低いという認識がなされていますが，その重要な理由の一つが儒教文化の家族責任主義にあると指摘されてきました。家族の問題はまず家族の責任で解決するという考え方そのものは何の問題もなく，むしろ尊敬に値するものであります。しかし，家族主義文化が「家族イデオロギー」と

▷1　玉井金五「日本における社会政策の展開と特質」社会政策学会編『東アジアにおける社会政策学の展開』法律文化社，2006年。

表Ⅶ-1　女性の社会経済的・政治的地位と関わる指標による国際比較

国	HDI順位	GDI順位	GEM順位	ジェンダー格差*
ノルウェー	1	1	1	2
アメリカ	10	8	12	17
日本	11	14	43	38
イギリス	15	15	18	33
韓国	28	27	59	54
キューバ	52	.	.	.
中国	85	140	.	.

資料：＊ジェンダー格差（Gender Gap）の数字は，World Economic Forum, 2005, *Women's Empowerment: Measuring the Global Gap*（調査対象国数は59カ国），その他の資料は，UNDP, *Human Development Report 2005*.

して批判される理由は，「家族を扶養しない者は家族に対する責任や愛情のない者である」という不当な社会的きめつけを伴うからです。さまざまな理由から親の扶養ができない家族が数多く存在している状況を考慮すると，それは過酷な考え方であると言えます。

ところが，東アジア文化には「知識を大切にする文化」というものもあり，それは社会発展・社会福祉発展の原動力になっていると考えられます。アマルティア・センは東アジアに発展をもたらした「東アジア戦略」の特徴の一つが国民基礎教育の充実であると指摘しています。日本が世界最長寿国になった背景にも，「栄養や保健衛生，医療や福祉など健康と長寿に関わる知識の普及」のレベルがきわめて高い点が挙げられるでしょう。

③ 東アジア文化の課題――女性の社会的地位を中心に

東アジアにおいて，国によって程度の格差はあるものの，女性の社会的地位が軽視されていることは否めない事実です。

UNDPは女性の社会経済的・政治的地位を表す指標を開発し，そのランクづけも公表しています。女性関連開発指数（GDI）は，平均寿命，識字率，所得における男女間格差を考慮した指標であり，女性権能付与指数（GEM）は議会，高位公務員，専門職に占める女性の割合などを考慮した指標です。

また，世界経済フォーラム（World Economic Forum）は多数の国家を対象にし，ジェンダー格差（経済的参加，経済的機会，政治的権能付与，教育的成就，健康とウェルビーイングという5つの指数にもとづく）を公表しています。表Ⅶ-1は人間開発指数（HDI）と以上の3つの女性関連指数にもとづいたランクづけを示していますが，HDI順位と女性関連指数が必ずしも一致していないことがわかります。日本の場合，HDI順位は11位ですが，GEMは43位になっており，ジェンダー格差も深刻な状況にあることがわかります。文化そのものに優劣があるという考え方は受け入れられないものですが，東アジアにみられる女性差別のような文化は改善されなければならないものです。

（朴　光駿）

▷2　家族主義は社会福祉に対する国家責任主義の反対語として使われることが多く，その意味では経済発展優先主義も同様である。

▷3　教育と人間開発を優先し，人間の潜在能力を高めるアプローチのことである。これは平均寿命の伸長，識字能力の向上等の効果をもち，経済発展につながるとされる。

参考文献

朴光駿「儒教文化と高齢者の人権」『ひとのみち』9号，佛教大学，2004年。

Ⅶ 東アジアの社会福祉

3 東アジアの経済発展と社会福祉

1 社会福祉発展の条件としての経済発展

　社会福祉制度の生成・発展の背景（遠因）には産業化があります。産業化は産業構造の変化，賃金労働者の急増，都市化をもたらし，それによってさまざまな生活問題が発生し，それに対応したのが社会福祉でした。このような事情から，イギリスの著名な学者R.ティトマスは，社会福祉は19世紀の産業化に対する20世紀の反応であると言い，社会福祉は産業化がもたらしたさまざまな社会問題の犠牲者に対して謝るような（apologetic）動機から生まれたものと指摘していました。

　政府が社会福祉を実現するためには社会福祉給付を行う必要があり，それには多くの財源が必要になります。ある一定の経済発展が確保されなければ社会福祉の発展を期することが困難であり，社会福祉が経済水準を超越することは極めて難しいことです。

　近年みられる東アジアにおける社会福祉発展もこの地域の経済発展が，その背景に存在していることは言うまでもありません。

2 社会福祉における画期的発展の要因

　東アジアにおける社会福祉発展の重要な特徴は，経済発展優先政策による経済成長が達成された後，その副産物として発生したさまざまな社会問題の対策として社会福祉が導入・拡大されている点です。先に経済発展があり，それに相応しい社会発展の要求によって社会福祉の拡充が行われるというパターンです。以下，東アジア3国の事情を詳しくみてみましょう。

　1978年の改革開放政策以降，中国経済は急成長しました[1]。経済成長は必ず経済発展に取り残される人々を生み出します。経済発展によって公的社会福祉に必要な財源が確保できる反面，社会福祉の対象になるような人々も大量に発生するというのは皮肉なことです。

　国有企業の改革によって大量に発生した失業問題，出稼ぎ労働者問題，急速に広がる貧富格差，都市と農村の格差，地域間の格差などさまざまな深刻な社会問題が顕在化し，1990年代以降その対策として社会福祉の発展が進みました。中国政府は「調和社会」（和諧社会）を重要な政策目標としていますが，その調和とは経済部門の発展と社会部門の発展の調和を意味します。

▶1　1985年から1994年の10年間，世界の経済成長率は3.2%であったが中国の経済成長率は10.2%であった。また1995年から2004年の10年間の場合世界平均の経済成長率は3.6%であったのに対し，中国は8.2%であった。

韓国は1962年から始まる経済計画5カ年計画によって，1980年代までに本格的な高度成長の時代を迎えるようになりました。経済発展とともに社会発展の重要性が指摘され，その両方の目標が追い求められるようになったのは1980年代末のことであり，1990年代から社会福祉が経済発展と同時に推し進められるようになりました。その後，1997年の経済危機を経験することになりますが，それによって生活保障の不備が明らかになり，それを契機に社会福祉の大々的な整備が行われました。社会福祉の発展に経済発展も経済危機も大きく関わっていることは韓国のケースで具現化されたのです。

日本の場合，1973年いわゆる「福祉元年」が現れた背景にも同じような事情がありました。1970年代までは高度経済成長期でした。税収も増加し，社会保障の積立金も急増し，それは福祉拡充の基盤になりました。また，経済発展に相応しい福祉拡充を要求する国民の声も強くなりました。そのような要求は与党の自民党以外の政党への支持として現れ，多数の「革新自治体」が誕生しました。そうした状況への対策として自民党による福祉元年の政策が生まれたといえます。

3 東アジアの産業化の速度と福祉発展

しばしば産業化は資本主義の進展とほぼ同じ意味として受け入れられてきました。日本は早い時期から産業化が行われ，1910年から1920年代に工場法や社会保険の立法化が進められました。韓国は1960年代から国家主導で産業化政策を推進し都市化も急速に進行したので，深刻な生活問題を短期間で大量に生み出しました。中国の産業化には韓国・日本にはみられない特徴がありますが，それは産業化が急速な都市化を伴っていないのが要因です。

高齢化率がそれぞれ5％，7％前後であった時期に，産業別労働者構成比を比較してみましょう。高齢化率が7％になったのは中国と韓国は2000年，日本は1970年ですが，各時期において第1次産業（農・林・水産業）従事者の割合は，それぞれ50.0％，10.6％，19.7％になっており，中国は高い水準にあることがわかります。中国の第1次産業労働者の割合は1970年に80.8％，高齢人口が約5％になった1982年に68.1％であったので2000年の50％というのは相対的にゆっくりした都市化の進展を示すものであると言えましょう。中国の場合，62.4％（1985年）から50％になるまでにかかった期間は15年でしたが，韓国の場合は6年であり，50％から10％になるまでかかった年月はわずか30年でした。社会への衝撃もその分大きなものであったことでしょう。

（朴　光駿）

▷2　革新政治勢力が首長となる地方自治体のことを言うが，1966年にはその数が81になり，1967年には東京都，1971年には大阪府で革新知事が生まれた。

参考文献

後房雄「企業国家日本の動揺――再編成の軌跡」田口富久治編『ケインズ主義的福祉国家』青木書店，1989年。

朴光駿「立ち遅れた所得保障と急速な高齢化の影響」小川全夫編『老いる東アジアへの取り組み』九州大学出版会，2010年。

Ⅶ 東アジアの社会福祉

4 東アジアの社会福祉の共通課題

① 急激な少子高齢化

資料Ⅶ-1 「1人っ子政策」に関するスローガン

注：「「計画出産」（1人っ子）の実行は人民の義務である」と書いてある。
出所：著者撮影（北京郊外，2009年3月8日）。

　東アジアの高齢化において注目に値するのは，高齢化の進展の速さです。表Ⅶ-2は，高齢者人口比率が7％から14％に至るまでにかかった年数，10％から20％になるまでにかかった年数を国際比較していますが，東アジア3国はそろって，西欧社会とは比べることができないほどのスピードで高齢化が進んでいます。

　その背景には出産を抑制する国家政策が「家族計画」という名で進められたことがあります。中国では「1人っ子政策」があり（資料Ⅶ-1），韓国の家族計画も強力なキャンペーンになっていました。韓国の家族計画ポスターをみると時代によって，「2人子女→1人子女→2人子女→3人子女以上」へと理想とされる出産児童数が提示されています。なお，日本では家族計画は社会的キャンペーンとして行われました。

　東アジア国家の合計特殊出生率は世界でも低い水準になっています。その背景には教育費の高騰や女性の社会参加の増加（出産・育児と経済活動の両立の困難）があります。東アジアにみられる極端な出生率の低下は，南ヨーロッパのイタリア，スペインのきわめて低い出生率のケースと似ていると考えられます。これらの国は家族扶養優先の伝統文化があり，それによって公的家族支援制度が遅れている一方，女性の社会経済参加が増加しているという似たような状況にあります。

② 東アジア文化と関わる問題

表Ⅶ-2　東アジアの急速な高齢化

国	高齢者人口比率		所要年数	高齢者人口比率		所要年数
	7％	14％		10％	20％	
日　本	1970	1994	24年	1985	2006	21年
韓　国	2000	2017	17年	2007	2026	19年
中　国	2001	2026	25年	2017	2036	19年
ドイツ	1932	1972	40年	1952	2009	57年
アメリカ	1942	2015	71年	1972	2036	64年
スウェーデン	1887	1972	85年	1948	2014	70年

資料：三浦文夫編『図説高齢者白書　2005年度版』全国社会福祉協議会，2005年，36頁の表の再編（元資料は，国立社会保障・人口問題研究所『人口統計資料集』）

東アジアの社会福祉の共通課題としては東アジア文化と関わる問題がありますが，それを高齢者に関わる問題と若者に関わる問題とに分けてみることにしましょう。

まず，深刻な自殺率の問題があります。日本・中国・韓国の自殺率はそろって世界最高水準であり，高齢者の自殺はさらに深刻です。日本の場合，60歳以上の自殺者数は1万2,107人で全自殺者（3万3,093人）の33.7％を占めています（2007年）。韓国の80歳以上の高齢者自殺率（10万人あたり自殺者数）は112.9（2008年）もあります。中国もその例外ではありません。このような現象は，「東アジアは果たして高齢者を大切にする文化を持っているのか」という疑問を投げかけています。

この問題を東アジアの社会文化問題としてとらえる理由は，子女に対する過度の出費，自立しない成人子女の問題などは家族主義と密接に関わる問題であり，それが高齢者の自殺リスクを高める要因になっているからです。

若者の失業問題も深刻です。この問題は基本的には経済構造や失業と関わる根本的な社会問題です。しかし，その中には平然と親に依存して生活する類の若者が含まれていることは否定できません。日本ではパラサイトシングルの問題があり，パラサイトシングルによる老人虐待の問題も発生しています。中国では親に依存する成人子女を意味する「啃老族」(kenlaozu) と呼ばれる若者が増えていて，韓国でも独立できない成人子女の問題が深刻になっています。こうした問題は家族文化と切り離しては考えられない問題であるので，東アジア文化に対する考察が求められていると言えます。

新自由主義の流れの影響によって労働市場の柔軟化が進み，その結果，非正規労働が急増していることは東アジア共通の問題です。非正規労働者の増加は，将来の無年金者の増加につながる可能性が高いことを意味します。また，社会保険料の安定的負担者の減少も意味し，それは年金制度の基本フレームを脅かす要因でもあり，その問題に適切に対応することはきわめて重要な課題です。

③ 社会福祉制度に対する信頼

社会福祉制度の最も重要な基盤は国民の信頼です。ところが，たとえば，保険料の支払いと給付の受給の間に何十年もの期間を必要とする長期的制度である年金制度に対して，いま国民の不信が深まっています。日本の場合，国民年金の未納率をみると，20代前半の場合，50％を超えています。このままでは基礎年金も受給できない人が出てくることも予想されるのです。

韓国でも年金基金運用，財政不安，公平への疑問などによって年金に対する不信が高まっています。また，中国では，年金の対象者が安定した職業の人に限られていることから，非正規労働者や貧困層からの不信感が高まっています。

（朴　光駿）

▷1　中国の女性自殺者は世界自殺者の56％を占めるとの報告もある。60-84歳の高齢者自殺率（68.0）は平均自殺率の約3倍であり，特に農村高齢者の自殺率は82.8にもなっている。

参考文献

朴光駿「社会文化的観点からみた東アジアの少子高齢化――南ヨーロッパとの比較」，第15回経済社会国際シンポジウム基調講演原稿，中国社会科学院，2010年。

Ⅷ 中 国

1 社会福祉の発展過程

1 社会福祉の性格を規定する都市と農村の二重構造

　中国において社会保障制度は、①社会保険、②社会救済、③社会福祉（企業福利厚生を含む）、④優遇配置▷1、⑤社会扶助、⑥個人積立貯蓄保険（生命保険など）という6つの基本制度で構成されています。そのなかで、社会福祉はきわめて狭い範囲のものしかなく、養老、失業、医療、出産育児、労働災害という5つの社会保険が、社会保障の中核を形成しています。

　1949年の新中国建国以降の社会福祉や社会保障の流れを見ると、前述の①社会保険と言えば、農村では1990年代まで皆無の状態でした。1990年代初頭からは農村社会養老保険制度が立ち上げられたものの、原資調達の仕組みや年金給付などからみて、果たして社会保険と言えるかどうか大きな問題があります。従来の農村合作医療を復活させた形で2003年頃から全国での普及をめざしている新型農村合作医療は、現在中国農村地域の唯一の全国的な社会保険であると言えます。②社会救済、④優遇配置、⑤社会扶助は農村住民も適用対象としていますが、対象者はごく少数で、全員をカバーするようなものではありません。③社会福祉は従来、都市部の企業・事業体で行われているもので、農村住民とほとんど関係のない制度です。⑥個人積立貯蓄保険は、そもそも社会保障制度のなかに組み入れられること自体は非常に珍しいですが、中国ではそれが社会保障制度の一環として重要視されています。しかし、それを利用するのはやはり経済的余裕のある都市住民であり、農村住民の間では生命保険の加入はごく稀なことです▷2。

　この都市と農村の二重構造は、そのまま社会福祉制度にも反映され、社会資源の配分や便益享受の格差を固定化させてしまい、総人口の大多数を占める農村住民には、土地という生産財のみを媒介とした私的あるいは家族的保障と孤児孤老に対する集団保障制度があるのみです。

　1993年11月の共産党第14回党大会第3回中央総会で採択された「社会主義市場経済体制構築の若干の問題に関する決定」は、社会保障制度改革の基本原則と道筋を明確に示しています。それによれば、今後の数十年間にわたり、都市と農村の二重構造をもつ社会福祉制度が引き続き維持されていくことになりました▷3。

▷1　現役軍人、退役軍人及びその家族・遺族に対する優遇策である。具体的には、現役軍人家族の優遇、傷痍軍人家族と死亡軍人遺族への生活保障、退役軍人の職業手配などがある。

▷2　萩原康生編著『アジアの社会福祉』放送大学教育振興会、2006年、136-139頁。

▷3　王文亮『九億農民の福祉』中国書店、2004年、47-48頁。

2 企業福祉から地域福祉へのシフト

○地域福祉の登場

中国では従来，社会福祉といえば各企業や職場の福利厚生が中心で，労働者とその家族以外の一般住民に提供する福祉サービスは大変貧弱な状態にあって，厳密な意味での地域福祉は皆無と言っても過言ではありません。

1980年代以降，改革開放の重点は農村地域から都市部の企業，特に国有企業に移され，市場競争原理の導入によって企業の生産性と経営能力を高めることが強調されるようになりました。さらに1986年の破産法の施行に伴い，経営が窮地に陥った企業は相次いで倒産していきます。倒産した企業はもちろんのこと，収益を上げている経営の健全な企業ですら，福利厚生への資金投入を削減しなければならなくなりました。このような社会情勢は，従来の企業福利厚生を中心とする社会保障と社会福祉のあり方が大きく問われ，地域福祉の構築と整備を要請することとなりました。

○地域福祉の内容

1980年代後半から推進されているコミュニティサービスは，政策決定などには中央政府のトップダウン方式が明らかとはいえ，具体的な展開過程は必ずしも政府主導ではなくて，むしろ街道事務所及び居民委員会を主体とするものです。企画段階から実施運営に至るまで，すべてが街道事務所と居民委員会の仕事となっており，区以上の行政側はほとんど関与しません。

政府の財政支援が非常に限られているため，コミュニティサービスの内容や範囲も，緊急性を要する部分が優先されます。具体的に言えば，①高齢者，障害者，国から特別優遇を受ける軍人及びその家族といった特定の地域住民を対象にする福祉サービスの提供，②地域一般住民への生活サービスの提供，③労働者，定年退職者及び失業者への社会保険管理サービスの提供，④地域の企業・事業体，政府機関，民間団体との間で連携をとり，各種のサービスをコーディネートすることなどです。

○地域福祉の課題

コミュニティサービスにおいて市場経済の競争原理が大々的に導入され，収益の追求が優先されるあまり，利用者の負担能力の格差を十分配慮した料金設定がほとんど行われていません。ほかに，少なすぎる政府の財政投入や専門教育を受けたマンパワーの不足なども非常に大きな課題です。　　　（王　文亮）

▷4　日本語で言う「地域福祉」にあてはまる用語は存在せず，一般に使われるのは「社区服務」である。「社区」とは，community（コミュニティ）の意味で，都市部の街道と居民委員会，農村部の郷・鎮と村を指す。「服務」は，サービスを意味する。つまり，地域住民を対象にさまざまなサービス（福祉サービスも含む）を提供することである。

▷5　都市部行政の末端組織である。

▷6　都市部の住民自治組織で，日本の町内会に似ている。

参考文献

王文亮『21世紀に向ける中国の社会保障』日本僑報社，2001年。

王文亮『九億農民の福祉』中国書店，2004年。

王文亮『格差で読み解く現代中国』ミネルヴァ書房，2006年。

Ⅷ 中国

2 社会情勢の変化と社会福祉

1 政治情勢の変化と社会福祉

　社会主義国中国においても，政治情勢の変化は時に社会福祉に大きな影響を与えます。最も顕著な例としては文化大革命[1]を挙げることができます。その間，政治革命の激しい嵐のなかで，社会保障と社会福祉制度は壊滅的な打撃を受けました。

　2004年3月14日，第10期全国人民代表大会[2]（全人代）第2回会議で憲法改正案が採択されました。今回は4度目の憲法改正にあたり改正点は14項目に及びますが，そのなかで特に注目される点は，中国史上初めて，「国は経済発展の水準に相応しい社会保障制度を確立し改善する」という条文が盛り込まれたことです[3]。こうした政治的な動きは，社会福祉の発展にとってももちろん好ましいことです。

2 経済情勢の変化と社会福祉

○所得格差の持続的拡大

　国民経済の急速な発展に伴い，国民の生活水準も持続的な向上を果たしています。一方，所得格差の拡大も急速に進展しています。改革開放元年と言われる1978年から2009年までの約30年間に，都市住民の所得は常に農村住民の2倍以上，近年では3倍以上の水準で上がっています。もし社会保障給付等も計算に入れれば，両者の格差はもっと大きく開いているに違いありません。

　こうした急激な所得格差と貧富格差の拡大は，歴史，環境面の影響もあるものの，最大の要因は経済発展をあまりにも優先しすぎて，富の分配における公平と公正の原則を二の次にしている政府の社会政策にあると考えられます。

○所得格差の解消に向けて

　所得格差の拡大に歯止めをかけるべく，2002年11月に北京で開催された共産党第16回党大会は，2020年までにより高いレベルの「小康社会」（ゆとりのある生活水準）を全面的に実現する（いわゆる「全面小康」）という目標を掲げました。

　また近年，政府は「科学的発展観」のもとで「調和の取れた社会」の実現をめざすようになりました。そのポイントの一つはやはり社会的弱者への配慮にもっと注意を払い，所得格差の解消に真剣に取り組んでいこうとすることです。

　2005年，政府は都市部より大きく立ち遅れている農村地域の経済発展と生活

▷1　1966年から1976年まで10年も続いた，毛沢東らが引き起こした新中国建国後最大規模の政治運動。無産階級文化大革命，プロレタリア文化大革命とも言う。
▷2　最高立法機関で，日本の国会に当たる。各地方にも人民代表大会が設けられている。
▷3　王文亮『格差で読み解く現代中国』ミネルヴァ書房，2006年，77頁。

改善などを図るために，「社会主義新農村」の建設を本格的に提唱しました。

「新農村」，あるいは「建設社会主義新農村」（社会主義の新農村を建設する）という言葉について，胡錦濤総書記は「生産発展」（生産を発展させる），「生活富裕」（生活を豊かにする），「郷風文明」（風土を文明的にし，町並みを清潔に保つ），「民主管理」（民主的管理をする）という言葉に要約して表現したことがあります。

今後，「社会主義新農村」の建設を本格的に進めていくなかで，固定資産投資における都市部と農村部の著しいアンバランスを改善し，さらに農村部への財政支援を一層強化する必要があると見られます。

▷4 国家主席，中央軍事委員会主席，共産党総書記兼中央軍事委員会主席。1942年12月，江蘇省に生まれる。理工系の名門校である清華大学水利技術学科を卒業。

3 社会情勢の変化と社会福祉

◯人口の増加

2005年1月6日午前0時2分，北京市のある産婦人科病院で「13億人目の中国人」がこの世に生を受けました。それは中国の総人口が13億人に達した瞬間です。

中国ではこのほか，1995年2月15日が「人口12億人の日」，1989年4月14日が「人口11億人の日」に認定されています。

人口増加率は，これからはだんだん減少していくだろうと専門家たちは見ています。いずれにしても，本格的な高齢化社会の到来に的確に対応できるような社会福祉制度をどう構築していくかが，中国にとっては最大の課題になっていると考えられます。

◯戸籍制度による社会福祉の二重構造

中国政府は1958年から国民の自由な移住を制限する戸籍制度をつくりました。これにより国民は都市住民と農民とに二分され，農民は農村に縛り付けられることになりました。1980年代に入ってから，人口流動に関する厳しい規制はようやく緩和され，多くの農民が出稼ぎ労働者として都市に流れ込みます。しかし戸籍の制限によって，彼らは都市市民権を得ることはほとんどなく，子どもを学校に通わせることすらできず，できたとしても都市戸籍がないという理由で多額な学費を支払わなければなりません。そして，彼らの仕事は都市住民の嫌がる土木建築や清掃などの肉体労働が多く，頭脳労働に携わる機会が非常に少ないのです。また，都市住民が普通に受給している社会保障と社会福祉の給付も，受けられることはほとんどありません。

全国共通の社会福祉制度を構築するには，国民の分断をもたらした戸籍制度の抜本的な改革が必要不可欠だと思われます。

（王　文亮）

（参考文献）

王文亮『格差で読み解く現代中国』ミネルヴァ書房，2006年。

王文亮編著『現代中国の社会と福祉』ミネルヴァ書房，2008年。

Ⅷ 中国

3 社会福祉施設の発展

▷1 仲村優一・阿部志郎・一番ケ瀬康子編著『世界の社会福祉年鑑2002』旬報社，2002年，386-388頁。

▷2 萩原康生・松村祥子・宇佐見耕一・後藤玲子編著『世界の社会福祉年鑑2006』旬報社，2006年，336-339頁。

▷3 中央省庁の一つで，全国の社会救済，最低生活保障，農村部の社会福祉などを担当する最高責任機関である。

1 主な児童福祉制度

○児童福祉施設 ◁1

中国の児童福祉施設は，以下の3つに分類されます。

1つ目は，入所・保育型施設です。代表的なものには児童福利院，孤児学校，SOS児童村などがあり，孤児や浮浪児を収容・保育すると同時に彼らを社会に役立つ人間として教育する機能も果たしています。

2つ目は，治療やリハビリの運営を中心とする施設です。代表的なものには聾唖児リハビリセンターと精神障害児リハビリセンターがあり，主に体の不自由な児童，聾唖児，精神障害児など回復可能な障害児に対して治療やリハビリを行います。

3つ目は，教育型施設です。主な施設には障害児託児所，障害児小学校進学クラス，障害児特殊学校，孤児学校などがあり，各種障害児を対象に教育サービスを提供します。

○児童の里親養護 ◁2

里親制度の具体化と健全化を図るため，2003年10月27日に民政部が「里親委託管理暫定方法」を公布しました。2004年1月1日から施行される同方法は8章27条からなり，第1章総則は里親制度について「所定の手続きを経て，民政部門が監護する児童の養育を家庭に委託するような養育方法である」と定義しています。第2章は里親によって養育される児童，第3章は里親に適する家庭，第4章は里親制度のサービス機関，第5章は里親契約の履行，第6章は里親制度の管理と監督，第7章は里親の責任などについてそれぞれ定めています。同方法の施行によって里親委託による児童養護制度の本格的な取り組みが始まったと言えます。

里親養護には，以上のような子どもの養育自体を目的とする制度のほか，養子縁組を経て子どもを養育する制度もあります。

2 主な障害者福祉制度

○障害者福祉施設

障害者福祉事業は主に社会福利院と精神病患者福利院といった施設を通して行われます。身体障害者は社会福利院に入所し，生活の保障と福祉サービスを

受けます。精神病患者の入所施設は所管別に，①衛生部所管の「精神病防治院」（精神病院），②公安司法部門所管の「管治院」（公安病院），③地方政府所管の「慢性精神病患者リハビリ施設」，④工場，企業所管の「職工病院」の精神科（一般市民も利用可），⑤民政部門所管の「精神病福利院」の5種類に分けられます。衛生部所管の「精神病防治院」は治療を中心とし，最も多くあります。民政部門所管の「精神病福利院」は退役軍人，慢性精神衰弱者を対象とし，治療のほか，更生を目的とする療養を行います。公安部と司法部所管の「管治院」は重大な刑事事件を起こした精神障害者を対象とし，医療というより社会防衛的な機能を果たしています。

○障害者の就労促進

労働能力のある障害者を雇用し，生産活動を行う福祉企業は目的に応じて，①福祉型企業（目の不自由な人，聾唖者とその他身体障害者が働く企業），②福祉サービス型企業（義肢，補聴器，葬儀用器具，文房具等の生産工場や点字出版物印刷工場），③生産自助型福祉企業（革命烈士・軍人の遺族，都市部貧困者，身体障害者等が働く企業），④更生型福祉生産企業（浮浪者，乞食などを収容し，生産活動を行う農場など）の4種類に大別されます。

1986年の政府通達「社会福祉生産をさらに保護，支持することに関する通知」，1990年の障害者保障法では，障害者の雇用を中心に生産活動を行う企業に対して優遇措置を与えると定めました。それらによれば，機関，団体，企業・事業体は一定の割合で障害者を雇用しなければならないと定めています。所定の割合を満たしていない企業などは，財政部1995年公布の「障害者就職保証金管理暫定規定」にもとづき障害者就労保障金を納付します。逆に，所定の比率を上回った企業などに対しては奨励します。

3 主な高齢者福祉制度

都市では，労働能力を喪失し，身寄りがなく，法定扶養者もいない一人暮らし高齢者（いわゆる「三無老人」）や家庭内で世話できない高齢者に福祉サービスを提供するための施設が設立，経営されています。主なものには，社会福利院，老人マンション（民間経営で経費は一般に利用者自己負担），光栄院（民政部門経営で主に身寄りのない退役軍人を入所させる福祉施設）などが挙げられます。

一方の農村地域では，「三無老人」や軍人・烈士の遺族を集めて扶養し，食事，衣類，住宅，医療，葬祭など5つの保障を提供する福祉施設があります。現在，主に郷・鎮政府が運営する敬老院と光栄院というものがあります。

1980年代中期以降，高齢者福祉施設は自費入所者を入所させることも始めました。現在，その主な施設は，敬老院，光栄院，高齢者福利院，高齢者介護院，老人マンション，託老所，高齢者家庭サービス所，幹部休養所，臨終対応病院といったものがあります。

（王　文亮）

▷4　中央省庁の一つで，全国の医療と公衆衛生を担当する最高責任機関である。

▷5　中央省庁の一つで，全国の犯罪捜査，治安維持，戸籍管理などを担当する最高責任機関である。

▷6　中央省庁の一つで，全国の犯罪者服役改造，法制宣伝教育，弁護士業務指導などを担当する最高責任機関である。

▷7　中央省庁の一つで，中央の予算編成，予算配分，財政支出などを担当する最高責任機関である。

▷8　王文亮『九億農民の福祉』中国書店，2004年，406-420頁。

▷9　同前書，420-425頁。

(参考文献)

王文亮『21世紀に向ける中国の社会保障』日本僑報社，2001年。

王文亮『九億農民の福祉』中国書店，2004年。

王文亮『格差で読み解く現代中国』ミネルヴァ書房，2006年。

Ⅷ 中国

4 民間社会福祉の発展

1 NPOと福祉サービスの提供

○NPOの果たすべき役割

近年，中国でもNPO（非営利組織）というボランタリーな人々が結集する組織や集団に対する関心が，急速に高まっています。NPOの果たすべき役割について，政府の資金不足を補うこと，雇用の機会を拡大させること，資源配分と使用の合理化を向上させること，社会的公平を図ること，といった点は特に期待されています。

○NPOの関連法規と団体数

1998年10月，「社会団体登録管理条例」（1989年条例を改正）と「民営非企業組織登録管理暫定条例」（新規）が民政部より公布され，NPOに関する新たな管理体制がスタートしました。条例名が示すように，現在，中国ではNPOは「社会団体」と「民営非企業組織」という2つに分類されます。

民政部「2009年民政事業発展統計公報」によれば，2009年末の時点で，正式に登録したNPOの数は全国で合計42万5,000団体にのぼっており，そのうち，「民間団体」は23万5,000，「民営非企業組織」は18万8,000，「基金会」は1,780あります。

○NPOの活動領域と活動内容

特に注目すべきなのは，NPOの活動領域と活動内容がコミュニティサービスにも浸透しつつあることです。1999年の清華大学非営利組織研究所の調査によれば，活動領域としてサービスの提供と研究調査に従事するNPOが最も多く，それぞれ被調査対象の44.63％と42.51％を占めます。また，NPOの活動内容はサービスの提供（59.4％），交流（58.7％），宣伝（58.6％），訓練・研修（57.0％），調査研究（46.4％），資料収集・情報提供（41.0％），政策的提言・提案（38.5％）などに及びます。都市部のコミュニティサービスの提供において，今後は特に民営非企業組織が大いに期待できると思われます。

中国は国土が広く，沿海地域と内陸部，都市と農村など，さまざまな社会的格差が存在します。NPOを見ても，組織の数や規模及び活動力において所在地域の経済社会状況や対外開放水準と密接に関係しており，全体的には都市は農村，経済の発達地域は立ち遅れる地域，沿海地域は内陸部より進んでいるのが実情です。

▷1 沈潔編著『社会福祉改革とNPOの勃興』日本僑報社，2003年，124頁。
▷2 人々の自発性にもとづき，その会員の共同意思を実現するために設立し，その定款にしたがって活動を展開する非営利的とされる社会組織。範囲は広く，協会，学会，連合会，研究会，基金会，促進会，商会などがある。活動を開始するには，行政及び共産党組織の主管機関から認可を受ける必要がある。
▷3 企業，事業体，社会団体または個人が非国有資産によって設立し，非営利的とされる社会サービスの提供を行う組織。主に私立の学校や病院，有料老人ホーム，研究所，文化・スポーツセンター，職業訓練所，コミュニティサービスセンターなどが含まれる。活動を開始するには，行政及び共産党組織の主管機関から認可を受ける必要がある。
▷4 北京市にある中国で最も有名な理工系大学で，数多くの人材を養成してきたほか，政治家も輩出している。

2 ボランティアと福祉サービスの提供

○ボランティアの果たすべき役割

　新中国建国後のボランティア活動は1960年代中頃に始まったと考えられます。その時、社会主義国の第三世界に対する国際支援が非常に盛んでした。中国はかつてアジアとアフリカの多くの発展途上国に対して大規模な軍事援助と経済援助を行っていました。こうした援助活動に伴って、中国政府は海外で展開するさまざまなプロジェクトに数多くのボランティアを派遣しました。改革開放後、ボランティア活動は再出発を果たし、コミュニティサービスから始まり、急速に展開してきています。

　先進国と違って、中国ではNPOへの公的補助制度はいまだに確立されていません。そのため、NPO活動の維持と展開にあたってはボランタリー資源の確保と開拓がカギとなります。つまり、有料で調達する市場の資源と、無償で動員できるボランタリー資源とをいかに確保するかが重要となります。

　ここ数年、ボランティア活動の展開には目覚しいものがあります。組織面から見れば、主として青年ボランティア、地域ボランティア、慈善会[5]、中国赤十字会、香港のボランティア、国際組織のボランティア活動、草の根組織の7つに分類することができます。そして最も活発で、規模や影響力が最も大きいのは青年ボランティアと地域ボランティアです。

○青年ボランティア

　2002年4月、共産主義青年団[6]中央委員会と中国青年ボランティア協会は「中国青年ボランティア登録管理方法（試行）」を公布し、ボランティア登録制度をスタートさせました。同方法はボランティアの定義、基本条件、権利、義務、登録手続、管理と育成訓練及び顕彰について明確に規定しています。

　2003年末の時点で、正式に登録された青年ボランティアは420万人を超え、全国のネットワークが形成されました。地域社会において、青年ボランティアたちが250万人にものぼる停年退職者、一時帰休者、高齢者、障害者、貧困者に経常的な援助を提供しています。ほかに、貧困脱却、まちづくり、環境保護、災害救助、イベント、海外援助といった領域でも多くの青年ボランティアが活躍しています。特に福祉サービスの提供においては、今後、青年ボランティアの役割がますます期待されるようになります。

○ボランティア活動の直面する問題点

　最大の問題は資金の欠乏です。政府の資金援助がほとんど得られないため、大多数のボランティア団体は資金難に直面しており、多くの団体は解体してしまいました。ほかに、ボランティアに対する社会の認知がまだまだ不十分です。さらに法整備の点でも問題があり、非営利組織やボランティア組織の位置づけに関する国の明確な規定がありません。

（王　文亮）

▷5　募金して貧困救済、災害救助、教育支援、福祉サービスの提供といった公益活動を行うことを目的とする慈善的な組織である。北京に中華慈善総会があるほか、各地にもそれぞれ慈善総会、慈善会、慈善協会、慈善功徳会などが設立されている。

▷6　共産党の外郭団体で全国の優秀な若者を入団させ、さまざまな活動を展開する。最上層には中央委員会があり、各地及び職場、学校にもそれなりの組織が設けられている。

参考文献

　王名・李妍焱・岡室恵美子『中国のNPO』第一書林、2002年。
　沈潔編著『社会福祉改革とNPOの勃興』日本僑報社、2003年。

IX 台湾

1 社会福祉の発展過程

1 台湾の歴史

台湾の歴史を知るためには，その複雑な社会・政治情勢について理解しなければなりません。

台湾は17世紀から約300年にわたり，オランダ，スペインや清国など次々といくつかの外来の勢力下におかれてきました。日本も，1895年から1945年までの50年間，台湾を植民地として支配したことを忘れてはなりません。

また，台湾は，マレー・ポリネシア系の先住民と中国大陸から移住してきた漢人からなる複雑な多民族社会です。台湾の人々は，16族の先住民，そして戦前から台湾に住んでいる漢人（本省人）と，1949年の中華人民共和国が成立する前後に移住した漢人（外省人）から成っています。本省人も，大別して閩南（びんなん）系の人々と客家（はっか）系の人々がいて，前者が多数派です。こうした民族や言葉，文化の違いが，さまざまな難しい社会・政治問題を生み出してきたのです。

2 日本統治下の社会事業

日清戦争の結果，1895年から台湾を植民地として支配した日本は，人民を統治するため官庁である総督府を設置しました。その社会事業政策は，一般的に「調査段階」→「立法段階」→「科層分工」の3段階に区分されます。

第1は「調査段階」，すなわち「基礎づくり」の段階です。総督府はまず，清領有時代の救護施設を再編成し，各地に慈恵院を創設しました。1898年には，第4代総督・児玉源太郎のもとで民政を担った後藤新平が保甲条例を定めます。この条例が行政の住民支配や地域の相互扶助を浸透させ，社会事業の基盤整備が本格的に動き始めていきます。

第2は，「立法段階」，すなわち「制度化」の段階です。1899年，台湾窮民救助規則，台湾罹災救助基金規則，行旅病人及行旅死亡人取扱法など順に法や規則を制定して各種の社会事業を実施しました。また，1917年の軍事救護法，1922年の感化法をはじめとして，内地（本土）の法令を台湾でも施行しました。この時期には，成徳学院（1909年），台北盲唖学校（1915年），松山結核療養所（1915年）の設置をはじめ，法令にもとづいた各種社会事業施設・機関の整備・拡充がみられます。この頃の台湾は，漢人の武力闘争の抑圧に続いて，五箇年計画理蕃

◁1 2009年の人口約2,300万人の内，漢人が97％の圧倒的多数で（そのなかでも本省人が多数を占める），先住民が2％を占め，約50万5,000人。

◁2 第六回中華民国史専題討論秘書處編『20世紀台湾歴史與人物』国史館印行，2002年，379-383頁。

◁3 育嬰堂（遺棄された乳幼児を保護する施設），養済院（障害がある人，けがや病気の人，老いて心身が衰えた人を保護する施設）などがあった。

◁4 慈恵とは，君主が慈しみの心で民衆に恵むこと，の意味であり，皇室の御下賜金を救済資金として，1899年の台北仁済院，台南慈恵院，澎湖晋済院の設立から始めて，1922年に至るまで，台湾全域に彰化，嘉義，高雄，新竹の各慈恵院を順次設立した。

◁5 総督府が民衆を支配し治安を安定させるために清の領有時代の仕組みを用いた制度。地域の基本的な単位を，十戸で一「甲」，百戸毎に一「保」として，警察が相互監視と連帯責任（連座処罰）を指導した。

◁6 感化教育施設として，本願寺（真宗大谷派）台北別院が1909年に設立。1922年，台湾での感化法の一部施行に伴い，運営・管理を総督府に移管。多年にわたり院長を努めた杵淵義房は大著『台湾社会事業史』（1940年）を著した。

資料Ⅸ-1　隣保館新館の外観

注：1937年の台中州社会事業要覧に掲載された新築の豊原社会館。
出所：永岡正己総合監修，大友昌子・沈潔監修『植民地社会事業関係資料集　台湾編』41巻，近現代資料刊行会，2000年より抜粋。

事業がはじまり，ようやく統治が全域に及んでいく時期です。

第3は，「科層分工」，すなわち「機関・団体の分担・分業化」の段階です。1923年には方面委員会を設け，地域の民間篤志家を行政に組み込みました。1926年，内務局文教課を文教局社会課に改組拡大し，地方行政区・団体組織の分担・分業を秩序づけて統一しながら，統治の仕組みとして社会事業行政をきめ細かく1つにまとめていきました。また，1928年には，台湾社会事業協会が創設され，明治，大正，昭和の三救済会，台湾済美会などの恩賜財団から助成金事業の委託を受け，これによって民間社会事業を組織化しました。

こうして，救護から始まった社会事業は，経済保護，医療保護，児童・婦人保護，教化事業など事業種目を拡げていきます。

③ 皇民化と恩侍福利体制

日本は，1931年の満州事変をきっかけに戦時体制へと突入します。1937年，日中戦争の勃発後，総督府は，台湾を東南アジア進出の足場とするため，「皇民化」のスローガンを打ち出し，運動の推進を始めました。

このころ，1934年から1938年までの短い期間に，台湾全域にわたって7カ所の隣保館が集中的に設置されます。これらはみな，地方行政や各市の方面委員事業助成会が運営する公設，準公設の隣保館でした。つまり，総督府は戦時体制を築くために，隣保館を使って，地域住民の管理や相互扶助を上から教化・統制しようとしたのです（資料Ⅸ-1参照）。

戦争が拡大するにつれ，ますます生活必需の物資が不足しました。こうした状況のもと，多くの民間社会事業施設や団体は，事業を続けるため皇室による補助に頼らざるを得ませんでした。当時の民間社会事業は「恩侍福利体制」の支配下に取り込まれていた，と言われる理由はここにあります。（宮本義信）

▷7　1917年，医師の木村謹悟が木村胃腸病院内に木村盲唖教育所を設置したのが始まり。1928年，運営・管理を台北州に移管。

▷8　1910年から1915年まで実施。山地居住の先住民に対して武力により服従を強要した政策。警察官が常駐し，防犯，警戒，災害救助だけでなく，生活指導，労役の召集も担った。

▷9　台湾の人々に，日本語の使用，日本の姓名への変更，日本軍への志願，神社の参拝を強制的に要求し，皇国の人民に変えていくこと。

▷10　施助者と受助者の「恩賜」と「従順」の関係による社会不安（抗日）の抑制を特徴とする福祉助成の仕組み。

参考文献

永岡正己総合監修，大友昌子・沈潔監修『植民地社会事業関係資料集台湾編』全51巻＋別冊，近現代資料刊行会，2000年。

台湾史研究部会編『台湾の近代と日本』中京大学社会科学研究所，2000年。

李健鴻『慈善與宰制——台北縣社會福利事業史研究』（北縣歷史與人物叢書5）台北縣文化中心，1996年。

經典雜誌編著『台灣慈善四百年——清領編，日治編，戰後編』經典雜誌，2006年。

IX 台湾

2 社会情勢の変化と社会福祉

1 戒厳令発令の時代

1945年，敗戦と同時に総督府は廃止され，多くの日本人が引き揚げ，それと前後して，大陸から国民党軍がやってきました。しかし，国民党軍と台湾民衆との関係は険悪でした。こうした不穏な情勢のもと，1947年に二二八事件が勃発します。

1949年，中国大陸では中華人民共和国（以下，中国）が成立し，内戦に敗れた国民党・蔣介石の中華民国国民政府は台湾へ逃れました。そして同年，台湾民衆の蜂起を恐れた国民政府は戒厳令を発令します。外来政権による圧政の始まりです。

政府は，一緒に大陸から逃れた人々（外省人）の忠誠心を高めるため，彼らに軍事，行政，教育，産業の重要なポストを与えました。1980年代後半からの民主化以前，台湾では公営（国営）の事業体が金融，通信，電力，鉄鋼・機械，鉄道などの基幹産業の市場を独占し，その多くが「退輔会」による経営でした。そして，労工保険条例（1950年），軍人保険条例（1953年），公務人員保険法（1958年）などを制定することによって，彼らへの優遇福祉政策を基本的な政治の方針としたのです。

台湾は，1950年代以降，東西冷戦や朝鮮半島の南北分裂という国際的な対立抗争が有利に作用して，急激な経済発展をとげました。しかし，中国の国連復帰に伴う中華民国の国連脱退（1971年），日中国交正常化に伴う日本との国交断絶（1972年），米中国交正常化に伴うアメリカとの国交断絶（1979年）などの国際的な流れによって，政府は次第に孤立を深めていきます。政権基盤を弱めた政府は，民衆の怒りや不安をなだめるため，1973年に児童福利法を，1980年に社会救助（公的扶助）法，老人福利法，残障福利法を相次いで制定しました。ここから，台湾の「社会福利」は，譲歩と弾圧（飴と鞭）とを併用して行う「飴」による支配の方法として，戦後政治史と密接な関わりをもつことがわかります。

2 政治の民主化

1979年に起こった美麗島事件をきっかけに，国民政府は国際的な批判を浴び，民主化を余儀なくされます。1987年，戒厳令が解除され，翌年1988年には李登輝が総統に就任しました。このころから，民主化が急テンポで進んでいきます。公の場でも中国語（北京語）に加え，台湾語（閩南語系の中国語方言）などさ

▷1　1947年2月28日，台北市で勃発した民衆と国民党軍との衝突事件。国民党軍はこれを武力で鎮圧した。暴動と無関係の台湾で指導的地位にあった人々も，数多く逮捕，殺害され，民衆の国民政府に対する恐怖が続いた。

▷2　国家が重大な事態に直面したとき軍隊に統治権の一切を委ねる命令。戒厳令のもとで国民党による一党支配が長期に及んだ。

▷3　行政院国軍退除役官兵輔導委員会のこと。栄民（蔣介石と共に台湾に渡ってきた中国大陸出身の兵士）のための生活保障を行う公的機関。

▷4　日本と台湾は国交がなく，双方が民間機関を経由した非政府間の実務関係として外交を続けている。

▷5　日本の社会福祉に該当する言葉。

▷6　1979年12月，高雄市で行われた雑誌「美麗島」主催の人権擁護大会で，警察とデモに参加した民衆が衝突し，主催者らが投獄された事件。国民政府は国際社会から厳しい批判を浴び，民主化への気運が一気に高まった。

▷7　台北縣生まれ（1923年～）。京都帝国大学・台湾大学卒業。アメリカ留学を経て，台北市長に就任。副総統在職中の1988年，死去した蔣経国の後を継いで本省人として初めて総統に就任し，民主化を推進した。

まざまな言葉が使えるようになりました。また、先住民の人々も政治的な発言を強め、以前から住んでいる市民としての主権を主張しはじめました。

1995年には、台湾最初の皆保険制度である全民健康保険法が実施されます。そして、1996年には台湾初の総統直接選挙で李登輝が、2000年には最大野党・民主進歩党の陳水扁が選ばれました。

この時期、身心障礙者保護法（1997年、残障福利法の改正）、中低収入老人生活津貼（手当）発給辦法（規則）（1998年）、公教人員保険法（1999年、公務人員保険法と私立学校教職員保険法の統合）、児童及少年福利法（2003年、児童福利法、少年福利法の改正）、中低収入老人特別照顧津貼（手当）発給辦法（規則）（2007年）など、社会保障・社会福祉関連法が次々に公布されています。1990年代以降は、社会的なニーズへの認識、社会福祉立法の実施、福祉サービスの発展に伴い、「台湾社会福利」発展の黄金時代（the Golden Age）とみなされています。その一方で、これらの施行・改正は、選挙を有利に展開するための手段（道具）と思われ、「ばらまき福祉」と言われました。2008年の総統選挙を前に、政府は、2007年、今日的最大福祉課題と言われていた国民年金法を公布しました（2008年実施）。

3　複雑な社会・政治不安

今日の台湾は、アジアのなかで、日本を含めシンガポール、韓国と並んで、経済発展の度合いや社会保障の面において、第1グループの位置に格付けされています。

しかし、台湾は、中国との間の特殊な関係、特に「一辺一国」「一つの中国」、両岸関係の位置づけをめぐって、複雑な社会・政治的な対立や不安を強くうっ積させてきました。ところがその一方で、経済的には、中国が最大の貿易相手となっていて、「三通」による巨大化する中国経済との一体化が急ピッチで進んでいます。2008年、総統選挙で民主進歩党の候補に勝利した国民党の馬英九が、直行便の就航や中国人観光客の拡大など対中積極開放を軸にした両岸経済交流政策を前面に掲げて就任しました。

こうした激動の時代、台湾人としてのアイデンティティ（「台湾人とはいったい誰のことか？」）をめぐって、人々の間で主体性や自己認識が強く探求されるようになっています。また、それとの関連で、歴史の洗い直しの作業も行われ、その過程で、日本統治下の社会事業史をテーマに庶民が気軽に読めるように作られた本が数多く出版されています。それは、植民地社会事業の掘り起こしが「台湾人の視点」から一般の人々を含め広く行われるようになったことのしるしです。こうした状況のもと、それを「日本人の視点」から掘り起こし、比較照合することは、相互理解を深めるうえで意義深いと言えるでしょう。「台湾社会福利史」の研究は、日台双方にとって相補的で互酬的な関係でなければならないのです。

（宮本義信）

1996年、台湾で最初の直接選挙により再選。2000年、任期満了。

▷8　長期滞在の外国人を含め台湾に居住するすべての人々を対象に、病気や怪我が生じた場合に医療を給付する制度。既存の社会保険制度（軍人保険、労工保険、公教人員保険など）から医療給付部門を編成し直し、全住民を吸収した強制加入の医療保険として1つにまとめた。

▷9　既存の社会保険制度に属さなかった人々を対象に、老齢年金、障害年金、遺族年金を給付する制度。被保険者は25歳以上65歳未満の者。

▷10　アジア経済研究所編『アジア動向年報　2010』アジア経済研究所、2010年、155-182頁。

▷11　「一辺一国」とは、それぞれ1つの国、を意味し、台湾独立を主張する考え方。「一つの中国」とは、国としての再統一を主張する考え方。中国側はこれを「中華人民共和国」、台湾側は「中華民国」と、それぞれ見解が違っているが、矛盾はそのままにされている。

▷12　台湾と中国との間（対岸）の通航、通商、通信に関する自由化政策。

参考文献

伊藤潔『台湾――四百年の歴史と展望』中公新書、1993年。

周婉窈／濱島敦俊監訳『図説　台湾の歴史』平凡社、2007年。

呉密察監修、横澤泰夫訳『台湾史小事典』中国書店、2010年。

第3部　東アジア編

IX　台　湾

3　福祉多元主義の進展

1　少子高齢化する社会

　台湾でも「不婚・不生」による少子化が進んでいます。女性1人当たりの平均子ども数（合計特殊出生率）は，1990年には1.81，2000年1.68，2008年1.05，そして2009年には1.03と減少し続け，日本と比べても，より急激な低下を示しています。高学歴やキャリア重視から，出産を敬遠する台湾女性が増える一方，台湾男性の外国籍の女性との結婚が増えていて，大陸・東南アジア出身の配偶者との文化的ギャップの問題も家族問題を難しくさせています。

　一方，高齢化率は，2010年現在10.7％ですが，2017年には14％を超え（高齢社会），そして2025年には21％を超える（超高齢社会）と推計されています（図IX-1参照）。台湾の高齢化の特徴は，65歳以上の老年人口に占める80歳以上高齢者の割合が上昇すること（2010年が24.4％，2060年が44.0％），および人口老化のスピードが加速化することです。

　今後は核家族・小家族化の進行や平均寿命の伸び（1951年：女性57.3歳，男性53.1歳，2008年：女性82.0歳，男性75.5歳）とも相まって，速いテンポで一人暮らしや夫婦のみ世帯の高齢者の割合が増加していくことが予想されます。2009年，政府は重大政策として「新世紀第三期国家建設計画」を策定し，このなかで「我国長期照顧十年計画」推進の一環として「長期照顧保険」（日本の介護保険制度に該当）の構想が示されました。

▷1　2009年では，大陸・外国籍配偶者との結婚が，婚姻総数の18.7％，父母のどちらかが大陸・外国籍配偶者の新生児は総数の9.7％。とりわけ大陸配偶者の増加が著しい。（内政部統計處，http://www.moi.gov.tw/stat，2010.2.5）

▷2　行政院主計處『中華民国統計年鑑』行政院主計處，2009年，18頁。

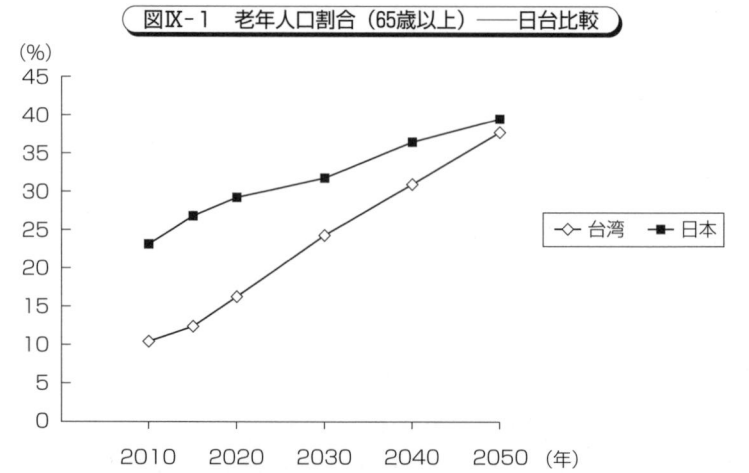

▷3　子ども虐待，配偶者暴力，高齢者虐待を家庭内暴力というキーワードで1つに括り，老親，夫婦，親子，兄弟などに対する総合的な暴力防止と被害者保護の対応策を定めた法律。

図IX-1　老年人口割合（65歳以上）──日台比較

資料：国立社会保障・人口問題研究所『日本の将来推計人口』2006年，行政院経済建設委員会人力規画處『2010年至2060年台湾人口推計』2010年。

2 現代の社会福祉政策

台湾のさまざまな社会保障・社会福祉関連法は中華民国憲法（1947年）を根拠としています。同憲法では、人々の生存権を保障するため、国家は扶助と救済、母性保護と児童福祉、衛生保健事業と公的医療制度を実施すべきことを謳っています。また、2000年の改正条文に、心身障害者の自立と扶助、先住民族の地位と政治参加の保障と共に、女性の人格尊厳と人身の安全保障が加わりました。これにより、家庭暴力防治法（1998年）、性別工作平等法（2001年、日本の男女雇用機会均等法に相当）が強力に推進されています。

中央政府の組織は、行政院（内閣に相当）衛生福利部（省）が福祉と保健医療を、労働部（省）が労働を管理・管轄しています。地方は、県・市政府が所管しています。社会保障・社会福祉の主な体系を表Ⅸ-1にまとめておきます。

台湾の社会福祉は、貧困・低所得者対策を中心に、家族責任を強調する点が特徴です。台湾の家族は、倫理的に保守的養老観念（「孝道」倫理＝漢人の儒教道徳）が強く、法的にも、「法定の扶養義務者は老人扶養の責を負う」（「老人福利法」第30条）と明示されています。そして福祉系施設への入所については、同法の規定を根拠に、条件を厳しく制限しています。

こうした状況のもと、自立支援、家族支援の担い手としてソーシャルワーカー（社会工作人員及び社会工作師）の役割が重要視されています。1997年、社会工作師法が制定され、ソーシャルワーカーの資格制度が確立されました。

3 拡大する営利有償型の福祉

1980年代後半以降、統制的経済体制の開放（公営企業・国営事業の民営化による経済自由化政策）に伴い、政府の高齢者政策にも、民間資本の参入と主導性が強まりました。促進民間参與公共建設法（2000年）、促進民間参與老人住宅建設推動方案（2004年）が相関して、民間資本の「銀髪産業」への投資を奨励し、さまざまな優遇措置（経費補助）を行いました。これを受け、2004年、台湾の最大企業・台湾プラスチックは、台北市近郊に6,000人（4,000戸）規模の「老人社区」（リタイアメント・ビレッジ）の経営を開始しました。その他の大企業も進出し、業界は製造、金融、建設・不動産、総合と多岐にわたっています。

こうして、きわめて豊かな層は、自己負担でゴージャスな各種サービスをふんだんに受けられるようになりました。その一方で、中間層よりも低い層は厳しい条件のもとにおかれています。営利有償型福祉の特徴は、コスト効率性の追求です。そのため、外籍護工の雇用や社会工作師（人員）の業務外注（委託）が拡がりをみせています。

（宮本義信）

表Ⅸ-1　社会保障・社会福祉の主な体系

社会保険	全民健康保険，国民年金，公教人員保険，労工保険，就業保険，軍人保険
社会手当	中低収入老人生活津貼，老年農民福利津貼，身心障碍者生活補助，特殊境遇家庭扶助，栄民就養給付
公的扶助	社会救助
社会福祉	児童及少年福利與権益保障，身心障礙者権益保障，老人福利，長期照顧服務，性別工作平等，家庭暴力防治，幼児教育及照顧

注：制度名称については原文を用いた。

▷4　資格取得や業務について、全文57条から構成された法律。社会工作師（有資格ソーシャルワーカー）とは、社会工作（ソーシャルワーク）の専門的な知識と技術を用いて、社会的機能の回復、促進を目的に、個人、家族、集団、地域を援助する専門職業者をいう（同法第2条）。

▷5　シルバービジネスのこと。台湾の高齢者居住施設は、保健衛生系（慢性病棟，護理之家）、老人福利系（長期照護，養護，安養）、退輔会系（栄民之家）、住宅系（老人住宅）に大別されるが、銀髪産業は主に住宅系を対象とする。

▷6　海外からの出稼ぎ介護労働者のこと。1992年、就業服務法の施行により法的根拠を整備。これまでフィリピン、ベトナム、インドネシアなどの東南アジア諸国から、資格や専門性などの条件を低くして、積極的に受け入れた。このため、多くが低賃金・不安定就労である。

参考文献

沈潔編著『中華圏の高齢者福祉と介護』ミネルヴァ書房、2007年。

ARC国別情勢研究会編『ARCレポート　台湾　2010／11年版』ARC国別情勢研究会、2010年。

内政部統計處編『内政統計年報　2009』内政部、2010年。

IX 台湾

4 民間社会福祉の発展

1 活発なボランティア活動

　台湾では，これまで親戚や同族による相互扶助が世代を超えて受け継がれてきました。その理由として，漢人の儒教道徳である「孝道」や「輪伙頭」[1]の考え方が根強いことが挙げられます。また，民族が言葉や文化に違いをもちながらせめぎ合う社会にあっては，親戚や同族の利益は自力で守るしかありません。さらに，外来の統治者が次々と交替し，人々が国家や政府の保護を期待できなかったという歴史も影響しています。

　しかし，親戚や同族の結束力が強いその分，人々はそこを離れると帰属感情が希薄で，排他的となって共助（互助）のすそ野が広がらない，という問題がありました。それが1990年代に入り，加速する政治の民主化のなかで，互いの独自性を尊重しながら共存を模索しようとする動きが社会全体にあらわれてきます。その1つが，先住民，漢人（本省人・外省人）という枠を越えた全国ボランティア・ネットワークの結成です。とりわけ，台湾児童及家庭扶助基金会[2]，励馨社会福利事業基金会[3]の活動が知られています。

2 宗教と深く結び付いている社会福祉

　台湾の社会福祉施設を訪ねた時，道教，仏教，キリスト教などのさまざまな宗教が，人々の暮らしと深く結び付いていることを実感します。台湾では，さまざまな宗教団体が人々の心の救いや生活の安らぎのために，社会活動を積極的に行いました。そのなかでも，台湾基督長老教会と仏教慈済功徳会の活動が，民間社会福祉の発展に大きく影響したと言えるでしょう。

　台湾基督長老教会の活動は，日本の統治よりも早い1860年代に始まります。台湾南部でイギリス，北部でカナダの基督長老教会が宣教を担い，独自の社会活動を展開しました。特に，台南新桜医院（1865年），彰化基督教医院（1885年），馬偕医院（1912年）[4]やハンセン病療養所・楽山園（1934年）での医療保護の活動が知られています。このため，今日でも，医療・看護は社会福祉の中心部門で，診療や病棟での医療ソーシャルワークの活動が活発です。

　台湾仏教四大宗派の一つ仏教慈済功徳会は，1966年に結成された仏教ボランティア団体です。海外とのネットワークを構築し，貧困者の生活支援，病院の創設，無医村の無料巡回診療，災害救援活動などを活発に繰り広げています。

▷1　代わる代わる（輪），集団の長老（頭）と一緒に食べること（伙），という意味。すなわち，兄弟で，老親の財産と扶養を等しく分け合うこと。

▷2　1964年設立の全国規模で児童福祉を実践する非営利の民間団体。さまざまなボランティアグループが，台湾全域23カ所の家庭扶助センターをステーションに，専門家と連携しながら，児童養護，里親，障害児療育，家庭教育，非行臨床などの実践を続けている。

▷3　1988年設立。全国13支部を活動拠点に，子ども・配偶者虐待，性的搾取，外傷体験，10代の妊娠などの危機支援を実践する非営利の民間団体。組織のリーダーやボランティアの多くは，過去に危機を体験した人であり，現在は社会的に活躍していることを身をもって示した上で，当事者に向き合いながら活動している組織。

▷4　1912年，カナダ基督教長老教会最初の海外宣教師として台湾へ渡った馬偕（George Leslie Mackay, 1844-1901年）の功績を称え，台北市に設置された病院。馬偕が1880年に台北市郊外の淡水に開設した偕醫館が前身。

3 日本人による社会福祉

　現在，日台の各種社会福祉団体が民間レベルで積極的に相互交流を展開しています。それは一朝一夕にはできることではなく，相互信頼の関係を地道に築き上げてきた先人の存在を忘れてはなりません。日本統治下の内地人（台湾在住の日本人）による社会事業は，内地人を相手にしたもの，あるいは本島人（台湾人）に対して「国語（日本語）教育」を行うものが主流でした。こうした時代状況のなかで，あえて台湾人の側に立って活動した日本人がいたのです。

○小竹徳吉（1876-1913年）

　小竹は，公学校教諭を経て，1907年から1910年まで，淡水公学校校長として子どもたちの生活環境改善事業に力を尽くしました。当時の教え子の中から，後に台湾を代表する医師・杜聡明（1893-1986年）や社会事業家・施乾（1899-1944年）が輩出しています。また妻である小竹キヨ（1885-1980年）は石井十次の岡山孤児院で保母として活躍した敬虔な基督者として知られています。

○清水照子（1910-2001年）

　清水は，愛愛寮を創設した夫の施乾の遺志を継いで，戦後も現地に残り窮民救助に力を尽くしました。歴史人物誌にも数多く登場し，今日でも「人間大愛」の実践者として，台湾の人々に親しみをもって広く知られています。

○井上伊之助（1882-1966年）

　井上は，1911年から日本に帰国する1947年まで，先住民族の医療伝道に生涯をささげました。内村鑑三のもとで共に学んだ矢内原忠雄は，井上を「台湾山地伝道の父，日本のシュヴァイツアー」と称えています。現在，「偏遠医療宣教歴史見證文化館」（南投縣魚池郷）では，彼の功績が顕彰されています。

○稲垣藤兵衛（1892-1955年）

　稲垣は，1916年，台北市のスラムを拠点にセツルメント人類の家を創設し，窮民救助や医療保護，婦人保護を行いました。また，児童部・稲江義塾で公教育制度から疎外された子どもたちに，男女平等の観点から自立のための基礎教育を実践したことは画期的なことであったと言われています。

　これらの先駆者たちは，その土地の人々に徹底して寄り添い，言葉や文化，普段の暮らしを懸命に吸収し，そして実践しました。しかし，彼らの社会事業に対する台湾の今日的な評価は，賛否両論に分かれています。歴史学者である周婉窈は，日本の統治をめぐって次のように述べています。「植民地統治がいかに豊富な遺産をとどめたにせよ，近代植民地統治の遺した最大の傷痕は，おそらく，植民地人民から彼ら自身の伝統・文化や歴史認識を剝奪し，『自我』の虚空化・他者化を招いたことであろう。これは植民地において最も癒されがたい傷痕なのである」。

（宮本義信）

▷5　淡水公学校卒業後，台湾総督府医学校で学ぶ。京都帝国大学留学を経て，施乾の愛愛寮や総督府台北更生院において，アヘンなどの薬物依存患者の治療法の開発に力を尽くした。後に台湾大学医学院長などを歴任。

▷6　総督府商工課に技師として在職中，賀川豊彦の学説に心酔し，1923年，私財を投じて台北市艋舺に路上生活者の保護施設・愛愛寮を開設した。大著『乞丐社會的生活（乞食社會の生活）』を著した。

▷7　徐蘊康「人間大愛」『台湾百年人物誌1』財団法人公共電視文化事業基金会，玉山社，2005年，84頁。

▷8　揚井克己ほか編『矢内原忠雄全集　交友・追憶』25巻，岩波書店，1965年，467-468頁。

▷9　周婉窈，濱島敦俊監訳『図説　台湾の歴史』平凡社，2007年，220頁。

（参考文献）

又吉盛清『台湾　近い昔の旅』凱風社，1996年。

吉田荘人『人物で見る台湾百年史』東方書店，1993年。

西川潤・蕭新煌『東アジアの市民社会と民主化——日本，台湾，韓国にみる』明石書店，2007年。

王順民『宗教福利』亜太図書出版社，1999年。

X 韓国

1 社会福祉の発展過程

1 韓国における社会福祉の用語使用

　社会福祉という用語は，現代産業社会の発展とともに発生したさまざまな社会問題と関連して使われるようになりました。現代社会が産業化，都市化へ発展すればするほど社会福祉に対する関心はより高まり，これに対するニーズも高まりつつあります。韓国の場合は1960年代以降，産業化・都市化が進められ，社会福祉という用語が使われ始めて今日に至っています。社会福祉という用語が公式的に使われて以降，福祉に対する韓国社会の関心は急速に高まりました。こうして社会福祉という用語は「福祉社会の建設」「福祉国家の建設」あるいは「国民の福祉増進」のような用語とともに頻繁に使われるようになりました。

2 1960年代以前の社会福祉

　1960年代以前の韓国の社会福祉は，応急救護的な性格をもっていました。その背景には1950年に勃発した朝鮮戦争の影響があります。朝鮮戦争は，韓国の社会福祉において2つの大きな変化をもたらしました。1つは，政府が樹立された後，段階的・計画的に準備されてきたすべての政策が，戦争により施行できなくなったという点です。もう1つは，莫大な外国からの援助により韓国社会に依存的な救済方式が定着してしまったという点です。このように，1960年代以前は近代的な社会福祉制度がほとんど定着していませんでした。

3 軍事政権による発展と停滞の繰り返し——1960〜1970年代

　1960年代以降，韓国の社会福祉は発展と停滞あるいは後退を繰り返します。1961年の5・16軍事クーデターから1963年民政移譲前の時期は，社会福祉発展の第1期と言えます。この時期に社会保険及び生活保護を中心とした近代的な社会福祉法制が備えられました。軍事政権によって制定された社会福祉法制は，制度の施行面では成功したとは言えませんが，これまでの救貧的な性格から脱皮して国家中心の体系的な社会福祉制度として定着するきっかけになりました。これは何よりも非憲法的なクーデターに対する正当性の確保と同時に，軍政直後の選挙を通じて政権を握るために社会福祉を政治的に利用したという要素の強い施策でした。

　軍事政権は「先成長後分配」という政策基調のもとで，経済成長優先政策を

▷1　孫ジュンギュ『社会保障・社会開発論』集文堂，1983年，32頁。

▷2　5.16軍事クーデターに成功した朴正熙は，最初は「国家再建非常措置法」によって国政を運営した。1962年に民政移譲のために憲法を改正することによって，1963年に第5代大統領に当選し，1967年には第6代大統領に再選された。その後，1969年には大統領の3選を許す第6次憲法改正を通過させた後，1971年に第7代大統領に当選した。

進めていくことによって，政権の正当性を確保することに成功しました。この過程のなかで社会福祉に対する投資は抑制され，社会福祉というものが経済成長に悪い影響を与えるという社会的認識を国民にもたせました。社会的な要求によって社会保障制度をはじめ社会福祉制度が実施されても，それは経済力のある人のためのものになってしまい，貧しい人はより苦しい生活を強いられる結果をもたらしました。そして，その影響は現在に至るまで続いています。

4 第2の発展期──1987-1990年

1987年6月民主化運動以降から1990年に至る時期は，韓国における第2の社会福祉発展期と言えます。この時期に普遍的な性格の国民年金制度と最低賃金制度が施行され，医療保険制度も全国民を対象に拡大されました。また，公的扶助を担当する社会福祉専門要員制度が導入され，多様な階層のための社会福祉プログラムも展開されました。特に社会福祉の拡大施行とともに，1987年以降の国家の社会福祉費支出は大幅に増加し，1990年には1961年以降最高水準を記録しました。しかし，1987年から始まった社会福祉の拡大は長続きしませんでした。

▷3 1987年6月10日に行われた大統領直選制のための全国民抵抗運動を言う。「6月民主抗争」「6・10民主抗争」とも言われている。

5 社会福祉発展の阻害要因としての「家族イデオロギー」

韓国の国家政策理念は社会福祉に対する国家の責任を最小化し，家族責任を強調する「家族イデオロギー」の理念が重要視されていました。これは，社会福祉に対する責任が当該家族とその構成員にあるため，彼らがあらかじめ問題解決の責任を負って，そうした責任を遂行する能力がないと証明された場合に限って，国家が問題解決の責任を負うという政策理念です。こうした文化的な要因が社会福祉の発展を妨げる要因となっています。

▷4 朴光駿ほか『韓国と日本の日常生活』釜山大学校出版部，2002年，270頁。

6 社会福祉の転換期──1997年のIMF

韓国社会福祉における転換期となったのが，1997年に起こった経済金融危機でした。この時期に，急増する失業者のための予算拡充とともに大幅な福祉改革が試みられました。第4代社会保険制度が整備され，医療保険制度も統合されました。また，限られた貧困層のみを対象にして救護を提供していた「生活保護法」が廃止され，権利意識を強調しながらすべての年齢階層を包括した「国民基礎生活保障法」が制定されました。これは韓国社会福祉の歴史において前例のない福祉改革でした。

（呉　世榮）

X 韓国

2 社会情勢の変化と社会福祉

1 軍事政権と社会福祉立法の制定

すでに述べたように，韓国の現代的な社会福祉制度が導入されたのは1960年代以降です。1961年，軍事政府によって誕生した第3共和国時代に多くの社会福祉法制が制定されました。

1970年代初め，朴正熙大統領が大統領の権限を大幅に強化した維新憲法をつくりました。朴正熙大統領による第4共和国時代には，政府としては体制の正当性確保のためにインセンティブを提供しなければならない政治的・経済的・社会的な状況にさらされていました。そのため，政治的には維新体制に対する挑戦が絶えず起こりました。また，経済・社会的な面では1960年代経済開発計画が順調に遂行されることによって，産業化，都市化現象が現れはじめました。しかし，こうした現象はさまざまな社会問題をもたらしました。特に貧富格差が大きくなり，相対的剥奪感及び違和感が深刻になりました。

このように，韓国における社会保障制度をはじめ社会福祉制度が部分的に実施されたのはかなり古いのですが，本格的に始まったのは，全斗煥政権（1981-1988年）による第5共和国時代以降です。1981年に心身障害者福祉法，老人福祉法，児童福祉法がそれぞれ制定され，1982年に生活保護法が全面改正されました。また，1983年に社会福祉法が大きく改定（社会福祉士の資格規定，社会福祉協議会の法定団体化）されることによって，いわゆる「社会福祉五法」が整備されました。

2 民主化と社会福祉の飛躍的発展

韓国は1987年の民主化以降，社会福祉制度が飛躍的に発展します。1987年の民主化大闘争以後行われた第13代大統領選挙は，韓国政治史上で初めて平和的な政権移譲が行われるきっかけになりました。この選挙により誕生したのが盧泰愚政権（1988-1993年）で，第6共和国時代の始まりです。

1987年は韓国の現代政治史のみならず，社会福祉の歴史においても分岐点になりました。1987年以降，国家と資本家階級による労働者階級に対する一連の福祉サービスの提供は，労働運動とともにさかんに行われました。こうした点から「労働階級に対する一種の福祉攻勢」（welfare offensive）[1]と呼ばれています。

第6共和国の社会福祉制度発展の特徴を要約すると次の通りです。第1は，

▶1 成炅隆「韓国の政治体制変動と社会政策の変化」『社会福祉研究』第3号，1991年，135頁。

普遍的な国民年金制度，最低賃金制度，全国民医療保険制度の実施など所得及び医療保障の拡大が実施されました。第2は，1989年に母子福祉法，1990年に障害者雇用促進法，1991年に乳幼児保育法，1992年には高齢者雇用促進法などが次々と制定され，社会福祉体系が整備されました。第3に，地域福祉の核心的なサービス伝達体系である社会福祉館の運営が全国的に拡大して実施されました。第4に，在宅福祉が重要視されるようになりました。その結果，在宅福祉奉仕センターが急激に増加し，1987年から社会福祉専門要員が区役所に配置されました。こうした社会福祉の発展とともに，1987年以降国家の社会支出は著しく増加し，1990年には1960年以降最高である5.2％を占めました。しかし，1987年から始まったこの「福祉の春」は1990年を最後に終わりを告げます。

▷2 朴ビョンヒョン『社会福祉政策論』学現社，2004年，141頁。

3 「文民政府」と第4代社会保険制度の完備

最初の民主化政府と言える金泳三「文民政府」（1993-1998年）時代には，1995年に雇用保険法が制定されました。国民年金，医療保険，産業災害補償保険に続いて雇用保険制度が導入されることによって，第4代社会保険制度が完備されました。さらに，女性発展基本法（1995年），精神保健法（1997年），社会福祉共同募金会法（1997年）が制定されるなど，社会福祉が拡大されました。

4 「国民の政府」と生産的福祉

1997年には，IMF体制のもとで今までに経験したことのない経済危機と大量失業，貧困の問題に直面して誕生した金大中「国民の政府」（1998-2003年）は，貧困及び失業対策，社会保険統合に努めざるを得ませんでした。金大中政権が金融危機を克服するために掲げた政策基調は，「第三の道」のような「生産的福祉」でした。1999年には，20年以上論争をしてきた医療保険が，組合方式から統合方式へと転換されました。また，同年に国民基礎生活保障法が制定されました。民間部門では市・道社会福祉協議会の独立法人化が行われ，社会福祉共同募金制度が導入されるなど民間社会福祉の自立性が強化されました。

5 「参与政府」と参与福祉

「国民の政府」を継承した盧武鉉「参与政府」は，福祉理念として市民団体の政府政策決定への参加を強調する「参与福祉」を掲げました。しかし，盧武鉉政権の「参与福祉」と金大中政権の「生産的福祉」は内容がほぼ類似し，「参与福祉」において新しい面がないことから本質的に差はありません。

最近の動向としては，2007年4月2日に介護保険法が制定されたことによって，日本と同様に，年金，医療保険，産業災害補償保険，雇用保険に続く5番目の社会保険が誕生しました。

（呉　世榮）

▷3 「第三の道」とは高福祉——高負担——低効率と要約できる社会民主的福祉国家路線（第1の道）と高効率——低負担——不平等などでまとめられる新自由主義的市場経済路線（第2の道）を止揚した新たな政策路線として，市民の社会経済生活を保障すると同時に市場の活力を高めようとするイギリスの労働党のプロジェクトを言う。

X 韓 国

3 国家福祉の拡大

1 労働市場構造の両極化

　韓国社会は1997年の金融危機以降，労働市場が両極化され，急速な少子高齢化が進むなど，産業化の時期には現れなかった根本的な経済社会構造の変化を経験しています。金融危機以降，韓国社会は企業間（大企業と中小企業），産業構造（輸出と内需産業），そして，労働市場構造において急激な両極化が発生し，韓国の社会福祉政策に大きな影響を与えています。労働市場の両極化は貧困層の規模を急速に拡大させています。所得が最低生計費以下である絶対貧困層の規模をみると，1996年には全体世帯の3.1％にとどまっていましたが，2000年には8.2％と急激に上昇し，2003年には10.4％になっています。

　こうした労働市場構造の両極化は，韓国の社会保障制度に影響を与えています。社会保険制度においては社会保険料の負担を増加させ，社会的危険（social risks）にさらされているのに保険給付を受けられなかったり，十分な給付が受けられない，いわゆる「社会保険の死角地帯」を拡大させているのです。

2 少子高齢化

　一方，現在，少子高齢化の現象は全世界的に提起されている問題ですが，それは韓国においても同様です。最近，韓国の出生率は1.08で世界1位（主要国で最低）を記録しています。2005年度に4,829万人であった総人口は2020年度に4,995万人で頂点に達し，2050年度には4,234万人に減ると予想されています。2005年度の年少人口は924万人で，全体人口の19.1％を占めています。しかし，2050年になると380万人，9.0％に急激に低下すると予測されています。一方で，2005年438万人で総人口の9.1％を占めていた高齢者人口は2050年に1,579万人に増加し，全体人口の37.3％に至ると予測されています。少子高齢化は年金制度，保健医療制度などの国家政策に重要な影響を与えます。特に社会福祉制度に与える影響は多大なものがあります。それは社会支出が増加するということです。

3 政治的変化

　韓国の政治的な状況は，「反福祉的イデオロギー」もしくは「家族イデオロギー」が強く支配してきましたが，1987年の民主化以降，福祉が重要視される

▷1　ヨユジンほか『貧困と不平等の動向および要因分解』韓国保健社会研究院，2005年，133頁。

▷2　2005年度統計庁資料参照。

社会政策的環境が形成されました。それは，福祉が政治的正当性の重要な源泉として注目されるようになったことを意味し，民主化以降，「福祉の政治化」が最も活発に行われるようになりました。「福祉の政治化」を最も積極的に行ったのが金大中政権です。「平等と分配」を国政目標と設定した盧武鉉政権も国家福祉の拡大を通して体制の正当性を高めようとしました。

▷3 福祉の政治化とは執権勢力が福祉問題を争点政治（issue politics）の中心に位置づけ，政治的に活用することを意味する。

▷4 宋ホグン・洪キョンジュン『福祉国家の胎動』ナナム出版，2006年，122頁。

4 IMF以降の制度的発展

1997年の経済危機以降，韓国の社会福祉政策は大きく発展しました。まず，1998年に国民年金法が改定され，1999年4月から年金の対象が都市住民に拡大されることによって，「全国民年金制度」が完成しました。

第2は，医療保険の統合です。健康保険制度へ統合される以前の医療保険制度は，組合主義方式でした。この方式によって発生する組合間財政格差，管理運営費の不必要な支出などの問題を解決するために，管理運営を統合方式へ転換しました。医療保険統合以降，保険料負担の公平性，所得階層間所得再分配効果及び管理運営の効率性が高まったという評価がなされています。こうした医療保険の統合により，医療保障に対する国家責任が強化されました。

第3に，雇用保険と産業災害補償保険の社会保険方式の適用が拡大されました。雇用保険の場合，1998年から1人以上の勤労者を雇用している事業場まで適用範囲が拡大されました。

第4は，公的扶助です。これまで韓国の公的扶助制度の根幹になってきた生活保護法が廃止され，国民基礎生活保障制度という新しい制度が導入されました。これは生活保護法の問題点とされてきた65歳以上と18歳未満という人口学的基準を改善して，勤労能力の有無に関係なく，所得が最低生計費を下回る国民全員を対象者としました。

第5に，高齢者，障害者，女性などに対する社会福祉サービスにおいて，敬老年金の新設，障害範囲の拡大，低所得層の子どものための無償保育事業，社会福祉館と在宅福祉奉仕センター設置の拡大などが実施されました。

5 社会福祉予算の増加

一方で，社会福祉予算も増加しました。1998年6.05％と4.12％であった一般会計予算のなかで社会保障予算と保健福祉予算が占める比重が，2000年にはそれぞれ7.27％と5.23％へと増加しました。福祉予算の増加率も1999年に史上最高の水準になりました（33.7％）。2000年の増加率は8.8％に過ぎませんでしたが，一般会計増加率（3.4％）の2倍を上回る高い水準の増加率を見せました。

しかし，こうした発展は社会の民主化とともに漸進的に進歩してきたものであり，決して急激に変化したものではないのです。　　　　　　　（呉　世榮）

▷5 金大中政権が金融および企業構造調整に取り組んだ1998年を除く。

▷6 金淵明編『韓国福祉国家性格論争Ⅰ』人間と福祉，2002年参照。

Ⅹ　韓　国

4　民間社会福祉の発展

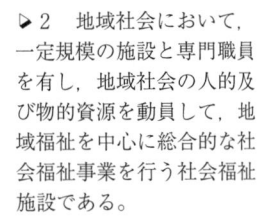

1　民間社会福祉の定義

　民間社会福祉とは,「非営利的な目的をもって自発的に集まった人々によって,自主的に運営される（ここには政策決定,活動内容,財源調達などを含む）組織が主体となって組織的に行われる福祉活動」を言います。

2　外国民間援助による社会福祉事業

　韓国における民間社会福祉事業は,朝鮮戦争の影響もあって,劣悪な環境の児童,障害者,老人などのための受容施設事業が中心となってきました。こうした時代的な状況のため,民間社会福祉は1970年代初めまで外国民間援助機関による社会福祉事業が主になっていたと言えます。外国民間援助機関の活動が本格的に始まったのは,1952年に外国民間援助韓国連合会（KAVA）が組織されてからです。KAVAは会員間の相互協議による教育,保健,社会福祉,救護及び地域社会開発などの分野が効果的に協調するための架け橋として援助を遂行しました。会員団体は,1964年にはおよそ70機関へと増加しました。

　しかし,社会福祉施設の運営財源を占めていた外国援助機関の支援は,1970年代に入って減り始めます。特に,1974年を過ぎてからは急激に減少し,この減少した部分を政府が代わりに支援することになりました。こうした過程を経て民間社会福祉事業は発展しましたが,この時期に注目すべきことは,民間社会福祉館が設立された点です。

3　社会福祉サービスの民営化と宗教団体のルネサンス

　1980年代以前,ほとんどの社会福祉は政府中心で行われてきましたが,それ以降は形態が多様化しています。その背景には新自由主義という思想があります。新自由主義の代表的な戦略の一つが民営化です。民営化とは公共機関が直営してきた社会福祉サービスを民間機関に移譲,一定の契約の下に民間機関及び非営利団体に運営を委託することです。1980年代以降イギリスとアメリカでは福祉改革の名のもと,こうした民営化が広範囲で行われました。

　社会福祉の民営化とともに宗教団体の社会福祉の役割が重要になっています。政府が運営していた公共福祉サービスを民間機関に委任しようとした時に,政府の立場としては宗教団体が最も信頼でき,宗教団体が保有している人的・物

▷1　朴光駿『社会福祉の思想と歴史』ミネルヴァ書房,2004年,112頁。

▷2　地域社会において,一定規模の施設と専門職員を有し,地域社会の人的及び物的資源を動員して,地域福祉を中心に総合的な社会福祉事業を行う社会福祉施設である。

的資源が運営のインフラとして活用できると信じているからです。韓国においても社会福祉機関・施設の運営を民間に委託するとき，宗教団体に優先権を与えることはよく知られています。

❹ 社会福祉組織の増加と社会福祉実践環境の変化

　1990年代以降，韓国の社会福祉館は急速に増加し，1989年には3カ所でしたが，2011年現在では424カ所あります。社会福祉館は，主に政府から委託された民間法人が運営し，政府はその指導・監督を行っています。また，運営費は国庫，地方費，法人の自己負担により確保されています。1997年の社会福祉事業法改定により，3年に1回以上社会福祉施設と機関を対象に評価を実施するようになりました。これは，社会福祉施設と機関のレベルアップを目的としています。この改定は社会福祉行政に対する需要が増大する契機となりました。

　1990年代に入り，在宅福祉は政府からの支援を受け総合プログラムに発展します。政府は1992年度から在宅福祉奉仕センターを設置・運営しています。在宅福祉奉仕センターでは，家庭での保護を要する障害者，高齢者，少年少女家長▷3，母子家庭など，家族扶養機能が脆弱な階層を中心に地域社会内で在宅福祉サービスを提供しています。1980年代以降，政府の支援事業で設置が拡大された既存の社会福祉館，障害者福祉館，老人福祉館などに事業費を追加支援したなかで，在宅福祉奉仕センターは社会福祉館の付設形態として設置・運営されています。

　また，民間社会福祉の活性化のために，1998年に社会福祉共同募金法を制定し，民間主導の募金活動を活性化しました。資源不足で外部環境に大きく依存している社会福祉組織にとっては，外部環境からの資源を確保するために，社会福祉プログラムの開発とマネジメントが重要な課題になりました。

　1990年代中盤以降，民間社会福祉組織の活動目標は，地域社会住民生活の質の向上と福祉ニーズの充足を達成することでした。こうした組織は，保健医療支援事業とフードバンク（food bank）事業など，低所得・貧困階層のための直接サービス支援事業を行っています。それから，地域福祉政策開発事業，各種貧困政策プログラムなどに関わる条例制定運動をはじめ，さまざまな社会行動を実現しています。また，経済危機以降，社会福祉の争点を媒介とする市民社会団体が飛躍的に増大しました。高齢者・児童・障害者・青少年などの問題を集中的に提起したり，地域福祉問題を具体化したりしています。最近では，地域中心の福祉問題が市民社会運動の重要な領域として登場しました。

　また，2000年に施行された国民基礎生活保障法により地域社会中心の自活支援事業が本格的に展開されるようになりました。以前とは異なり，自活事業の展開は地域社会レベルで貧困問題解決のための専門的で具体的な実践活動が求められており，地域社会福祉の発展に寄与しています。　　　　（呉　世榮）

▷3　両親を失い青少年が家長となっている世帯を言う。

参考文献

朴光駿「社会政策の評価研究――韓国の「生産的福祉政策」を事例に」社会政策学会自由論題発表文，2004年。

柳ゾンフン『地域社会福祉論』学現社，2007年。

さくいん

あ

朝日茂　106
朝日訴訟　106
アダムス，アリス・ペティ　48
アダムズ，J.　133
アルメイダ，L.　4
イエス団　102
石井記念愛染園　79
石井記念友愛社　79
石井十次　78
石井亮一　80
一番ケ瀬康子　27, 65
5つの巨大悪　156
糸賀一雄　25, 52, 104
稲垣藤兵衛　211
井上伊之助　211
医療社会事業　97
岩田きぬ　88
岩田民次郎　88
ウェッブ夫妻　121, 150
ウェッブ，S.　121, 139
ウルフェンデン委員会報告　171
叡尊　4
エルバーフェルト制度（ドイツ）　46
エリザベス救貧法　114
エンゼルプラン　33, 34, 72
応能負担　75
近江学園　52, 104
王立救貧法委員会　150
大阪市立市民館　49
大阪府方面委員制度　17, 46, 98
大阪養老院　88
大塩平八郎　89
岡村重夫　27, 65
岡山県済世顧問制度　17
岡山孤児院　9, 41, 78
岡山孤児院一二則　78
小河滋次郎　17, 64, 98
恩賜財団済生会　97
恩侍福利体制　205

か

階級制度　173
介護福祉士　68, 69
介護保険事業計画　73
介護保険法　35, 61, 75

外籍護工　209
街道事務所　197
皆保険・皆年金体制　26
賀川豊彦　17, 102
囲い込み運動
　第1次——　112
　第2次——　120
家族イデオロギー　213, 216
家族主義文化　191
片山潜　48, 86
家庭学校　9, 84
家庭学校設立趣意書　84
家庭重視イデオロギー　117
家庭暴力防治法　209
感化院　84
感化救済事業　11, 42, 43, 85
感化救済事業講習会　12, 43, 81, 91
感化教育　98
感化法　11, 85
監獄学　98
監獄法　98
完全雇用　129
関東大震災　14
機関委任事務　29, 70
義務救助主義　99
救護法　18, 47, 50, 51, 89
救護法案　90
救済事業研究会　98
救済事業調査会　14, 44, 45
『救済制度要義』　90
旧生活保護法　23, 54
救世軍　86, 122, 123
救治院　110
救貧院　110
救貧観　90
救貧法　39, 118, 119, 122, 138
窮民一時救助規則　6
窮民救助法案　8, 9
行基の慈善活動　3
教区　114, 115, 148
教区徒弟　116, 118, 119
教護院　84
行政院内政部　209
協同組合　103

共和国時代（韓国）
　第3——　214
　第4——　214
　第5——　214
　第6——　214
居住地法　138
居民委員会　197
ギルド　110
均一拠出・均一給付の原則　157
キングスレー館　48, 86
銀髪産業　209
金融恐慌　126
空海　3
グリーン，D.C.　86
グリーン，T.H.　178
グループクーク　123
グローバリゼーション　129, 130
軍事救護法　11, 44, 95
経済自由主義　173
敬老院　201
ケインズ，J.M.　180
ケースワーク　123, 147
「現代感化救済事業の五大方針」　93
憲法第25条　106, 107
小石川養生所　5
公益性　170
後期高齢者　74
公共性　170
合計特殊出生率　32
公衆衛生　117
工場　116
工場査察官　119
工場法　10, 118, 119, 144
厚生事業　20
厚生省の創設　20
豪族（ジェントリー）　174
公的扶助義務　51
孝橋正一　27, 65
公費（税金）負担方式　124, 127
神戸購買組合　103
皇民化　205
高齢者世帯　74
高齢者対策に関する長期計画　72
高齢者保健福祉推進10か年戦略

→ゴールドプラン
胡錦濤　199
国際児童年　72
国際障害者年　30, 66, 72
国際障害者年行動計画　66
国際婦人年　72
国民基礎生活保障法　213
国民年金法　207
国民扶助法　157
国民保健サービス法　157
孤女学院　80
小竹徳吉　211
国民の家　134
児玉源太郎　204
古典的自由主義　172, 173
後藤新平　204
子ども・子育て応援プラン　33, 35
子ども・子育てビジョン　35
五人組制度　5
「この子らを世の光に」　53, 105
五榜の掲示　6
コミュニティ・ケア　163, 184, 185
コミュニティサービス　197
米騒動　14, 46
ゴールドプラン　34, 72, 73, 76
ゴールドプラン21　35
コロニー　105
「今後の社会福祉のあり方について」　34, 71

さ

財産権　172
『在宅福祉サービスの戦略』　29, 63
最澄　3
真田是　27, 65
産業革命　8, 116, 117
三無老人　201
サンモール会　8
参与福祉　215
シーボーム委員会　160
慈恵院　204
慈恵救済制度　2
市場化　169
市場自由主義　173
慈善会　203
慈善救済施設　40
自然権　173
慈善事業施設　40
慈善組織協会　→COS
慈善団体懇話会　9, 42

時代教育法　79
七分積金制度　5
市町村障害者計画　73
失業　150
失業保険　124, 125
児童及少年福利法　207
児童虐待防止法　19
児童自立支援施設　84
児童福祉法　23, 56
児童福利院　200
資本家　173
清水照子　211
社会救済（SCAPIN775）　22, 58
社会契約論　172
社会権　173
社会工作師法　209
社会サービス法　134
社会事業主事・同主事補　45
社会事業全国大会　89
社会事業調査会　14, 44, 45
社会事業法　21, 58
社会主義者鎮圧法　152
社会主義新農村　199
社倉　5
社会団体　202
社会的入院　75
社会的風気善導　91
社会福祉基礎構造改革　37, 71, 77
社会福祉協議会　27, 29, 62
社会福祉協議会基本要項　27, 63
社会福祉行政の6原則　58
社会福祉士　68
社会福祉士及び介護福祉士法　30, 69
社会福祉事業
　　第1種——　59
　　第2種——　59
社会福祉事業法　24, 58, 69
社会福祉施設緊急整備五か年計画　28, 70
社会福祉主事　59, 68
社会福祉の行財政改革　29
社会福祉法　37, 58, 63, 69
社会福祉法人　58
社会福祉の見直し　28
社会福利　206
社会保険　124-127, 153
社会保険立法　152
社会保障制度に関する勧告　24
社会民主党　87

社会連帯思想　15
自由主義　172
重症心身障害児　105
自由党の諸改革　151
住民主体の原則　27, 63
恤救規則　7, 38, 50
準市場化　169
障害者権利条約　67
障害者プラン　34, 72, 73
蔣介石　206
条件整備団体　167
条件整備をする者（enabler）　171
小康社会　198
少子高齢化　194, 208
小舎制　85
少数派報告書　150
聖徳太子の慈善救済　3
浄土宗労働共済会　48, 93
少年教護法　19
職人規制法　114
白川学園　13
自立支援プログラム　55
私立二葉幼稚園設立主意書　83
新エンゼルプラン　33
新型農村合作医療　196
新救貧法　120, 121, 142, 143
新経済社会7か年計画　28, 72
賑給　2
『人口の原理』　143
新ゴールドプラン　73
新・社会福祉協議会基本要項　63
新自由主義　178, 182
新障害者プラン　37
人身の自由　172
新生活保護法　24, 54, 55
身体障害者福祉法　23, 57
スティグマ　124
スミス，アダム　120
スピーナムランド制度　121, 140, 141
生活困窮者緊急生活援護要綱　22, 54
生活の質　60
生活扶助　106
生活保護基準　107
生活保護法　107
清教徒革命　115
生産的福祉　215
精神薄弱者福祉法　26, 60
精神保健及び精神障害者福祉に関する
　　法律　→精神保健福祉法

さくいん

精神保健福祉士　68
精神保健福祉法　35
生存権　23, 55
生命の自由　172
世界恐慌　18, 126
セツルメント　102, 122
セツルメント運動　48, 49, 86, 123
セツルメント事業　17
施薬救療の勅語　12
全国慈善同盟会　42
戦後福祉国家の「合意」　129
先成長後分配　212
全民健康保険法　207
連合国軍最高司令官総司令部
　　　→GHQ
壮健な浮浪者及び物乞い者の処罰に関する法律　113
総督府　204
ソーシャルワーク　158-165
措置委託制度　58
措置制度　37, 77

た
第1次貧困と第2次貧困　145
体系整備のための6原則　24, 62
大正デモクラシー　15, 43
大日本仏教慈善会財団　13
退輔会　206
台湾基督長老教会　210
台湾社会事業協会　205
高木憲次　57
高島進　27, 65
高田慎吾　64
滝乃川学園　41, 81
竹内愛二　65
田子一民　15, 64, 94, 95
多数派報告書　150
脱施設化　184
谷川貞夫　65
谷昌恒　84
団体委任事務　29, 70
地域福祉　29, 63, 148
地域福祉型社会福祉　71
地域福祉の体系　63
『地域福祉論』（岡村重夫）　63
地域包括支援センター　75
秩禄処分　38
知的障害者　104
地方改良運動　10, 94
地方改良講演会　94

地方改良事業講習会　10
中央慈善協会　13, 42
中央社会福祉協議会　25, 62, 95
中華民国憲法　209
重源　4
朝鮮戦争　212
定住法　115, 140
デニソン, E.　175
デントン, M.F.　82, 86, 87
トインビー, A.　149, 175
トインビー・ホール　86, 149
東京救育院　80
東京女子師範学校附属幼稚園　82
東京帝国大学セツルメント　17, 49
東京府養育院　7
統制的経済体制の開放　209
留岡幸助　9, 84, 88

な
生江孝之　17, 96, 97
二重構造　199
日本型福祉社会　70, 72
日本型福祉社会構想　28
日本キリスト教婦人矯風会　49
日本社会事業学校　53
日本労働組合総評議会　107
『日本之下層社会』　8
ニューディール政策　132, 154
認可組合　125
忍性　4
人足寄場　5
農村社会養老保険　196
ノーマライゼーション　66, 185
野口幽香　82

は
バークレイ報告　162
バーネット, S.A.　148
バーネット夫妻　175
ハイエク, F.A.　183
廃疾者　38
馬英九　207
馬偕　210
馬偕医院　210
長谷川良信　17, 100, 101
「母の家」　83
パリ万国監獄会議　98
汎愛扶植会　9, 88
ビスマルク, O.　152
非人小屋　5
100日議会　154

ヒル, オクタビア　175-177
びわこ学園　105
貧民研究会　9
フィランスロピー　122
風化　91
ブース, C.　144
フェビアン協会　150
福祉オリエンタリズム　189
福祉元年　28, 76
福祉公社　29
福祉社会　29
福祉国家　131
　――の黄金期　136
　――の危機　136
　――の財政的危機　168
　――の残余的サービス化　137
福祉事務所　59
福祉多元主義　166
福祉六法体制　26
二葉保育園　83
二葉幼稚園　82
仏教慈済功徳会　210
普遍主義　128
プライバタイゼーション　137
フリードマン, M.　182
浮浪者の処罰及び貧民と労働不能者の救済に関する法律　114
ベヴァリッジ, W.　180
『ベヴァリッジ報告』　126-128, 156, 157
ベンサム, J.　173
ヘンリー8世　174
北条泰時　4
報徳思想　85
方面委員制度　17, 46, 47, 98, 99
方面委員令　18
保甲条例　204
母子及び寡婦福祉法　61
母子福祉法　27
母子保護法　19
ホッブス, T.　172
ボランティア　203
ポランニー, K.　141

ま
マハヤナ学園　17, 49, 101
マルクス主義　150
マルサス, T.R.　143
身分　172
ミル, J.S.　172

民営化（privatisation） 168, 169
民営非企業組織 202
民間社会福祉 218
民間社会福祉館 218
民間非営利組織 170
ミーンズテスト 126
民政部 200
無差別収容 78
メディケア 132
メディケイド 132
メリット料率制度 155
免囚者保護 43
物乞い者及び浮浪者の処罰に関する法律 113

や

夜警国家 173, 178
矢吹慶輝 100
友愛組合 124
優遇配置 196
ユニテリアン派 86
ゆりかごから墓場まで 128
養老事業 89
横山源之助 8

ら

ラウントリー, S. 96, 145
ラサール, F. 86
リッチモンド, M. 133
律令社会の救済制度 2
李登輝 207
励馨社会福利事業基金会 210
レッセ・フェール 173
劣等処遇 121, 142
老人福祉 89
老人福祉法 26, 61
老人福祉法の一部を改正する法律 71
老人福利法 209
『労働共済』 93
労働者階級 173
労働者規制法 112
労働者勅令 112
労働者勅令の改正 112
ロック, C.S. 146
老老介護 74
ロック, J. 172
ロバーツ，エドワード 67

わ

ワークハウステスト法 115, 139
渡辺海旭 13, 92, 93, 100

欧文

CCETSW 165
COS 46, 122, 123, 146, 147
DPI 67
GHQ 22, 58
GSCC 165
ICF 66
ICIDH 66
QOL →生活の質
SCAPIN775 22, 58
SOS児童村 200

執筆者紹介 （氏名／よみがな／生年／現職／主著／社会福祉の歴史を学ぶ読者へのメッセージ）　＊執筆担当は本文末に明記

清水教惠（しみず　きょうえ／1945年生）
龍谷大学名誉教授
『日本社会福祉の歴史　付・史料』（共編著・ミネルヴァ書房），『人物でよむ社会福祉の思想と理論』（共著・ミネルヴァ書房）
私たちは社会福祉の歴史に学び，現状を認識して，将来を考えることができます。本書をその1つのきっかけにしていただけたら，誠に幸いです。

今井小の実（いまい　このみ／1958年生）
関西学院大学人間福祉学部教授
『社会福祉思想としての母性保護論争──"差異"をめぐる運動史』（ドメス出版），『人物でよむ近代日本社会福祉のあゆみ』（共著・ミネルヴァ書房）
道に迷った時にもしやみくもに進めば，誤った方向に行ってしまうか，あるいは逆戻りしてしまう危険性があります。しかし現在の地点を確認するためにも今までたどってきた道を確認すれば，この混乱は避けられ，行くべき方向が見えてくるはずです。私たちが歴史を学ぶ意味も同じで，現在の立ち位置を確認し将来を展望するために，過去の歩みを学ぶのです。

朴　光駿（ぱく　くゎんじゅん／1958年生）
佛教大学社会福祉学部教授
『社会福祉の思想と歴史』（ミネルヴァ書房），『老いる東アジアへの取り組み』（共著・九州大学出版会）
社会福祉の歴史に登場する多くの人物や出来事を学問的想像力をもってみつめ，学問的好奇心を膨らませてください。

呉　世榮（お　せよん／1972年生）
圓光大学校社会科学大学福祉保健学部教授
『社会福祉行政論』（シンジョン出版社），『老人福祉の政策と課題』（共著・良書院）
社会福祉の歴史を学ぶ理由は現代的な社会福祉の本質を把握することができるからです。

石野美也子（いしの　みやこ／1959年生）
佛教大学・大阪保育福祉専門学校非常勤講師
『社会福祉援助技術論』（共著・保育出版社），『臨床に必要な介護概論』（共著・弘文堂）
歴史を学ぶことは今を学ぶことでもあります。その時々に感じた事を大切に自分の心と向き合って下さい。

王　文亮（おう　ぶんりょう／1963年生）
金城学院大学人間科学部教授
『社会政策で読み解く現代中国』（ミネルヴァ書房），『現代中国社会保障事典』（集広舎）
歴史は我々現代人の鑑（かがみ）です。社会福祉の分野でも前進していくためには，これまでの歩みを顧みることが必要でしょう。

伊藤秀樹（いとう　ひでき／1963年生）
兵庫大学生涯福祉学部教授
『21世紀の援助技術演習分析論』（大学図書出版），『障害者自立支援法ハンドブック』（日総研出版）
社会福祉の歴史を学ぶことにより，過去と現在を知るだけでなく，今後の実践に向けてのヒントを得ることになるでしょう。

大山朝子（おおやま　あさこ／1962年生）
鹿児島国際大学福祉社会学部教授
『改訂　現代公的扶助論』（共著・学文社），『改訂　現代社会保障論』（共著・学文社）
社会福祉の歴史を辿ることで，現在の事象をより深く理解することができます。

執筆者紹介 （氏名／よみがな／生年／現職／主著／社会福祉の歴史を学ぶ読者へのメッセージ）　＊執筆担当は本文末に明記

奥村　昭（おくむら　あきら／1966年生）
社会福祉法人六心会
歴史は未来を創ります。今日の社会福祉問題の解決は，先人の足跡を学んでこそ可能になると思います。

田邉泰美（たなべ　やすみ／1961年生）
園田学園女子大学短期大学部教授
『イギリスの児童虐待防止とソーシャルワーク』（明石書店），『イギリス児童虐待死亡事件報告書「マリア・コルウェル」』（共訳・英国ソーシャルワーク研究会出版）
歴史研究は学問の基礎です。本書を精読して興味ある分野をさらに深く勉強して下さい。

加藤博史（かとう　ひろし／1949年生）
龍谷大学名誉教授
『福祉哲学』（晃洋書房），『福祉とは何だろう』（編著・ミネルヴァ書房）
社会的に疎外された人々，マイノリティに直接ふれ，協働することからインクルージョンを学んでいって下さい。

田畑洋一（たばた　よういち／1945年生）
鹿児島国際大学名誉教授
『分権時代の経済と福祉』（共著・日本経済評論社），『ドイツの求職者基礎保障』（監訳・学文社）
社会福祉の改革が国民生活を真に豊かにする方向でなされているか？考えてみましょう。

河井伸介（かわい　しんすけ／1961年生）
元・中村学園大学非常勤講師
『児童福祉論』（共著・ミネルヴァ書房）
「社会福祉とは何か」。歴史を通し，社会科学的視点に立って，真理のありかを探ってみましょう。

所めぐみ（ところ　めぐみ／1967年生）
関西大学人間健康学部教授
『社会福祉概論』（共著・ミネルヴァ書房）『地域福祉の理論と方法』（共著・ミネルヴァ書房）
クリティカル（批判的）な視点で諸外国と比較することにより，自分の国のことをより理解できるようになります。歴史においては，このような相対的な見方が必要だと思います。

菊池正治（きくち　まさはる／1946年生）
久留米大学名誉教授
『日本社会福祉の歴史　付・史料』（共編著・ミネルヴァ書房），『人物でよむ社会福祉の思想と理論』（共著・ミネルヴァ書房）
私自身や身の回りのすべてが歴史性を持っています。過去は単なる古いものではなく，私をそして今を形成しており，私を，今を理解するために歴史を学ぶことは重要です。

西川淑子（にしかわ　としこ／1951年生）
元・龍谷大学社会学部教授
『人物でよむ近代日本社会福祉のあゆみ』（共著・ミネルヴァ書房），『新版　高齢者福祉』（共著・学文社）
20歳前後の皆さんが50歳になったとき，30年前の現在をどのような時代だったと考えるでしょうか？　現在を明らかにすることが歴史を学ぶ意義だと考えています。

執筆者紹介（氏名／よみがな／生年／現職／主著／社会福祉の歴史を学ぶ読者へのメッセージ）＊執筆担当は本文末に明記

畠中暁子（はたけなか　あきこ／1970年生）
元・龍谷大学短期大学部非常勤講師
『人物でよむ近代日本社会福祉のあゆみ』（共著・ミネルヴァ書房），『現代社会保障・福祉小事典』（共著・法律文化社）
現代に生きる私たちは過去の事と全く無関係な存在ではなく，過去からの積み重ねの上に生きている存在です。

宮本義信（みやもと　よしのぶ／1951年生）
同志社女子大学生活科学部教授
『アメリカの対人援助専門職』（ミネルヴァ書房），『くらしに活かす福祉の視点』（編著・ミネルヴァ書房）
社会福祉の歴史学習は，私たちにとっての教訓，あるいは反面教師として活用することが，最も大きなねらいです。現代の文脈に活かし繋げていくには，史料の緻密な分析が必要だといえるでしょう。

藤井　透（ふじい　とおる／1958年生）
佛教大学社会学部教授
『欧米資本主義の史的展開』（共著・思文閣），『エドウィン・チャドウィック』（共訳・ナカニシヤ出版）
「現在だけ，という研究対象はありはしないのだ」というウェッブ夫妻の言葉をかみしめてほしいと思います。

村上逸人（むらかみ　はやひと／1961年生）
同朋大学社会福祉学部教授
『ワークで学ぶ介護実習2007』（共著・みらい），『ワークで学ぶ介護実習・介護総合実習』（共著・みらい）
社会福祉の歴史と対話すると，その源流には今につながる知識が多くあることに気づくことと思います。その知識の価値を現代に活かすために，自らを鍛えていきましょう。

古川隆司（ふるかわ　たかし／1967年生）
追手門学院大学社会学部教授
『災害福祉とは何か』（編著・ミネルヴァ書房），『介護福祉学』（共著・中央法規出版），『刑事司法統計入門』（共著・日本評論社）
「私たちは探究を止めることがない。すべての探究の終わりには，始まりの場所に戻り，その時初めてその場所を知る」（リトル・ギディング，J.S.エリオット）。

山下利恵子（やました　りえこ／1964年生）
鹿児島国際大学福祉社会学部教授
『改訂　現代社会保障論』（共著・学文社），『改訂　現代公的扶助論』（共著・学文社）
社会福祉の歴史を丁寧にとらえながら，いま，そして未来を志向していきましょう。

三浦辰哉（みうら　たつや／1959年生）
ジョブアシストカレッジ介護福祉学科教員
『現代児童福祉論』（共著・小林出版），『介護の基本・コミュニケーション技術』（共著・黎明書房）
「全ての学問は，歴史に始まり歴史に終わる」と言われています。歴史は，私たちに社会福祉の根源は何かを教えてくれる手がかりになると思います。

横山順一（よこやま　じゅんいち／1973年生）
至誠館大学現代社会学部准教授
『新選　高齢者福祉論』（みらい），『高齢者福祉論』（学文社）
社会福祉の未来は，これまでの人間の生活の学びにのみ成立します。ともに歴史からの未来を見つめましょう。

	やわらかアカデミズム・〈わかる〉シリーズ	
	よくわかる社会福祉の歴史	
2011年9月10日　初版第1刷発行		〈検印省略〉
2024年8月30日　初版第8刷発行		
		定価はカバーに表示しています
編著者	清　水　教　恵	
	朴　　　光　駿	
発行者	杉　田　啓　三	
印刷者	藤　森　英　夫	

発行所　株式会社　ミネルヴァ書房
607-8494　京都市山科区日ノ岡堤谷町1
電話代表（075）581-5191
振替口座 01020-0-8076

©清水・朴, 2011　　　　　　　　　亜細亜印刷・新生製本

ISBN978-4-623-05536-4
Printed in Japan

やわらかアカデミズム・〈わかる〉シリーズ

よくわかる社会福祉［第11版］	山縣文治・岡田忠克編	本体	2500円
新版 よくわかる子ども家庭福祉	吉田幸恵・山縣文治編	本体	2400円
新版 よくわかる地域福祉	上野谷加代子・松端克文・永田 祐編	本体	2400円
よくわかる障害者福祉［第7版］	小澤 温編	本体	2500円
よくわかる高齢者福祉	直井道子・中野いく子編	本体	2500円
よくわかる家族福祉［第2版］	畠中宗一編	本体	2200円
よくわかる精神保健福祉［第2版］	藤本 豊・花澤佳代編	本体	2400円
よくわかるファミリーソーシャルワーク	喜多祐荘・小林 理編著	本体	2500円
よくわかる医療福祉	小西加保留・田中千枝子編	本体	2500円
よくわかる社会福祉の「経営」	小松理佐子編著	本体	2400円
よくわかる司法福祉	村尾泰弘・廣井亮一編	本体	2500円
よくわかる女性と福祉	森田明美編著	本体	2600円
よくわかる社会保障［第5版］	坂口正之・岡田忠克編	本体	2600円
よくわかる社会福祉と法	西村健一郎・品田充儀編著	本体	2600円
よくわかる発達障害［第2版］	小野次朗・藤田継道・上野一彦編	本体	2200円
よくわかる労働法［第3版］	小畑史子著	本体	2800円
よくわかる地方自治法	橋本基弘ほか著	本体	2500円
よくわかる社会政策［第3版］	石畑良太郎・牧野富夫・伍賀一道編著	本体	2600円
よくわかるNPO・ボランティア	川口清史・田尾雅夫・新川達郎編	本体	2500円

―― ミネルヴァ書房 ――
https://www.minervashobo.co.jp/